清华大学管理学系列教材

MANAGEMENT OF
TECHNOLOGICAL INNOVATION

技术创新管理

（第4版）

王毅　吴贵生◎编著

清华大学出版社

北京

内 容 简 介

本书系统介绍了企业技术创新管理的理论和方法。全书分为技术创新理论、技术创新战略、技术创新过程、技术创新能力和组织四篇,阐明了技术与市场演化规律、技术创新的理论,系统介绍了技术创新战略分析基础、企业技术创新的技术战略、企业技术创新的市场战略、企业技术创新的协同战略、创意开发、技术创新项目决策、新产品开发、技术创新能力、技术创新组织。

本书在保留前3版主要内容的基础上,加入了新内容,以反映国内外技术创新管理领域近年的理论进展和国内外企业在技术创新管理方面的实践。本书理论阐述和案例分析相结合,具有很好的理论指导性和实际可操作性,并提供丰富的拓展阅读、即练即测题、教师授课课件等辅助资源,方便师生。

本书适合作为 MBA 和管理类研究生、高年级本科生的教材,也可作为工程类高等院校学生的辅助教材,并可供企业技术管理人员和高层管理者及从事技术创新管理研究的人士阅读参考。

本书封面贴有清华大学出版社防伪标签,无标签者不得销售。
版权所有,侵权必究。举报: 010-62782989, beiqinquan@tup.tsinghua.edu.cn。

图书在版编目(CIP)数据

技术创新管理/王毅,吴贵生编著. —4 版. —北京: 清华大学出版社,2023.5
清华大学管理学系列教材
ISBN 978-7-302-63632-8

Ⅰ. ①技… Ⅱ. ①王… ②吴… Ⅲ. ①企业管理－技术革新－高等学校－教材 Ⅳ. ①F273.1

中国国家版本馆 CIP 数据核字(2023)第 092966 号

责任编辑:高晓蔚
封面设计:李召霞
责任校对:宋玉莲
责任印制:刘海龙

出版发行:清华大学出版社
网　　址: http://www.tup.com.cn, http://www.wqbook.com
地　　址: 北京清华大学学研大厦 A 座　　邮　编: 100084
社 总 机: 010-83470000　　邮　购: 010-62786544
投稿与读者服务: 010-62776969, c-service@tup.tsinghua.edu.cn
质量反馈: 010-62772015, zhiliang@tup.tsinghua.edu.cn

印 装 者:三河市铭诚印务有限公司
经　　销:全国新华书店
开　　本: 185mm×260mm　　印　张: 17.25　　字　数: 390 千字
版　　次: 2000 年 2 月第 1 版　2023 年 7 月第 4 版　　印　次: 2023 年 7 月第 1 次印刷
定　　价: 65.00 元

产品编号: 080258-01

清华大学管理学系列教材编委会

主　　任：杨　斌

副 主 任：白重恩　陈煜波

秘 书 长：何　平

委员（以姓氏拼音排序）：陈　剑　程　源　李　飞

　　　　　　　　　　　　李　宁　肖　星

参加编写(按姓名拼音排序):

李习保　王　毅　吴贵生

杨德林　杨　艳　朱恒源

丛书序

经过多年的发展和同仁们的努力,得益于中国经济社会持续稳定的发展和教育战线特别是高等教育领域的进步,我国管理学学科门类拥抱许多新变化、产生许多新气象,其现代化、科学化、国际化已经初现端倪,也在不断服务着管理实践并从中汲取营养。我们日益意识到中国的管理学发展需要从"照着讲""接着讲"转向构建中国特色管理学理论体系,利用好优秀传统文化的宝贵资源,最终落脚于遵从规律、适合国情的管理实践。

这个过程中,"立足中国、借鉴国外,挖掘历史、把握当代,关怀人类、面向未来",在博采众长中形成中国自己管理学科的大视野、大格局,是中国管理学者的心愿和志气,饱含了中国管理学界前辈的辛勤躬耕和后来者的探索进取。

同时,这也符合世界管理学发展的需要。一方面,新一轮的科技革命正在加速改变人类的经济活动,重塑了个体的生活方式,强化了当代组织所面临的外部情境的不稳定性与不确定性,复杂模糊的情境对管理理论的建构提出了更高的要求;另一方面,传统主流的管理学研究范式以还原论为哲学基础,认为整体可以分为部分,这些部分又都能被独立研究,并通过加总的方式还原为整体,这种思维方式和粗放归纳所形成的管理理论体系,对解释生动和复杂的管理实践已显乏力,范式窠臼逐渐显现。特别是在数字经济的时代背景下,对新的学科理论的梳理和拓展、发展与探索,尤显急迫。

基于此,清华大学经济管理学院集工商管理、管理科学与工程两大管理学科的优势,举全院之力策划出版了"清华大学管理学系列教材"。本系列教材是一套在管理学领域内,密切联系管理实践,广泛吸纳管理领域最新研究成果,取精用宏,定位于出思想、出精品,供新时代高等院校管理人才培养和企业管理人员培训使用的系列教材。我们希望通过具有中国特色的中国管理学实践教材,培养新时代的高层次管理骨干,以管理赋能人、组织、生产劳动与创新实践,进而促进人的全面发展和经济社会的全面发展。

"清华大学管理学系列教材"包括管理学学科的主要领域和核心课程,并将数字经济、ESG(环境、社会和公司治理)、碳中和碳达峰等内容融入教材,既突出经典管理学基础知识,又符合当下的数字经济转型、生态文明建设、走向共同富裕等重要的时代特征。本系列教材突出强调管理教育的案例教学法特点,有利于将一般通则与中国实践相结合,除了能够在学位项目的人才培养中发挥很大作用,还能够在继续教育和终身学习、管理人员的在岗培训中得到延伸,具有十分重要的教育贡献、社会服务功能。

管理学是清华大学的优势学科,管理类专业学位是清华大学最早开办并持续创新的专业学位人才培养的卓越项目。清华大学经济管理学院发挥组织优势、综合优势,发扬教师们的育人使命感和学术担当,努力在本系列教材中用好新技术,增加互动和迭代的能力,改善阅读和学习体验,相信能够得到广大读者和学习者的认可,并在大家的指正和帮助下不断完善。

本系列教材的问世,一定会为培养新时代中国管理人才贡献力量,一定会为中国和更大范围的管理学科的发展和管理学教育事业的发展贡献力量,这是出版者、组织者和全体作者共同的愿望。

感谢各位作者,谨祝教祺。感谢各位读者,谨祝学习进步!

杨 斌
2022 年 8 月 8 日
于清华园

前言

现代企业的竞争越来越依赖于科学技术,强化技术创新,已经成为世界企业管理的一股新潮流。党的二十大报告指出,我国过去十年加快推进自立自强,基础研究和原始创新不断加强,一些关键核心技术实现突破,进入创新型国家行列。当前,世界百年未有之大变局加速演进,新一轮科技革命和产业变革深入发展,依靠创新驱动经济发展成为各界共识,以创新求发展、创新引领发展成为企业的战略选择;因而技术创新管理知识得到广泛关注。《技术创新管理》2000 年出版第 1 版,2009 年第 2 版、2013 年第 3 版,受到了广大读者的喜爱,获得教育部优秀教材一等奖、北京市高等教育精品教材和清华大学优秀教材一等奖。

在本教材持续更新的过程中,我们围绕自主创新展开理论研究,对我国自主创新的规律进行探讨。在研究中我们体会到,创新管理要开阔思路,创新研究要回归熊彼特。熊彼特将经济学、社会学、历史学结合在一起,研究经济和社会的长周期变化,并将这种变化的决定性因素归于创新,开创了创新研究领域。熊彼特认为,创新主要表现为以下五个方面:开发新的产品、开发新的生产工艺、采用新的组织方式、开辟新的市场、采用新的原材料;创新者的核心作用在于实现生产要素的新组合。基于回归熊彼特的理念,我们提出广义轨道理论。广义轨道理论的出发点是将研究视角由技术维度扩展到技术创新涉及的其他维度,如市场、商业模式等。我们把自主创新和广义轨道研究的研究进展都增加在更新版本之中,以期和读者分享我们的见解,也希望得到批评指正。

最近我们在研究智能制造、产业互联网和数字创新的过程中,感受到智能革命的技术经济范式的来临。对于我国企业来说,基于我国和全球市场进行领先技术创新是一个重要挑战,靠近市场是我国企业技术创新的机遇,甚至是优势。因此,我们在这一版增加了跟市场相关的内容,包括技术采用生命周期、需求满足与需求创造、领先市场与追赶市场等内容。我国企业面临的另一个挑战是在全球建立企业技术创新生态系统,我们增加了技术创新生态系统、构建技术创新生态系统的战略对策等方面的内容。契合市场发展规律、构建技术创新生态系统,再加上对核心技术的掌握,能够让我国企业在技术创新中做到游刃有余。我们从企业技术创新的技术战略出发,发展出技术—市场二维创新战略、技术—市场—产业三维创新战略框架,让企业技术创新战略的视角更为丰富和立体。

我们非常感谢国内创新管理研究和教学的学者对本教材的厚爱,提出了优化内容和篇幅等方面的中肯意见,这些意见都在新版编写之中给予了考虑。

第 4 版延续了第 3 版的技术创新管理框架——技术创新管理理论、战略、过程、能力与组织,对一些内容进行了更新和补充。全书主要内容如下。

- 技术创新基本理论:包括技术创新概念、分类、过程、技术创新进化理论、技术创新壁垒论、技术、技术成长、技术轨道和广义轨道、技术采用生命周期等。
- 技术创新战略:先介绍技术创新战略分析基础,从企业技术创新战略的基本框架、外部环境和内部条件分析、产业分析工具等方面提供一些战略分析的框架与工具;然后,从技术战略、市场战略和协同战略三个层面来介绍企业技术创新战略的内容;技术战略包括技术预测与技术选择、产品技术路径图、技术标准和专利战略等;市场战略包括市场定位与市场策略、需求满足与需求创造、领先市场与追赶市场、技术—市场二维创新战略等;协同战略包括技术创新的关联特性、技术创新生态系统、构建技术创新生态系统的战略对策、技术—市场—产业三维创新战略等。
- 技术创新过程:为企业实施技术创新提供管理工具和方法,主要包括创意开发、技术创新项目决策、新产品开发等;创意开发包括分析能力促进方法、集体协作创造方法等;技术创新项目决策包括定量决策、定性决策和组合决策等;新产品开发包括新产品开发规划与立项、新产品概念开发、新产品开发过程、新产品开发中的知识管理、新产品的生产、新产品营销等内容。
- 技术创新能力和组织:主要包括技术创新的能力基础和组织管理;企业技术创新的能力基础包括技术创新能力的构成与评价、核心能力、吸收能力、能力成长与演变等。

第 4 版是多位作者集体劳动的结晶。第七章创意开发由杨德林老师完成;第八章技术创新项目决策由李习保老师完成;第九章新产品开发由朱恒源老师、杨艳博士、吴贵生老师和王毅老师完成,其余各章由吴贵生老师和王毅老师共同完成。在此,我们向参与本书第 2 版和第 3 版写作的各位老师表示衷心的感谢!特别感谢蔺雷博士、张帏老师、李纪珍老师对本书第 2 版和第 3 版的杰出贡献。

清华大学出版社的高晓蔚老师为本书的完成提供了大力支持,她的耐心和努力促成了我们每一版的持续更新,在此致以诚挚的谢意!

本书自第 1 版问世以来,一直得到读者的关爱,给我们提出不少宝贵的意见和建议,对此我们心存感激。尽管我们在努力,但新版一定还存在不少不成熟和需要进一步改进之处,恳请读者继续批评指正。

王 毅 吴贵生
2023 年 5 月

目录

第一篇 技术创新理论

第一章 技术创新管理的基础理论 ················ 3
- 第一节 技术创新的概念和类型 ················ 3
- 第二节 技术创新过程 ················ 10
- 第三节 技术创新的进化理论 ················ 15
- 第四节 技术创新壁垒论 ················ 20
- 思考题 ················ 24

第二章 技术与市场演化规律 ················ 25
- 第一节 技术 ················ 25
- 第二节 技术成长 ················ 27
- 第三节 技术轨道与广义轨道 ················ 35
- 第四节 技术采用生命周期 ················ 41
- 思考题 ················ 48

第二篇 技术创新战略

第三章 技术创新战略分析基础 ················ 51
- 第一节 企业技术创新战略的基本框架 ················ 51
- 第二节 制定企业技术创新战略的外部环境和内部条件分析 ················ 53
- 第三节 制定企业技术创新战略的产业分析工具 ················ 55
- 思考题 ················ 65

第四章 企业技术创新的技术战略 ················ 66
- 第一节 技术预测与技术选择 ················ 66
- 第二节 产品技术路径图 ················ 82

第三节 技术标准 84
第四节 专利战略 89
思考题 96

第五章　企业技术创新的市场战略 97

第一节 市场定位与市场策略 97
第二节 需求满足与需求创造 101
第三节 追赶市场与领先市场 106
第四节 技术—市场二维创新战略 109
思考题 119

第六章　企业技术创新的协同战略 120

第一节 技术创新的关联特性 120
第二节 技术创新生态系统 122
第三节 构建技术创新生态系统的战略对策 126
第四节 技术—市场—产业三维创新战略 132
思考题 134

第三篇　技术创新过程

第七章　创意开发 139

第一节 创意开发基础 139
第二节 分析能力促进方法 143
第三节 集体协作创造方法 149
思考题 157

第八章　技术创新项目决策 158

第一节 定量决策方法 158
第二节 定性决策方法 162
第三节 项目组合决策 167
思考题 174

第九章　新产品开发 175

第一节 新产品开发规划与立项 175
第二节 新产品概念开发 179
第三节 新产品开发过程 184
第四节 新产品开发中的知识管理 191
第五节 新产品的生产 198

| 第六节 | 新产品营销 | 201 |
| 思考题 | | 209 |

第四篇 技术创新能力与组织

第十章 企业技术创新的能力基础 — 213

第一节 技术创新能力的构成与评价 — 213
第二节 核心能力 — 217
第三节 吸收能力 — 223
第四节 能力成长与演变 — 227
思考题 — 235

第十一章 技术创新组织 — 236

第一节 企业内部组织 — 236
第二节 企业外部组织——技术创新的合作 — 241
第三节 技术创新中的组织变革 — 243
思考题 — 251

附录 拓展阅读资料目录 — 253

参考文献 — 255

第一篇

技术创新理论

第一章 技术创新管理的基础理论

第二章 技术与市场演化规律

第一章
技术创新管理的基础理论

第一节 技术创新的概念和类型

一、技术创新的概念

(一) 技术创新的定义

自熊彼特(J. A. Schumpeter)于20世纪初提出创新概念和理论以来,技术创新成为经济学和管理学领域都非常关注的对象。从企业层面来看,技术创新是持续竞争优势的重要来源。从国家和区域层面来看,技术创新驱动经济发展成为共识。学术界对于技术创新的定义进行了反复的讨论和争论,焦点主要集中在以下三个方面:第一,关于定义的范围,狭义的定义仅限于与产品直接有关的技术变动;广义的定义则包括产品和工艺,甚至于有人把非技术性的创新也包括在技术创新范围之内,如组织创新、制度创新。第二,关于技术变动的强度,有人主张只有技术的根本性的变化才是创新;另一些人则主张既包括技术的根本性变化,也应包括技术的渐进性变化。第三,关于新颖程度,有人主张技术创新只限于"首次";另一些人则主张创新的扩散性应用(在世界上不算"新",但在某一国家或地区甚至企业仍然是"新"的)也应包含在内。但不管持何种观点,有一点认识是共同的,那就是技术创新都必须实现商业化应用。

综合各种讨论,这里给出比较简练、相对通俗的定义:技术创新是指由技术的新构想,经过研究开发或技术组合,到获得实际应用,并产生经济、社会效益的商业化全过程的活动。

其中,"技术的新构想"指新产品、新服务、新工艺的新构想,构想的产生可以来源于科学发现、技术发明、新技术的新应用,也可以来源于用户需求。研究开发或技术组合是实现技术新构想的基本途径,其中,"技术组合"指将现有技术进行新的组合,它只需进行少量的研究开发,甚至不经过研究开发即可实现。"实际应用"指生产出新产品、提供新服务、采用新工艺或对产品、服务、工艺的改进。"经济社会效益"指近期或未来的利润、市场占有或社会福利等。"商业化"指全部活动主要出于商业目的,"全过程"则指从新构想产生到获得实际应用的全部过程。

(二) 技术创新概念的特点

很多人将技术创新单纯地理解为技术发明或创造,这是不准确的。的确,这二者的中文字面意思比较接近,但其实际含义却有很大差别。在英文中,"创新"(innovation)和"创造"(creation)从字面上看差别也较明显。理解技术创新概念,要注意其以下特点。

1. 技术创新是基于技术的活动

"技术"创新与"非技术"创新的区别在于基本手段,在企业经营活动中和经济、技术、社会活动中,存在组织创新、管理创新和制度创新等,它们都可能产生商业价值,但为使概念更为清晰,还是以将技术创新和非技术创新区别开为好。这并不是说技术创新不涉及管理、组织、制度的变动,相反,技术创新往往要有相应的组织、管理甚至制度的变动相配合,但在概念上应将其涵盖的范围加以限定,不宜将其所涉及的全部内容包含在所定义的概念之内。

2. 技术创新所依据的技术变动允许有较大的弹性

在所给出的定义中未强调技术突破(根本性变动),允许将技术的增量性变动包括在技术创新的概念之中。在概念的外延上,不仅包括新产品、新工艺,也可以包括对产品、工艺的改进;在实现方式上,可以是在研究开发获得新知识、新技术的基础上实现技术创新,也可以将已有技术进行新的组合(没有新知识和新技术的产生)以实现技术创新。

3. 技术创新是技术与经济结合的概念

技术创新不是纯技术活动,是技术与经济结合的活动。从本质上说,技术创新是一种经济活动,是一种以技术为手段,实现经济目的的活动。因此,技术创新的关键在于商业化,检验技术创新成功与否的基本标准是商业价值(在有些情况下也包含社会价值)。

(三)技术创新与有关概念的区别与联系

在经济、技术实践中,有几个概念常与技术创新概念相混淆,如技术发明(创造)、研究开发、技术成果转化、技术进步、技术改造、巴斯德象限等。

1. 与技术发明的区别和联系

技术发明(创造)是指在技术上有较大突破,并创造出与已有产品原型或方法完全不同或有很大改进的新产品原型或新的方法。技术发明仅指技术活动,只考察技术的变动性,不考察是否应用和产生经济效益。因此,它和技术创新是不同的概念。技术发明可以形成具有商业目的的技术新构想,从而构成技术创新活动的一个环节(组成部分),从这个意义上说,技术创新可以包含技术发明。但是,技术发明可能不具备商业价值,也可能终止于技术原型,这样,技术发明就不能构成技术创新的一个环节。如果不考虑后一种情况,将从发明到应用看成一个完整的技术活动链的话,技术发明侧重于链的前端,而技术创新则涉及整个链,且更侧重于链的后端。

2. 与研究开发的区别和联系

研究开发常构成技术创新的一个必要环节,因此,它只能是技术创新的一部分。但是,当研究开发活动未延伸至商业化应用时,则没有完成技术创新的全过程。研究开发也侧重于技术创新活动链的前端。

3. 与技术成果转化的区别和联系

在我国,"技术成果转化"这一概念被广泛应用,至今还没有严格的定义。它一般是指将研究开发形成的技术原型(产品样机、工艺原理及基本方法等)进行扩大试验,并投入实际应用,生产出产品推向市场或转化为成熟工艺投入应用的活动。从实践上看,我国的"技术成果转化"是最接近"技术创新"的一个概念,二者都侧重于技术创新活动链的后端,都强调商业价值。不过,技术创新不仅可以源于已有的研究开发成果,即技术原型,而且可以源于技术的研究开发活动本身。因此,严格地说,技术创新是一个更广义的概念,它包含了技术成果的转化。

4. 与技术进步的区别和联系

"技术进步"是一个含义十分宽泛的概念,人们一般用它来表示社会技术经济活动的结果,在经济学上,技术进步指生产函数扣除资本、劳动等基本要素贡献后的余额。技术进步的实现手段很多,如提高教育水平和劳动者素质,实现规模经济等,但实现技术进步的根本途径则是技术创新。在这个意义上,可以说技术创新是手段,技术进步是结果。在我国,也有人把实现技术进步的手段包括在技术进步的大概念之内,是各种因素的集合,如果是这样的话,技术创新就是技术进步的一个组成部分(子集)。

5. 与技术改造的区别和联系

"技术改造"是我国特有的概念,它是为区别"基本建设"而提出的。基本建设一般指新建工程项目的行为,技术改造则一般指在已有基础上改建、扩建的行为。因此,"技术改造"主要是用于投资项目的术语,它与技术创新是完全不同的两个概念。但是,在技术改造中也存在采用新技术、将技术成果加以商业化实现的活动,在这个意义上也可以说,技术改造中存在技术创新,技术改造是实现技术创新的一种方式(特别是当技术创新需要相应的投资建设时更是如此)。

6. 与巴斯德象限的区别和联系[①]

根据科学研究是否"追求基本认识"和是否有"应用考虑",可以将科学技术活动分为4个象限(如图1-1所示),不同象限以从事这类科学研究的代表科学家的名字命名。只受求知需求的引导、不受实际应用引导的科学研究属于"波尔象限",只由实用目的引发且不寻求对某一科学现象的全面认识的科学研究属于"爱迪生象限",而既寻求扩展知识边界又受到实用目的影响的科学研究属于"巴斯德象限"。巴斯德象限是"应用激发的基础研究"。法国巴斯德对发酵的基础

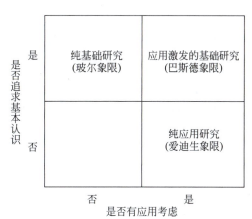

图 1-1 巴斯德象限示意图

研究,是为了解决在利用甜菜制造酒精过程中的问题。他发现了导致发酵现象的微生物及其制造酒精的机理。巴斯德开发出了接种牛痘疫苗,既解决了实际问题,也扩展了科学知识。巴斯德的研究工作是"应用激发的基础研究"的典型。巴斯德象限由于强调应用对基础研究的驱动而受到重视,跟基础研究驱动的应用形成互补。巴斯德象限不是技术创新过程的必须组成部分。但是,如果企业能够把巴斯德象限纳入技术创新工

---

① [美]唐纳德·托克斯.基础科学与技术创新:巴斯德象限[M].周春彦,谷春立,译.北京:科学出版社,1999.

作,企业的技术创新水平可能会上到一个新的台阶,企业可以通过巴斯德象限寻找到基础研究的方向和贡献,成为推动和引领产业技术进步的重要力量,甚至是领导力量。

(四) 技术创新的概念扩展

随着企业技术创新活动的深入,创新在企业中的地位日益重要。企业在创新的范围、目标和技术基础等方面都有了大幅度扩展。技术创新的概念至少已经扩展至服务创新、商业模式创新、社会创新、绿色创新、数字创新等多个方面。

1. 服务创新[①]

服务创新是指组织为取得商业和社会效益,向用户提供更高效、更完备、更准确、更满意的服务包(由支持性设备、辅助物品、显性服务、隐性服务等组成的一系列产品和服务的组合),并增强客户满意度与忠诚度的活动。服务创新有多种类型,包括传递创新、结构创新、专门创新和形式创新等。

- 传递创新:指企业的服务传递系统或传递服务媒介的创新,在服务到达用户的一个及以上的维度有所创新。
- 结构创新:指企业将已有服务要素进行系统性重组或重新利用而产生的创新,包括新服务要素的增加、两种或两种以上已有服务要素的组合或重组、已有服务要素的分解。
- 专门创新:指针对顾客的特定问题在交互作用过程中提出解决方法的创新模式,如咨询服务创新,专门创新在"顾客-服务提供者"界面产生,由顾客和服务提供者两者共同完成。
- 形式创新:服务要素不发生量或质的变化,而是"可视性"和标准化程度发生变化,例如服务要素变得更加有序、赋予服务要素以具体形式等。

2. 商业模式创新

商业模式创新是企业在价值创造、价值传递和价值分享方面的部分改进或者全面变革。

- 价值创造指价值主张的改变、对用户核心价值的重新定义。例如价值主张从技术性能转向使用便利,用户核心价值就会从追求技术指标转向人机交互界面。
- 价值传递过程的改变,包括研发、制造、物流、交付、服务等方面的改进或重新设计。例如制造业的研发外包、制造外包、第三方物流等,电子商务的物流自主或众包等。
- 价值分享的改变,体现在交易结构的改进或重新设计。例如交易标的从所有权改为使用权、按使用次数付费、按使用时间付费、会员费、互补品组合交易、第三方付费等交易方式的变化或组合。

3. 社会创新

社会创新指的是以促进社会和谐发展为目标的产品、服务和商业模式创新。

社会创新让企业重新审视创新的目标,经济、环境和社会责任需要达到一种平衡。

[①] 改写自吴贵生,王毅.技术创新管理[M].3版."第十章 服务创新管理".北京:清华大学出版社,2013:266-268.

例如包容性创新重视对低收入群体的关注,创新可以兼顾不同收入群体的利益。负责任的创新强调创新对外部性尤其是负面外部性的关注,创新需要兼顾所有利益相关者的诉求。社会创新受到创新主体及利益相关者、价值链、市场结构、制度等多个方面的影响。

4. 绿色创新

绿色创新指的是以促进可持续发展、实现人与自然和谐共处的产品、工艺等方面的创新。

绿色创新是人类社会可持续发展的要求。绿色创新的基本途径是减废、轻量、循环。绿色创新已经成为循环经济的基本组成部分。绿色创新在需求拉动、技术推动、内生动力、外部驱动机制和政府政策等各个方面都需要企业的关注。

5. 数字创新①

数字创新以数字技术(例如人工智能、区块链、云计算、大数据技术、边缘计算等)为基础,以实现用户价值的产品和服务创新为核心,以战略创新为引领,以(运营和工艺)流程创新、商业模式创新、组织创新为支撑。

数字创新的核心是实现用户价值的产品和服务创新。数字创新始于构想,经过研究开发和(或)设计、制造和(或)运营,获得用户,从而商业化成功。用户价值就是直接或帮助解决用户痛点,让用户愿意使用产品和服务。用户会对产品和服务形成信赖(场景激发、碰到问题时首先想到)或依赖(离不开、频繁使用、付出时间),并产生实际的货币支付或具有强烈的支付意愿。

数字创新以战略创新为引领。数字创新具有综合性、长期性、全局性、跨部门,甚至跨产业等特点,因此要以战略创新为引领。

数字创新以(运营和工艺)流程创新、商业模式创新、组织创新为支撑。数字创新需要企业在运营流程和(或)工艺流程、组织结构甚至商业模式等方面进行创新予以支撑,甚至形成企业的全面创新。

二、技术创新的分类

对技术创新可以从不同的角度进行分类,如按创新程度、创新对象、技术特性等进行分类。

(一) 按创新程度分类

按技术创新中技术变化的强度分类,可将技术创新分为渐进性创新和根本性创新两类。

1. 渐进性创新

渐进性创新(incremental innovation)是指对现有技术进行局部性改进所产生的技术创新。在现实的经济技术活动中,大量的创新是渐进性的,如对现有的手机进行改进,生产出屏幕更大、操作界面更友好、拍照美颜功能更强、摄像更清晰的手机。

2. 根本性创新

根本性创新(radical innovation)是指在技术上有重大突破的技术创新。如量子计

---

① 王毅.数字创新与全球价值链变革[J].清华管理评论,2020,(3):52-58.

算机就是一项根本性创新。

（二）按创新的对象分类

按创新对象的不同,可将技术创新分为产品创新和工艺创新两类。

1. 产品创新

产品创新(product innovation)是指在产品技术变化基础上进行的技术创新。产品创新包括在技术发生较大变化的基础上推出新产品,也包括对现有产品进行局部改进而推出改进型产品。

2. 工艺创新

工艺创新(process innovation),又称过程创新,是指生产(服务)过程技术变革基础上的技术创新。工艺创新包括在技术较大变化基础上采用全新工艺的创新,也包括对原有工艺的改进所形成的创新。如炼钢工艺中的氧气顶吹转炉工艺的采用就是对平炉工艺的全新工艺创新；在生产过程中大量采用计算机联网控制、节能降耗的工艺改进,并未改变基本工艺流程和方法,也是工艺创新,也能产生良好的经济效益。

（三）按技术变动的方式分类

技术变动方式可分为两种,一种是结构性变动(architectural change),另一种是模式性变动(modular change)。结构性变动是指技术(产品或工艺)要素结构或联结方式的变动,如移动小车和机械手结合成为移动机器人就是结构性变动。模式性变动是指技术原理的变动,如固定机械手从模拟控制到数字控制技术就是模式变动。

按技术变动方式的不同,可将技术创新分为4类。

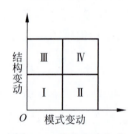

图 1-2 技术变动方式

1. 局部性创新

局部性创新,或称渐进性创新,是指在技术结构和模式均未变动条件下的局部技术改进所形成的创新,如图1-2第Ⅰ象限所示。如智能手机摄像头由3个改为4个的创新就是一种局部性创新。

2. 模式性创新

模式性创新是指在技术原理变动基础上的技术创新,如图1-2第Ⅱ象限所示。例如,指纹识别从光学识别到半导体识别就是模式性创新。

拓展阅读

3. 结构性创新

结构性创新是指技术结构变动形成的技术创新,如图1-2第Ⅲ象限所示。例如,笔记本电脑的创新,在一定程度上改变了台式电脑模块之间的联结方式,但原理并未发生变化。

4. 全面性创新

全面性创新是指技术结构和模式均发生变动所形成的创新,如图1-2第Ⅳ象限所示。例如,由模拟式有线通信技术到数字式无线通信技术所形成的技术创新就是全面性的创新。

（四）按技术创新对产业位势的影响分[①]

按技术创新对产业内领先企业的影响可分为两种，一种是维持其领先地位，另一种是颠覆其领先地位，分别称为维持性技术创新和颠覆性技术创新。

1. 维持性技术创新

维持性技术创新推动产品性能的改进，不会导致领先企业失败。维持性技术创新在技术上可能不具有连续性，或者在本质上具有突破性，但大多数在本质上属于渐进技术创新。维持性技术创新的共同点是，它们都是根据主要市场的主流客户一直以来所看重的性能层面，来提高成熟产品的性能。一般行业的大多数技术进步从本质上说都具有维持性。即使是最具突破性、最复杂的维持性技术，也不会导致领先企业失败。例如内燃发动机的燃烧效率提高的技术创新、集成电路产品的线宽从28纳米降低到14纳米的技术创新等，都是维持性技术创新。

2. 颠覆性技术创新

颠覆性技术创新发生时，产业内的领先企业常常遭遇失败。颠覆性技术创新的产品性能往往要低于主流市场的成熟产品，但它们拥有一些边缘用户（通常也是新用户）所看重的其他特性。颠覆性技术创新的产品通常价格更低、性能更简单、体积更小，而且通常更便于客户使用。例如轻型越野摩托车相对于大马力公路摩托车，是颠覆性技术创新。

三、自主创新[②]

创新就意味着自主，自主创新对技术先行企业来说是理所当然、不言而喻的；但对技术落后者来说，强调自主是因为赶超的需要。自主创新是后发国家产业和技术升级的必由之路。在"创新"之前加上"自主"是强调后发国家的企业要自立自强、勇于创新，不能通过"买"或"借"形成对国外先进技术的依赖。在我国强调自主创新之前，日本和韩国都非常重视技术创新的自主问题。

理解自主创新，需要先理解"不自主"的创新。"不自主"主要表现为技术依赖和缺乏对创新活动的话语权与决策权。具体来说，主要表现有：一是依靠技术引进，陷入"引进-落后-再引进"循环；二是依赖合资的外方，在相当多的情况下，后发国家的合资方实际上失去技术话语权，更谈不上对创新活动的决策权。

自主创新是在创新主体主导下的创新。创新主体可以是企业，也可以是国家、行业或区域。主导用来表达对创新活动的话语权和决策权。创新包括技术研发、产业化和商业化。除了这个核心定义强调创新主体的创新自主权之外，还可以按照"自主程度"的三个水平逐步提升给出以下的延伸定义。

延伸定义一：自主创新是在创新主体主导之下的、由该主体完成部分或全部创新活动的创新。

延伸定义二：自主创新是在创新主体主导之下的、由该主体完成部分或全部创新

[①] [美]克莱顿·克里斯坦森.创新者的窘境[M].胡建桥,译.北京：中信出版社,2014.
[②] 吴贵生等.自主创新战略和国际竞争力研究[M].北京：经济科学出版社,2011.

活动且拥有自主知识产权的创新。

延伸定义三：自主创新是在创新主体主导之下的、由该主体完成部分或全部创新活动且掌握核心技术并拥有自主知识产权的创新。

第二节 技术创新过程

一、单项技术创新过程

理解技术创新过程对于技术创新管理有重要意义。对技术创新过程的描述首先是从单项技术创新开始的，其目的在于归纳出技术创新发生过程的普遍规律。

（一）线性模型

线性模型认为技术创新是由前一环节依次向后一环节推进的过程。由起始环节的不同，又分为两种模型。

1. 技术推动模型

技术推动模型如图1-3所示，这是最早提出的模型。该模型认为，技术创新是由科学发现和技术发明推动的。因而研究开发是创新的主要来源。研究开发产生的成果在寻求应用过程中推动创新的完成，市场是创新成果的被动接受者。在现实中，不乏这样的例子，特别是当出现重大技术突破时，会出现大量符合这种类型的创新，例如，无线电、晶体管、计算机的发明导致的大量创新的出现就属此列。因此，在技术创新管理中要遵循技术推动的相应规律，因势利导，促进技术创新的成功。技术推动模型对许多国家制定科技政策、配置科技资源，对企业管理创新活动产生了很大影响。

图1-3 技术创新过程的技术推动模型

2. 需求拉动模型

拓展阅读

通过对大量技术创新的实际考察，人们发现大多数技术创新不是由技术推动引发的，需求拉动起了更重要的作用，于是提出了需求拉动模型，如图1-4所示。该模型认为，技术创新是市场需求和生产需要激发的。市场的开拓与扩展及节省相对昂贵的原材料和其他消耗成为创新的最重要的动力。研究表明，就数量来说，60%～80%的创新是由市场需求引发的，因此，对企业来说，需求拉动型创新更为重要。

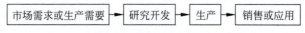

图1-4 技术创新过程的需求拉动模型

（二）交互模型

很多人认为线性模型这种将创新界定为由前一环节向后一环节单向推进的过程过

于简单化,同时对创新的激发过程过于绝对化,于是在综合前两种模型的基础上提出了交互模型,如图 1-5 所示。该模型认为,技术创新是由技术和市场共同作用引发的;同时,创新过程中各环节之间及创新与市场需求和技术进展之间还存在交互作用的关系。

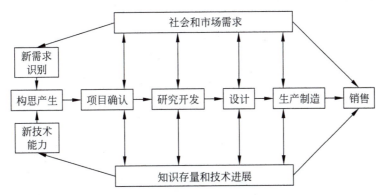

图 1-5　技术创新过程的交互模型

上述三个模型的共同特点是,着重于技术创新的引导机制,因而十分重视创新过程的启动环节,而对中间过程的描述都比较粗略。可以说,这些模型是过程描述模型,更是诱导机制模型。

(三) 链环模型

克莱因和罗森堡(S. Kline and N. Rosenberg)提出了链环(或称链环—回路)模型,如图 1-6 所示。这一模型侧重于创新过程的描述,它将技术创新活动与现有知识存量和基础性研究联系起来,同时又将创新各环节之间的多重反馈关系表达出来,是对创新过程较合理、较详尽的解释。

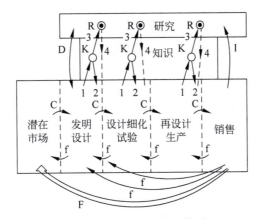

图 1-6　创新过程的链环模型

在这一模型中,共有 5 条活动路径:第 1 条是以 C 表示的创新活动中心链。第 2 条是用 f 和 F 表示的中心链的反馈环,其中 F 表示主反馈。第 3 条是以 K-R 表示的创新中心活动链与知识和研究之间的联系:在创新各阶段若有问题,先到现有知识库中去寻找,即 1→K→2 的路径;若现有知识库不能解决问题则进行研究,再返回设计,即 1→K→3→4 路径。第 4、5 条是用 D,I 表示的科学研究与创新活动之间的关系,其中第 4 条 D 表示科学发现导致创新;第 5 条 I 表示创新推动科学研究。

(四)企业技术创新过程综合模型

以上三类模型是对创新过程的抽象描述,基本上不涉及企业技术创新管理过程。下面的模型是考虑了企业内外部环境条件下一项创新的发展过程模型,见图 1-7。该模型表明了技术和市场这两个最重要的外部环境与创新过程的联系,及企业内部两个关键部门(研究开发部门、销售部门)与创新过程的联系;模型将创新过程划分成若干阶段,指明了各阶段创新的实施者及相应的实施或管理任务。因此这一过程模型更侧重于过程管理。

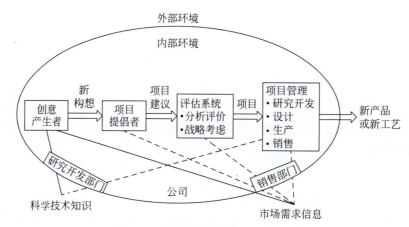

图 1-7 企业技术创新过程综合模型

二、系列技术创新过程

(一)A-U 创新模型

一项重大的创新出现之后,往往会有一系列后续的创新跟随其后,形成创新群,从而引起新产业的成长或老产业的演变。因此,围绕某一领域的系列创新对产业发展有重大影响。

美国哈佛大学的阿伯纳西(N. Abernathy)和麻省理工学院的厄特巴克(J. M. Utterback)将系列创新过程划分为三个阶段:不稳定阶段、过渡阶段和稳定阶段。

在三个阶段产品和工艺创新频率分布呈现一定的规律性(见图 1-8)。

1. 不稳定阶段

在不稳定阶段,在重大创新的引导下,企业抓住潜在需求进行一系列的产品创新,重点在于探索产品的完善功能。在此阶段,产品设计变动频繁,进入市场的产品类型、功能差异性较大,制造工艺和产业组织不稳定,工艺创新较少,企业对市场尚处于试探阶段。在这一阶段,R&D 支出较高,但经济效益往往不显著。

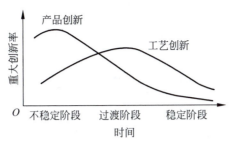

图 1-8　A-U 创新模型

资料来源：William J. Abernathy and James M. Utterback. Patterns of Industrial Innovation [J]. Technology Review, 1978.

2. 过渡阶段

在过渡阶段，经过大量技术和市场实践后，产品技术趋于成熟，建立起主导设计和产品标准；市场逐渐明朗；产品创新频率大大下降；企业为追求规模效益，工艺创新成为创新重点，创新频率迅速上升。

3. 稳定阶段

在稳定阶段，产品和工艺技术都已成熟，市场需求稳定，产品和工艺创新频率都较低，创新的重点是降低成本、提高质量，及为细分市场提供某些产品功能的渐进性创新。

（二）逆 A-U 追赶模型[①]

A-U 创新模型描述的是重大创新之后的系列创新形成的创新群，这样的系列技术创新过程一般都发生在领先的发达国家。对于以追赶为主要特征的后发国家来说，系列技术创新过程很可能是一个逆 A-U 追赶过程（如图 1-9 所示），包括引进、消化吸收和改进三个阶段。

1. 引进阶段

在工业化的早期阶段，后发国家引进成熟的国外技术。由于没有任何能力基础，企业通过引进国外成套技术来启动生产，这其中包括装配方法、产品规范、生产技术、技术人员和零部件。这一阶段一般是组装生产出标准的、无明显差异的产品。由于劳动力成本低和在受到保护的市场中没有成本压力，相比之下生产效率不高。迫切的技术任务是将那些已经得到验证的国外技术加以转化，制造出产品。因此，这些企业在生产技术及其管理方面努力较多。刚引进时，国外技术支持对排除生产故障、解决问题非常重要。随着本国技术人员掌握引进的生产和产品设计，对国外技术支持的依靠就消失了。

2. 消化吸收阶段

后发国家引进技术成功之后，生产和产品设计技术很快就会在全国范围内得到传播。后进入者从先期引进技术的企业中猎取有经验的技术人员，引进技术能力。

[①] Linsu Kim. Imitation to Innovation: The Dynamics of Korea's Technological Learning [M]. Boston: Harvard Business School Press, 1997. 中译本：从模仿到创新——韩国技术学习的动力 [M]. 刘小梅，刘鸿基，译. 北京：新华出版社，1998.

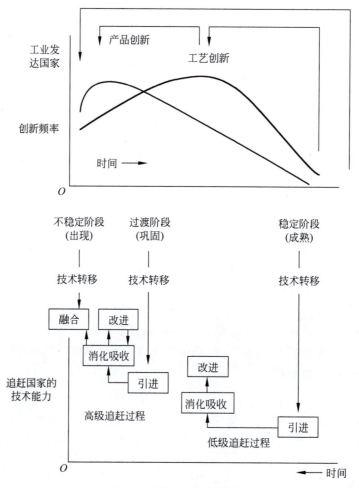

图 1-9 逆 A-U 追赶模型

资料来源：Linsu Kim. Imitation to Innovation：The Dynamics of Korea's Technological Learning[M]. Boston：Harvard Business School Press,1997. 中译本：从模仿到创新——韩国技术学习的动力[M]. 刘小梅,刘鸿基译. 北京：新华出版社,1998.

由于后进入者加剧了竞争,促使本国企业努力消化吸收国外技术、生产有差异的产品。技术努力的重点是生产技术和渐进的产品创新。通过消化吸收引进技术,后发国家的企业开始通过模仿、分拆(反求工程)来开发新产品,不再需要国外技术的直接转让。

3. 改进阶段

随着对国内市场需求的逐步满足,后发国家的企业开始着手开发国际市场,日益强调增加出口。同时,在对引进技术成功消化吸收的基础上,后发国家的企业技术能力不断提高,开始逐步改进技术,满足国际市场竞争的需要。通过努力,改进的技术被应用于各种生产线。

第三节 技术创新的进化理论

一、经济变化的进化理论[①]

1. 经济的进化论视角

进化理论应用于经济学既有宏观意义,也有微观意义。从宏观来看,有助于解释经济发展的长期过程,特别关注技术变化作为经济发展的重要驱动因素,以及政策对技术变化这一驱动力量的方向和力度的影响;从微观来看,有助于解释企业的行为。经济变化的进化理论特别关注学习和创新(如表1-1所示),致力于解释学习和创新的变化过程。因此,技术创新的进化理论出现是顺理成章的事。

表1-1 经济学的理论视角

	决 策	学 习
配置	新古典经济学	奥地利经济学
创新	理性创新管理	进化理论

进化理论把企业视为利润驱动的实体,企业总是在搜索提高利润的方法,但是它们的行动并不是在一个边界定义明确的给定选择集里面实现利润最大化。进化理论强调高盈利公司驱逐低盈利公司的趋势,但并不强调"产业均衡"这一假设状态。"产业均衡"状态认为所有不盈利的公司不再在产业中存在,而盈利公司达到期望规模。因此,进化理论的企业决策模型并不采用最大化计算条件来推导企业行为特征。进化理论认为企业在给定时间点拥有某些能力和决策规则。随着时间的变化,这些能力和规则会随着有计划的问题解决和随机事件的发生而修改。类似于自然选择的经济机制决定哪些公司盈利,哪些公司不盈利,并且把不盈利的公司淘汰。

拓宽的进化理论关注长期、连续的变化过程。进化理论虽然强调经济过程中连续变化的重要性,但也承认有些变化是非常快的。

2. 经济进化论核心概念之一——选择

经济"自然选择"是进化理论的一个核心概念。市场环境决定了成功企业的特征,这些特征与其生存和成长能力密切相关。一群公司中不同的生存和成长模式集中起来构成该群体的经济变化特征,这些特征会稳定地体现在不同公司之中。与自然选择相匹配的是"组织基因",即组织特征的延续过程,这些特征是企业产出和盈利的基础,可以延续。

3. 经济进化论核心概念之二——常规

进化理论用"常规"(routine)来描述企业有规律的、可预见的行为模式。常规既包括生产产品所需要的专业技术常规,也包括招聘和解聘的流程、订货流程、生产产品的流程,还包括投资、研发、广告的政策,甚至包括产品多元化和海外投资的经营战略。常

[①] 主要内容改写自 Richard R. Nelson and Sidney G. Winter. An Evolutionary Theory of Economic Change [M]. Massachusetts: Belknap Press of Harvard University Press, 1982.

规在进化理论中的地位相当于基因在生物进化论中的地位。常规是组织的持久特征，决定了其可能的行为（当然，实际行为也受环境的影响）。常规具有继承性，使明天的组织（例如，建立一个新工厂）具有今天组织的同样特征。常规具有可选择性，具有某些常规的组织比其他组织更好，它们在群体（产业）中的相对重要性会随时间而增强。新古典经济学用最大化来解释的一些决策，在进化论中用促成企业行为的企业常规来解释。

任何指导企业行为的常规都有一个进化过程。把常规分为以下三类有助于理解这个过程。

第一类，公司在给定的工厂、设备和其他生产要素短时间内不变的情况下，日常进行的行动。这些决定短期行为的常规具有"操作特性"。

第二类，决定公司的资本存量阶段性地增加或减少（一些生产要素能够在短时间内变化）。遵照可预测方式发生的实际投资行为可能会根据实际情况有调整，盈利公司会日益成长，而不盈利公司会不断收缩；盈利多的公司的操作特性会在产业内占有更高的比例。这种选择机制类似于生物进化论自然选择中某些基因类型具有更高的繁殖率。并且，与生物进化论类似，经济进化论中企业的增长或衰退速度是"基因"的反映。

第三类，公司改变"操作特性"的常规。常规具有层次结构，高阶常规的决策规则偶尔会修改低阶常规。例如关于研发政策的常规、指导广告政策的营销研究方法论常规。

4. 经济进化论核心概念之三——搜索

常规指导企业行为、常规指导常规修正的过程中有"搜索"。一些常规的修正或新常规能够通过搜索产生。公司搜索政策决定了搜索结果的概率分布，该分布是几个变量的函数，例如，可能是公司研发支出的函数，而研发支出又是规模的函数。公司会有一些准则来衡量常规的修正：预期利润一般会包含在衡量准则之中。当然，具体的搜索衡量准则会随实际问题的变化而变化。这里的搜索概念与生物进化论中的突变相对应。在一定程度上由企业常规决定的搜索类似于生物体中在一定程度上由基因构成决定的突变。

5. 经济进化论的核心概念之四——进化过程

进化理论的核心关注点是企业行为方式和市场结果随时间而发展变化的动态过程。典型的进化过程是：

- 在每个时间点，企业当前的操作特性、资本存量的数量和其他状态变量决定了投入和产出水平。这些企业的决策与外生于企业的市场供求条件一起，决定了市场的投入产出价格。因此，每个企业的盈利水平就确定了。
- 企业盈利水平影响企业的投资常规，从而决定单个企业扩张和收缩的速度。
- 随着企业规模的改变，同样的操作特征会产生不同的投入和产出水平，从而发出不同的价格和盈利水平信号。
- 通过这个选择过程，即使单个企业的操作特征维持不变，整个产业的总投入、产出和价格水平也会经历动态变化。当然，操作特征也是会随企业搜索规则的作用而变化的。

搜索和选择是在进化过程中同时发生、交互作用的两个方面：价格既给选择提供了反馈，也影响了搜索方向。通过搜索和选择，企业随时间而发展变化，每个阶段的产业条件中孕育着下一个阶段产业特征的种子。

6. 经济进化论的企业模型

进化理论中的企业模型比较复杂,涉及"企业状态"和"产业状态"。"企业状态"包括企业的物质状态(工厂和设备)、信息状态(文件库和人脑记忆的内容)、操作特征、投资常规(影响物质状态的转变)、记录常规(影响信息状态的转变)和搜索常规(影响操作特征、记录常规和搜索常规的转变)。"产业状态"描述包括业内所有企业状态,既包括当前所有企业,也包括潜在进入或退出的企业;还包括环境变量的描述以及产业状态的转变。操作特征把物质状态和信息状态与当前行动对应起来。当前行动和状态决定了环境变量。每个企业的当前状态和环境变量又会随着新的投资、记录和搜索常规的应用而转变。企业和产业的进化过程是循环往复进行的。

二、技术经济范式主导逻辑与进化理论[①]

技术经济范式主导逻辑是参与主体关于通用技术、经济租金[②]、组织形态形成的共识,这种世界观为其战略选择提供基本指导。技术经济范式主导逻辑是连接企业微观层面与产业革命宏观层面的桥梁。人类产业发展的历史上,由技术-经济范式迁移引发的产业革命有四次:蒸汽革命、电气革命、信息革命和智能革命。

第一次产业革命,即蒸汽革命,使人类生产摆脱了对人力和畜力的依赖,极大地提高了生产效率。蒸汽革命的技术经济范式主导逻辑是蒸汽化和机械化、亚当·斯密租金和工厂化生产体系。亚当·斯密在《国富论》中论述了劳动分工和专业化。第一次产业革命的经济租金主要来自于劳动分工和专业化以及由专业化带来的学习效应导致的生产效率大幅提升。

第二次产业革命,即电气革命,开启了人类社会的工业化进程。在这次产业革命中,诞生了电力、化工、汽车等新行业,同时,零部件标准化及生产流水线化改变了生产组织方式,使得分工效率大大提升。电气革命的技术经济范式主导逻辑是电气化、钱德勒租金和大规模生产体系。钱德勒租金主要来自于规模经济和范围经济。

第三次产业革命,即信息革命,电子信息、计算机、互联网等产业兴起,推进了贸易和商业的全球化。信息革命的技术经济范式主导逻辑是信息化、后钱德勒租金和柔性生产体系。后钱德勒租金,不仅包括了钱德勒租金中已经包含的规模经济和范围经济租金,也包括在规模和范围之上形成的模块化和柔性租金,使差异化的产品和服务能够在大规模生产的基础上得以实现,从而获得租金收益。

智能革命是继蒸汽革命、电气革命和信息革命之后的新产业革命。智能革命主要以增强人类思维能力为特征,人工智能、大数据、创新网络、高能机器人、3D打印机和基因技术的应用已使工作岗位、公司结构和整个行业发生了巨大变化[③]。智能革命的通用技术需能够发挥数据的最大价值。智能经济实现了基于个性化用户价值定义的规模经济和范围经济。网络化生产组织正成为智能革命的新范式,用户由传统的价值接受

[①] 朱恒源,王毅.智能革命的技术经济范式主导逻辑[J].经济纵横,2021,(6):66-72.

[②] 经济租金是企业要素的超额收入,它代表着要素收入中超过其在其他场所可能得到的收入部分,即经济租金等于要素收入与其机会成本之差。这里可以把企业所在行业的要素平均收入作为机会成本。

[③] [美]埃里克·布莱恩约弗森,安德鲁·麦卡菲.第二次机器革命[M].蒋永军,译,北京:中信出版社,2016.

者转换为定义者,参与价值创造。智能革命推动数字经济的发展。二十大报告指出,我国要加快发展数字经济,促进数字经济和实体经济深度融合,打造具有国际竞争力的数字产业集群。我国企业要积极参与智能革命,在数字经济发展中发挥主导和引领作用。

技术经济范式主导逻辑的变迁是一个典型的进化过程。每一次变迁既有变异(突破)的部分,也有保留(继承)的部分。从进化理论来看,智能革命可以看作是蒸汽革命、电气革命和信息革命的延续。与之前的每次产业革命一样,智能革命的技术经济范式主导逻辑也会继承和保留一些要素,当然也会有新的发展和突破。前三次技术革命的生产组织解决的是能量集中、物质功能连接的问题,信息在其中仅起到辅助作用,主要的经济租金来自于地域集中的专业化、规模效应和范围经济效应。数据成为智能革命的新生产要素,生产组织通过数据实现功能的连接,在亚当·斯密租金、钱德勒租金、后钱德勒租金的基础上,实现了以个性化为特征的智能经济——基于个性化用户价值定义的规模经济和范围经济。

三、企业技术战略的进化理论①

如表 1-2 所示,从进化理论的视角考察,企业技术战略的进化是一个由变异、选择和保留组成的过程。这一过程是对生物进化论中的变异、自然选择和遗传的类比。

表 1-2　企业技术战略的进化

进化类型	变异	选择	保留
"计划内"进化	第一类:来自操作层的战略行动 • 由高管层事前的愿景驱动,符合当前战略 • 充分利用当前战略领域还有的增长机会 • 这些战略行动的实施会给行动发起者在稳定的组织内带来晋升预期,现有高层就是从类似战略行动中脱颖而出的	• 企业内部环境通过管理机制(例如战略规划)和/或文化(例如核心价值观)选择战略行动,分配资源 • 内部环境作出的选择要反映企业面临的外部压力 • 战略行动在计划之中	• 维持公司目标、公司活动范围和组织特征 • 运用已有独特能力 • 增强当前独特能力的组织学习
	第二类:来自高管层的战略行动 • 由高管层的未来愿景驱动 • 革命性的、偏离当前战略 • 高管层充分认识到当前战略领域的局限,寻找新的战略增长机会	• 企业环境发生重大变革 • 外部环境和战略转型要求内部选择环境发生相应变化 • 战略行动变化以计划方式进行	• 企业愿景和战略发生重大变革 • 这些变革是高管层主动发起的 • 变革之后的新战略被保留下来,指导下一轮操作层战略行动

---

① 主要内容改写自 Robert A. Burgelman. Intraorganizational Ecology of Strategy Making and Organizational Adaptation: Theory and Filed Research[M]. Organization Science,1991,2(3):239-262.

续表

进化类型	变异	选择	保留
"计划外"进化	• 当前战略范围之外的战略行动 • 由操作层次的管理人员推动 • 利用新技能与公司已有独特能力形成新组合 • 如果这些战略行动获得成功,成为新战略组成部分,推动者会得到晋升机会 • 公司内部适当的宽松环境可以鼓励这类战略行动产生	有利于新行动的战略选择环境如下: • 能找到常规资源配置过程之外的资源 • 有机会在外部环境中展示新行动的活力 • 有渠道激发上级管理人员的内部支持 • 有利于新独特能力成长 • 公司战略有调整机会	• 新战略行动促进新独特能力的形成,迫使高管层意识到战略上的重大变革必需而且可行 • 形成基于新、战略行动的愿景 • 新愿景得以确立,指导以后的操作层战略行动,进入新一轮"计划内"过程

资料来源:Robert A. Burgelman. Intraorganizational Ecology of Strategy Making and Organizational Adaptation: Theory and Filed Research[M]. Organization Science,1991,2(3):239-262.

企业技术战略的保留表现为某一发展阶段内战略的相对稳定,以及企业发展过程中后一阶段对前一阶段战略的部分或全部继承。与企业技术战略保留相关的战略行动在企业技术战略允许和指导的范围之内发生,运用并增强企业已有能力基础。

企业技术战略的变异表现为企业发展过程中后一阶段对前一阶段战略的部分偏离或全部抛弃。导致企业技术战略变异的战略行动在当前企业技术战略允许的范围之外发生。这些战略行动为企业积累新能力,使新能力与新战略相互匹配。

企业技术战略进化中的选择指的是内部环境对战略行动的选择。内部环境表现为管理机制(例如战略规划)和/或文化(例如企业核心价值观)。不同战略行动经过选择获得不同的资源分配。

企业技术战略的进化过程可以分为两类,即"计划内"进化与"计划外"进化。"计划内"进化的过程是自上而下的,战略行动都在高管层的控制和意料之中;而"计划外"进化过程是自下而上的,战略行动一开始在高管层视野之外,但有条件在公司内部发展,之后促使高管层调整战略,保留新的战略行动。它们在变异、选择和保留各个阶段的特点如表1-2所示。

四、创新管理中的常规[①]

成功的创新常规是很难掌握的,因为它们都是每个独特的公司经过长时间的学习研究、不断的试错过程才得到的,是每个公司特有的。虽然可以总结出领先创新公司的常规,但简单模仿毫无用处,每个企业都要寻找自己的做事方式,开发展自己特有的常规。尽管这样,创新管理能力提高的过程中还是有一些有用的常规可供企业参考借鉴

---

① Joe Tidd, John Bessant, Keith Pavitt. Managing Innovation:Integrating Technological, Market and Organizational Change[M]. 3rd edition. NJ:John Wiley & Sons,2005.

(如表 1-3 所示)。企业要重视这些常规的形成,在形成过程中培育和强化这些有用的规程。

表 1-3 提高创新管理能力的有用常规

基本技能	有用的常规
识别	识别能够激发变革过程的经济技术环境
调整	确保企业整体战略和提议的变革之间的匹配
获取	认识公司自身技术基础的局限性,能够联系外部的知识、信息和设备等资源 对各种各样的外部技术进行技术转移,并将其与组织内部的相关点联系在一起
创造	具有通过企业自有的研发力量和工程团队开发新技术的能力
选择	通过探索和选择活动、找出应对环境变化的最适当反应,使这些反应适应企业战略、内部资源基础和外部技术网络的要求
实施	对新产品和新工艺的开发项目,从最初创意到最终投产的各个阶段,实施管理、监督和控制
贯彻	在引入技术或其他变化的时候实施有效的管理,确保企业能够接受和充分利用创新
学习	具有评价和反映创新过程的能力,以及从管理流程的改进中识别教训的能力
组织发展	对企业内部适当的活动建立有效的规程——结构、过程以及基本行为等

资料来源:Joe Tidd,John Bessant,Keith Pavitt. Managing Innovation: Integrating Technological, Market and Organizational Change[M]. 3rd edition NJ: John Wiley & Sons,2005.

常规有好的方面,也有坏的方面。常规是企业经过强化的行为——"做事的方式",代表一种根深蒂固的世界观,会让企业固守旧方式,不进行变革。从这种意义上说,企业中的常规相当于生物体中的遗传基因。当环境发生变化时,维持旧的常规就会成为阻碍。从管理创新的角度出发,要懂得适时打破旧常规、建立新常规,成为非常重要的事情。成功的创新管理主要是建立和有效地改进常规,这种知识来源于识别和理解有效的规程(无论是企业自己开发还是学习其他企业的做法),并且推动这些常规在企业中形成。成功的常规是经过长时间的实践从经验中得到的,例如成功的创新公司对项目的选择和管理、协调不同职能、与用户建立联系等。形成完善的常规与成功的创新管理密切相关,而且可以获得企业独特能力,例如比其他公司更快地推出新产品、更好地使用新工艺。

第四节 技术创新壁垒论[①]

技术创新壁垒论阐述后发国家的企业(以下简称后发企业)在开放条件下进行技术创新面临的各种壁垒,包括技术壁垒、资金壁垒、创新网络壁垒、无形资源壁垒、管理壁垒和超越壁垒等。

一、技术壁垒

技术壁垒指后发企业在掌握产业关键技术过程中面对的各种技术难题和获取障

---

① 吴贵生等.自主创新战略和国际竞争力研究[M].北京:经济科学出版社,2011.

碍。技术壁垒的形成既与技术本身的特性,如技术的复杂性和技术知识的累积性有关,也与外部知识获取的难易程度有关。

1. 技术的复杂性壁垒

技术复杂性的表现形式有技术要素的复杂性、产品复杂性、过程复杂性、产品与过程交互复杂性四个方面。技术要素的复杂性指技术所依托的科学理论深奥、认知手段要求高、技术诀窍的缄默度高,这些因素使掌握核心技术变得困难,例如超大规模集成电路技术。产品复杂性指产品系统的构成复杂,单个产品要素的变化可能会带来整个产品结构的变化,单个产品要素可能通过动态的非线性集成的方式影响产品的整体性能,例如先进集成制造系统、飞机等。过程复杂性指产品开发和制造流程的复杂性,产品开发和制造过程中,多个不同阶段和环节之间交互作用、动态反馈,产生协同作用,形成过程复杂性。产品与过程交互复杂性指复杂产品结构和复杂制造流程的相互作用带来的复杂性。因为产品和过程的整合程度日益提高,越来越多的技术复杂性表现为产品与过程的交互复杂性,而这种交互作用使复杂性以几何级数增长,带来更大的进入壁垒。

技术复杂性导致技术系统内部各个要素之间的相互作用呈现非线性,创新过程呈现非线性,后发企业进行创新时面对各个阶段、各个技术要素的交互作用,这是技术复杂性带来的非线性效应障碍。技术复杂性要求创新过程有动态反馈机制,通过正反馈打破静态均衡,实现动态进化,这是技术复杂性带来的动态性障碍。技术复杂性强调技术创新的整体行为,创新过程要将研发、制造、营销等职能融于一体,强调创新决策者、管理者和实施者之间的协同作用,这是技术复杂性带来的内部组织障碍。技术复杂性带来更大的不可预测性,创新风险更高,创新主体都有寻求合作以降低风险的需求,在复杂的社会网络中不易寻求恰当的合作,即使形成合作,合作过程的可控程度也有限,这是技术复杂性带来的外部组织障碍。

2. 技术的累积性壁垒

技术存在累积效应,这使技术在发展过程中存在技术连续性和继承性,技术知识量的增加带来技术本身和其他相关因素的持续变化。这种技术累积性在持续技术创新过程中的作用体现在,企业要在这个领域进行技术创新,就要掌握累积的技术知识。在一些技术复杂而且技术进步具有连续性的产业,技术的累积性尤为重要。例如机床、汽车等产业,产业技术知识中缄默性知识占有很大比例,企业的创新活动高度依赖以往活动中积累的经验,如新产品开发流程、工艺流程、质量改进等。企业如果没有相应技术知识的积累,往往难以进行创新或者影响创新产品的质量,比如我国汽车产业缺乏产品设计开发积累的数据库,这造成国内企业在产品设计开发以及检测方面存在很大的能力差距。后发企业的知识基础薄弱,在技术知识积累特性明显的产业,会面临比较高的技术累积性壁垒。

3. 技术垄断壁垒

领先跨国公司常常会追求技术垄断地位,可能采用的技术垄断战略包括垄断性技术研发、技术垄断性控制及技术的垄断性利用等多个方面。跨国公司对研究与开发(R&D)的大额投入带来垄断性,跨国公司具有很强经济和技术实力,其在国内或全球

R&D投入总量中占有绝大部分份额,从而对新技术研发构成了实际控制与垄断。领先跨国公司通过持续创新策略,在激烈的全球技术竞争中持续不断地进行改进型或替代型技术创新,以实现对战略技术的长期垄断。领先跨国公司往往将核心技术的研发活动和关键器件、零部件集中于母国,控制核心技术的溢出,增加技术模仿者的"模仿时滞";此外还通过关键器件、零部件的出口获取超额利润并形成对高新技术产品市场的垄断。领先公司也会通过专利、技术标准战略等强化技术垄断地位。领先跨国公司刻意寻求的技术垄断地位对后发企业形成技术壁垒。

二、资金壁垒

进入某些产业,必须达到一定的设立成本"阈值",规模经济效应要求大规模投资,使生产者具有成本优势。设立成本是指进入某一产业的初始投入。由于资产的不可分性,初始投入必须达到一定的规模。例如,一条半导体生产线,整套安装使用需要相当的资本规模,不可能安装部分环节的设备。领先跨国公司凭借其经济实力,可以相对容易越过设立成本,并建立规模经济优势,后发企业则面临资金壁垒,主要体现为规模经济壁垒和绝对成本壁垒。

规模经济是带来后发企业进入壁垒的重要原因。如果后发企业低于经济规模进入市场,那么生产成本会高于领先企业,遇到经济成本壁垒。此外,新企业为进入一个产业可能需要投资大量固定资产,这是规模经济壁垒的另一种形式。

绝对成本壁垒指的是,领先企业的单位成本曲线始终位于后发企业单位成本曲线的下方,在位企业能够把价格定位在稍高于后发企业成本,不给后发企业进入留下任何吸引力。绝对成本壁垒的来源有两个,一是领先企业对原材料和关键设备的控制;二是领先企业对先进生产技术的掌握。

三、创新网络壁垒

企业技术创新在全球化的创新网络中进行。在这个全球创新网络中占主导地位的是领先跨国企业。创新网络壁垒体现在供应网络、人才网络和知识网络三个方面。

创新网络的供应网络包括上下游供应关系,比如通信设备的制造就需要引入很多不同的子系统供应商。创新网络既涉及互补技术的发展,例如激光在光纤被发明出来之后才得到广泛的应用;也涉及关联产业的发展,例如电视机产业的发展受到材料技术的影响;汽车产业尤其是电动汽车的开发形成了对电子工业的高度依赖。领先跨国公司全球供应链管理体系能突破跨国公司内部资源和企业边界的局限,供应链中的所有企业将产品和服务的最终消费者对成本、质量、服务等要求看成是所有参与者共同的目标,并能对供应链中的所有关联者进行积极主动的管理。后发企业进入这个网络会面临壁垒,新建网络的壁垒就会更大。

创新网络的人才网络体现在领先跨国公司对全球人才资源的掌控。领先跨国公司在世界各地设有分部或者子公司,而各个子公司中专业人才的技能和知识结构具有差异性,跨国公司可以通过企业内部的全球人才流动实现创新资源的流动和扩散。领先跨国公司的人才在本领域内彼此联系,形成紧密的人才网络。后发企业要想从这个网络吸引人才,会受到来自于这个网络的阻力。领先跨国公司对人才的吸引力以及这个网络的价值取向给后发企业引进人才带来壁垒。

创新网络的知识网络体现在领先企业之间的技术联盟,它们以联盟形式来实现研发、生产领域的技术合作。这些技术联盟大多数在美、日、欧等国家(地区)的企业之间建立。信息技术、生物技术、化工、航空、汽车、重型装备等产业是建立技术战略联盟的重点。联盟内的企业通过知识共享、专利池共享等方式,形成知识网络壁垒,共享知识垄断,给后发企业进入这些技术领域造成障碍。

四、无形资源壁垒

领先跨国公司往往拥有世界知名品牌。在制造业,品牌不仅代表一定的经济规模、市场信誉和社会知名度,还是高技术含量的象征。一般来说,品牌市场占有率越高,品牌市场价值越大。从技术进步的角度来看,技术的积累、提升与垄断是品牌维持和品牌知名度提升的基础。定位高端是跨国公司品牌战略的重要组成部分。除此之外,跨国公司还通过品牌本土化和品牌进攻策略侵蚀后发国家本土品牌的市场地位。跨国公司的品牌本土化策略包括产品本土化、命名本土化和品牌形象传播本土化。领先跨国公司有时也通过收购后发国家的本土品牌来实现本土化,或者达到减少本土品牌竞争的目标。

领先跨国公司的品牌战略给后发企业创新带来的壁垒,有时比技术壁垒还高。一方面,后发企业即使开发出技术性能优于领先跨国公司的产品,用户也不接受,甚至不相信其技术性能更优越这一事实;另一方面,后发企业的品牌认知度低,要打破已有品牌的市场主导地位,需要更多的投入。总之,这种无形资源壁垒的克服,具有比克服有形壁垒更高的难度,需要长时期的资金投入和技术积累。

五、管理壁垒

领先跨国公司积累了研发管理、战略管理等方面的丰富经验,并在后发国家市场实现本土化适应性管理。后发国家的企业面对全球市场,在研发管理、战略管理等方面还存在明显不足。后发企业在通过管理实现技术知识的编码化以及知识从个人向组织的转移管理上,还存在很大差距,这直接影响了技术创新活动的效率和效果。

后发企业的研发管理水平还较低,很多管理环节和管理内容还停留在对国外同类管理经验的学习和模仿阶段。例如,汽车产业中对于设计开发的知识管理,后发企业主要依靠聘请领先跨国公司的技术专家强制性贯彻管理理念和推行管理规则,企业人员仍然表现出对于先进管理方式的不理解、不适应,更谈不上根据本企业特点进行创新,难以做到以管理促创新。

在战略管理上,后发企业的管理水平也与领先跨国公司存在较大差距。战略预测和前瞻能力是创新决策的前提,这是后发企业较薄弱的环节。例如,电视机行业,在这方面体现的差距非常明显。在电视机行业的竞争中,国内企业将战略关注点放在如何降低成本以获取价格战中更有利的地位,却忽略了对新兴技术的前瞻性关注,结果在平板电视的技术变革到来时措手不及,陷入追赶陷阱。

管理知识和管理经验是一种缄默性知识,主要依靠个人和组织的体验实现积累。后发企业规模小、成立时间短,在很多管理领域尚处于初期甚至空白阶段。克服管理壁垒的根本途径在于实践,在实践中积累管理经验,提升管理能力;对领先跨国公司管理经验的适应性学习也是提高管理经验积累效率的途径。

六、超越壁垒

前述的壁垒都是因为追赶者落后,因为自身能力弱而遇到的。超越壁垒恰恰相反,是因为追赶者不再落后,自身能力强而遇到的。超越壁垒是从落后到领先的过程中,因为追赶者自身能力成长到接近甚至超越原有的领先企业,特别是原有的其他经济体老牌跨国企业,会遭到从供应链封锁、市场封锁到技术封锁等综合因素形成的超越壁垒。

超越壁垒更容易发生在追赶企业所在后发经济体总体接近发达经济体的时候,尤其是在高技术产业或者是国民经济支柱产业。超越壁垒对于追赶中的企业可能会是一个终极挑战,但也有可能是终结者,追赶者在供应链、市场范围、技术来源等多个方面除了从财务因素考虑之外,还要从安全上进行应对。

思 考 题

1. 简述技术创新概念的特点及与有关概念的区别与联系。
2. 请举例说明技术创新的相关概念扩展。
3. 技术创新有哪些类型?试分别举例说明。
4. 简论技术创新过程的"技术推动"和"需求拉动"模型的现实意义。
5. 技术创新过程链环模型的基本结构和主要特点是什么?该模型对企业技术创新有何指导意义?
6. 结合我国实际评述逆 A-U 追赶模型。
7. 试举例说明企业技术战略"计划内"过程和"计划外"过程。
8. 请简述智能革命对企业技术创新的意义。请举例说明。
9. 请举例说明创新过程中的常规及其作用。
10. 请举例说明后发企业的技术创新壁垒。

第二章 技术与市场演化规律

第一节 技 术

一、技术的定义

从技术的本质来看,技术是科学理念、实践经验和物质设备在社会生产中动态整合的产物。这一描述有四层含义:第一,技术要以科学理论为依据,绝不能违背自然规律;第二,人的实践以及由此获得的能力也是技术,这种能力是技术活动的主体人所特有的,是人的能动性的突出表现;第三,物质设备是改变自然和利用自然的重要手段;第四,科学理论、实践经验、物质设备三者在技术整体中的结合不是一种静态的线性叠加,而是为了发展社会生产而动态整合的过程。

技术创新研究专家结合企业实践,对企业中应用的技术给出自己的定义。他们在语言表述上也许存在细微差异,但对技术界定的实质内容是一致的,而且不脱离上述技术本质。下面是两个有代表性的例子。

哈佛商学院教授 Christensen 等认为,技术这个词的意思是公司把劳动力、资金、原材料和信息转变成产品或服务的方法。所有公司都有技术[①]。百货公司采用一类技术,以采购、展示、销售和交付产品给客户,而超级市场采用另一类不同的技术。因此,技术概念超出公司技术职能和制造职能领域,涵盖广泛的业务流程。

斯坦福商学院教授 Burgelman 等认为技术是指能用于产品和服务的开发、生产和交付系统的理论与实践知识、技巧和手艺。技术能够体现在人员、材料、认知与物理过程、工厂、设备和工具之中[②]。

结合技术的本质,参照上述两个定义,本书给出技术的定义:技术是科学理论、实践经验和物质设备在产品和服务的开发、生产、交付过程中动态应用、整合而成的知识体系。根据这一定义,可以从以下 4 个方面来把握技术的含义。

1. **技术的知识属性**

按照不同的知识领域,技术可以分为机械技术、物理技术、化工技术和生物技术等领域。专利一般按照不同技术领域注册。公司在不同领域的技术专利强度可以反映一个公司技术能力的深度和广度。

---

① Bower J L, Christensen C. M. Customer Power, Strategic Investment, and the Failure of Leading Firms [J]. Strategic Management Journal, 1996, 17(3): 197-218.

② 罗伯特·A. 伯格曼(Robert A. Burgelman)等. 技术与创新的战略管理[M]. 3 版. 陈劲,王毅,译. 北京:机械工业出版社,2004.

2. 技术的价值属性

技术在产品和服务的开发、生产、交付过程中创造价值。按照技术在产业价值链中的位置,可以把技术划分为采掘、原材料生产、产品生产、建设、输送、信息处理和能源生产7类。从最广泛意义上来看,构成公司价值链的所有活动中采用的技术都包含在技术一词中。沿价值链展开的技术构成公司技术价值链。这些技术中的任何一项都能影响产业结构或公司差异化与成本地位,从而影响公司竞争优势。因此,跟踪所有影响公司价值活动的技术的演化非常重要。

3. 技术的投入属性

技术在应用中发展,在发展中应用。技术的发展和应用都离不开资金和人员的投入。一般来说,技术发展和应用要求的投入越多,其产品和服务的技术含量越高,附加值也越高。20世纪70年代,高技术产业的快速发展开始引起关注。高投入是高技术的重要特征,因此,可以用两个投入指标来反映产业技术水平的高低:一个是产业R&D经费投入强度,即产业R&D经费支出占产业销售额的比重;另一个是产业科学家与工程师和熟练工人等占全体员工的比重。相对而言,R&D经费投入强度在各个国家或产业间能够取得更为一致的定义和统计范围,因此应用较为广泛。OECD(经济合作组织)根据R&D经费投入强度对产业进行分类如下:强度大于5%是高技术产业;强度为3%~5%是中高技术产业;强度为1%~3%是中低技术产业;强度小于1%是低技术产业①。OECD的这一产业分类方法成为很多研究和实践的依据。

4. 技术的壁垒属性

技术具有模仿壁垒,壁垒越高,技术的独占性越强。产业中壁垒很高的技术是核心技术,与之相对应的是外围技术。核心技术通常是产业技术组合中基本的、关键的技术,一般是关键元器件的技术。在产业中掌握核心技术的企业具有竞争对手难以模仿的独特的竞争优势,能获取丰厚利润。外围技术的壁垒较低,一般比较容易掌握。例如,智能手机这一技术组合中,操作系统和微处理器技术是核心技术,整机设计和制造技术是外围技术。核心技术与外围技术的区分是一个相对概念,随产业范围的不同而有所差异,随时间的变化而变化。例如在智能手机整机产业,整机设计和交付技术就成为核心技术,装配技术就成为外围技术;如果把产业进一步缩小成为智能手机装配产业,装配技术又成为核心技术。

二、元件技术和结构技术

技术除了上述属性之外,还具有结构特性,可以分为元件技术和结构技术。关于产品或工艺系统组成元件原理和方法的,称为元件技术;关于产品或工艺组成元件之间的连接方式的原理和方法的,称为结构技术。

产品或工艺系统开发都需要元件技术和结构技术。首先,系统开发需要组成元件方面的技术知识,即每一个核心设计理念方面的知识以及怎样在一个独特的组成元件

---

① Smith, Keith. Measuring Innovation. //Jan Fagerberg, David C. Mowery, Richard Nelson. The Oxford Handbook of Innovation. New York: Oxford University Press, 2005: 148-177.

中应用核心设计理念的知识。其次,系统开发需要结构方面的技术知识,即关于组成元件怎样被综合或连接成为统一的整体的知识。

产品系统存在元件技术和结构技术。以房间里的电风扇为例,其主要元件包括叶片、驱动装置马达、叶片外的护罩、控制系统以及机械的机架。这些元件之间按照一定的方式有机连接,使之完成风扇的功能。关于叶片、马达、护罩、机架的技术就是元件技术。例如叶片从三片到四片、叶片形状的优化、叶片材料从钢变为塑料都是元件技术的变化。而同样的元件技术原理下,改变元件之间的连接,就可以从吊扇到台式风扇到迷你个人风扇,这就是结构技术的变化①。

工艺系统同样存在元件技术和结构技术。如钢铁生产线中,炼铁、炼钢、轧钢可以看作三个独立的工艺单元,关于这三个单元的技术可以称为元件技术。而把这三个单元连接起来的技术称为结构技术。从8毫米钢板到3毫米钢板的轧钢技术改进可以看作元件技术的变化,而从三个环节独立运作到联合制钢,则是结构技术的变化。

元件技术和结构技术是相对概念。以风扇为例,对于生产风扇的企业来说,驱动风扇叶片的马达在风扇中是一个元件,马达技术可以被称为元件技术。而对于生产风扇马达的企业来说,关于马达的转子、线圈、固定支架是元件技术,这些元件之间的连接知识则是结构技术。

虽然元件技术和结构技术是相对概念,但对其明确区分具有重要的现实意义。因为企业应对元件技术和结构技术创新的方式不一样,结构技术创新给领先企业带来更大挑战。领先企业对结构技术创新的忽视可能导致产业内领先者的更迭。也就是说,对结构技术创新的重视是以弱胜强的途径之一。因此,公司不仅要有应对元件技术变化的策略,也要监测产业内的结构技术变革。

第二节 技 术 成 长

一、技术生命周期

拓展阅读

(一)技术生命周期的基本过程

如图2-1所示,技术生命周期包括四个组成部分,变异、酝酿、选择和保留②。其中,变异期的主要特征是技术不连续;酝酿期存在多种技术设计竞争;选择期确定主导设计;保留期的特征是渐进变化。技术变化是由许多因素共同推动的,这些因素包括偶然性事件(变异)、组织在选择竞争技术时面对的社会和政治行为(人为选择)、能力的加强和许多组织通过干中学来解决问题的行为(保留期)。而保留期对下一个变异期起到了承上启下的作用。

---

① Henderson R M, Clark K. Architectural Innovation: The Reconfiguration of Existing Product Technologies and the Failure of Established Firms[J]. Administrative Science Quarterly, 1990, 35(1): 9-30.

② Tushman M L, Rosenkopf L. Organizational Determinants of Technological Change[J]. Research in Organizational Behavior, 1992, (14): 311-347.

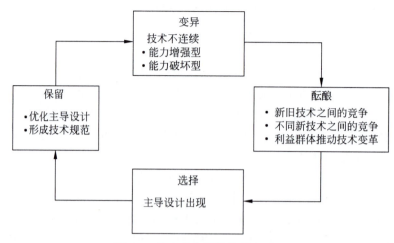

图 2-1　技术生命周期的基本过程

资料来源：Tushman M L，Rosenkopf L. Organizational Determinants of Technological Change[J]. Research in Organizational Behavior，1992，(14)：311-347.

1. 变异

变异期的主要特征是技术不连续。技术不连续常常是少有的、不可预测的创新。这些创新将相关的技术前沿成果提高了一个量级，并产生了完全不同的产品或者工艺。产品的不连续表现为根本不同的产品。相对于前一代产品而言，这些产品有重大的成本、性能和质量改进（如喷气飞机的引擎、锂电池等）。工艺的不连续是指根本不同的产品生产方法，这些方法反映了产品质量、成本方面的成数量级的改进（如3D打印、浮法玻璃）。

不是所有的技术不连续都是一样的。技术不连续可分为能力破坏型和能力增强型两类。能力破坏型的不连续是基于完全不同的技术知识、概念，使已有的技术专长陈旧过时。例如，机械表的制作技巧与石英技术不相关。能力增强型的不连续则基于已有的专门知识和技术。比如自动机械运动是一种为手表弹簧提供能量的完全不同的方法，但是建立在先前的机械能力之上。能力增强型的创新在已有的技术体系上带来了一种新的技术，不会使已有的技术专长陈旧过时。

2. 酝酿

变异期的技术不连续会启动酝酿期。在此期间，企业需要尽力去吸收（或者消灭）创新技术。酝酿期有两种情况，一种是新旧技术体系之间的竞争，另一种是新技术体系之间的竞争。新旧技术体系间的竞争是激烈的，旧的体系很少悄然消失，在位者同盟常常会对已有的技术体系进行技术改进和效率提高，以响应新技术体系的出现。该时期的产品差异大，而且存在不确定性，各种技术和设计一起竞争主导设计，最后以主导设计的出现来结束。

在技术体系竞争的同时，还存在设计竞争。一是因为技术还不成熟；二是因为存在竞争，每个先驱都会努力使自己的产品有差异，所以不同的技术突破会同时出现。比如在医学影像领域，就有不同影像技术之间的竞争（超声、X射线、核磁等）。

在酝酿期,替代过程和设计竞争伴随着技术和市场的不确定性。各种技术在不同的性能方面进行优劣竞争。例如在汽车开始出现时,电动车、内燃车和蒸汽汽车在安全、行程、噪音、经济性、推动力和便利性等方面互相竞争。在酝酿期,哪个性能更重要是不清楚的,这是因为使用者本身不能够确定产品的主要性能;而且,技术在哪一个方面有明显的价值也还不明了。只有当替代的技术增加一个重要的性能指标,或者它的性能明显优于已有的技术时,替代的技术才能显示出优势。

3. 选择

行业共同体等因素推动的技术选择使主导设计出现。主导设计的出现标志着酝酿期结束。主导设计是在一个产品类别中有着主导地位的产品结构。主导设计一旦出现,将来的技术进步(直到下一个技术不连续)就会是渐进变化。主导设计出现后,技术不确定性减少,技术变革的本质从变异转变成渐进变化。一系列技术参数的清晰和集中,允许公司设计标准的、可互换的零件,并优化组织的工作量和效率。主导设计使供应商、卖主和顾客之间关系更稳固可靠。从顾客角度看,主导设计减少了产品类别的困惑,显著降低了产品价格。不论是在缝纫机、步枪、自行车、合成染料,还是复印机、个人电脑、智能手机等产品中,都有主导设计,直到下一个技术不连续出现。

主导设计会在不同方面出现。对于简单或非装配产品,主导设计会出现在技术方面。例如,制造水泥的悬浮预热法能成为工业标准,就是因为它在生产高产量水泥时能够显著地提高燃料利用率。但是对于复杂产品,简单的技术标准往往不能予以保证。在技术不确定的情况下,主导设计会出现在社会政治过程中和竞争的技术共同体中。对于更复杂的产品,为了接近工业标准,满意标准可能会代替最佳标准。

主导设计还会在其他方面出现。主导设计的市场力能将其他设计抛在其后,而使该主导设计成为标准。从IBM370系列的主机和IBM个人电脑中可以看到上述现象。一个强大有力的使用者能够提出标准,例如美国空军就给可编程机床产业强加了数字控制标准。产业委员会也能够提出长期的标准,例如计算机通信协议和银行共享银行卡系统。政府规定常常迫使标准得到接受,例如移动通信标准。有时政府能够利用这些标准作为特殊的政策工具来解决贸易障碍问题。

除了大多数简单产品,主导设计不是经济或技术决定论的产物。竞争设计在一个或几个主要性能维度上常常具有优势。例如IBM的个人电脑不是处理速度最快的电脑。主导设计可能不是特别具有创新性,但它们融合了其他的先进特性。在主要的价值维度上简单的技术排序不能够主导其他技术,共同体层次的社会政治作用将会从可靠的技术/经济选择中做出决定。接近主要价值维度的过程是一个供应商、制造商、顾客和政府之间互相妥协和适应性调节的过程。例如,利益集团的联合、交流和买卖策略的使用影响了机床产业的标准制定。由于供应商、顾客或者政府对与酝酿期相关的不确定性的反作用,社会推动了技术进步;技术不连续可能由随机事件或者天才的发现驱使;主导设计则由与其他组织和行业共同体相互作用的可见的手驱动。这些组织和行业共同体为了最大化局部需求而确定了价值维度和行业标准。

4. 保留

保留期的特征是渐进变化,技术推动共同体的变化。主导设计出现以后,产品的性能维度和关键技术都被确定下来。例如,当内燃机代替电池和蒸汽机成为主导设计后,汽车的技术进步转移到了安全、稳定性等方面。主导设计的确立使技术进步由多个渐进创新推动,这些创新改进并发展了主导设计。一个产品类别中的技术不确定减少了,竞争基础从产品本身变成了工艺创新。

在技术共同体内部,出现了巩固渐进期、建立秩序的社会结构:主要的技术问题得以确定,合理的工艺得以建立,共同体规则和价值观在互相依赖的参与者的相互作用中形成。在保留期中,竞争者中出现了非正式的技术诀窍贸易。技术体系在全社会中建立起来,而且是跨学科的。例如,涡轮喷气飞机行业的技术包括了内燃机、机械、航空、冶金学等学科的交叉知识。

保留期一直延续到下一个技术不连续的出现。技术不连续直接挑战了作为前一个保留期技术基础的技术前提。但是,这些技术威胁,特别是那些和大量不确定性、模糊和执行成本相关联的不连续,遇到了来自于行业共同体和竞争组织的阻挠。在保留期中,共同体和组织规范会推动渐进的、常规的技术进步,却驱逐破坏技术的变异。

5. 技术生命周期演化过程中的社会与组织影响力

技术生命周期演化过程中,并不完全是技术在发挥作用,也就是说,不仅仅是技术本身决定了技术的演化,社会和组织因素也在其中发挥重要作用。机会和个人天赋带来技术突破,多个关键技术在不同的性能维度上竞争。由于单一技术很少能够主导所有相关的性能维度,主导设计的出现是由技术之外的社会政治因素推动的。这些社会因素体现在竞争制度、行业内的利益群体、供应商、制造商和客户之中。

主导设计确定了清晰的性能维度和技术基础。主导设计开创了渐进的、以解决问题为导向的技术演化过程。技术不确定性将随着竞争制度、行业共同体、供应商和客户之间更为紧密的联系而减少。在渐进变化时期,技术过程主要由有利于现有企业和利益群体的制度因素驱动,这个技术和社会因素只允许能力增强型变革。那些可能替代已有技术的突破不论从技术上还是政治上都受到压制。

(二)四类技术演化过程中的影响因素

在技术生命周期演化过程中,技术、社会和组织因素都对演化产生影响。对于不同种类的技术,各个因素发挥的作用不一样。这里分非装配产品、简单装配产品、封闭装配系统、开放装配系统四类不同技术分别探讨技术生命周期演化的影响因素(如表 2-1 所示)。

表 2-1 技术复杂度和社会、政治、组织的相对影响

技术复杂度	技术进步推动因素	主导设计的基准	主导设计的仲裁者	社会、政治、组织的影响
非装配产品 简单装配产品	• 子过程替代或削减 • 材料替代 • 产品替代	容易观测到的维度的技术优异	单个或同质的实践者共同体	最低

续表

技术复杂度	技术进步推动因素	主导设计的基准	主导设计的仲裁者	社会、政治、组织的影响
封闭装配系统	• 子系统替代或主导设计 • 核心子系统演化 • 连接技术	不同设计方案在多个维度上的竞争	异质的不同专业、不同组织的共同体	高
开放系统	• 核心子系统替代/主导设计 • 连接和/或界面技术	不同元件和界面设计方案在多个维度上的竞争	多个、多样化的不同组织、不同专业、政府的共同体	普遍存在、渗透其中

资料来源：Tushman M L，RosenkopfL. Organizational Determinants of Technological Change[J]. Research in Organizational Behavior,1992,(14)：311-347.

1. 非装配产品

对于非装配产品，技术进步要么发生在工艺中，要么在材料中。对于工艺技术，子过程替代或子过程削减都可以提高工艺效率。例如，在显示面板生产过程中，企业用人工智能（AI）技术进行质量检测，对基板质量判别的速度比人工判别提高了10倍。

对于非装配产品，其性能维度是质量或者生产效率，可以很容易测量得到（例如，单位价格、性价比等）。替代子系统明显沿着先前产品的主导性能维度发展。因此，在非装配产品的演化过程中，技术性能起决定作用，社会、政治、组织的影响很低。

2. 简单装配产品

对于简单装配产品，技术进步发生在制造工艺、材料和产品替代上。技术进步最初的形式是工艺创新。例如，在枪支制造工艺中，标准化和通用部件的应用使得枪支零部件（锁栓、托柄、枪管）的生产更高效，并降低成本和减少无效的零部件不匹配。同样，在简单装配产品中，由子系统更少的工艺创新带来更高效率的生产。

对于简单装配产品来说，性能维度是很清楚的，且容易测得（例如，单位价格或性价比）。随着简单装配产品性能维度的清晰，在快接近主导设计时，技术方面的因素主导着组织的考虑，行业标准由技术因素驱动。

3. 封闭装配系统

在封闭装配系统中，子系统集有一个清晰的界限，这个系统是封闭的（例如，手表、自行车、汽车、飞机）。封闭系统是子系统集合或通过链接和界面技术连接在一起的简单产品构成。因为它们有很多子系统，封闭系统具有多个性能维度。例如，CT扫描仪可以用其速度、分辨率、大小、扫描模式和成本来描述。技术进步发生在子系统、链接和界面层次。每一个封闭子系统都有其自身的技术路径，它由工艺或产品创新和材料替代来驱动。

封闭系统具有一系列系统层面的技术问题——结构、核心子系统和系统主导设计。与简单或非装配系统不同的是，在封闭系统中，不是所有的子系统都是同等重要的。一些子系统和那些相互依赖少的子系统相比，与整个系统有更多的内部连接，对整个系统更为重要。封闭系统可以是分等级排列的（一些子系统是核心，而其他的则是外围的）。

例如,在电动汽车业中,电池、电机和电控是核心子系统,车身、刹车、方向盘和车轮都要依赖核心系统的性能。核心子系统的技术变革将会引发在相互关联子系统中的辅助变革。

在封闭装配系统的演化过程中,由于性能维度的增加、影响性能维度的子系统增加、子系统和性能维度之间影响关系的明确程度下降,因此,相比于简单装配产品,技术在演化过程中的决定性作用下降,社会、政治、组织的影响程度提高。

4. 开放装配系统

开放装配系统是最复杂的技术系统形式,它由一系列封闭子系统通过界面技术连接起来。与封闭系统不同的是,这个系统不是自身工作,而是分布在不同区域的网络组件共同工作(例如电视、收音机、电话、计算机、铁路、移动通信系统、云计算等)。开放系统通过分布在不同区域的多个组织来实现技术的相互依赖和规模经济。

开放系统与封闭系统在某些方面的特征很相似。封闭子系统集是通过链接和界面技术连接起来的,开放系统有很多的封闭子系统集,因此多个性能维度是它的特征。例如,在19世纪末,直流电和交流电系统可以从安全性、灵活性、传输距离和效率等维度来比较。技术过程发生在封闭子系统和界面水平上。20世纪20年代,收音机系统由真空管、接收器、放大器组成。每一个封闭子系统和连接技术包含各自的技术不连续变革周期、产品变异、主导设计和渐进变化。

相对于封闭装配系统,开放系统的技术性能维度和子系统更为复杂、相互关系也更加不确定,而且参与决策的组织和利益相关者更多。因此,在开放装配系统的演化过程中,技术所起的作用更为有限,多个不同的多样化组织、多个专业组织和政府的共同体所产生的社会、政治、组织的影响普遍存在,渗透其中,产生更大的影响。

5. 四类技术演化过程中的社会与组织影响力

总的来说,社会政治因素对非装配产品来说没有多少意义。即使是在酝酿期或者在技术不连续期,性能维度也是非常清楚的,行业共同体运用技术逻辑来解决替代技术之间的差异性。对于非装配产品来说,是技术推动组织的发展。

但是,社会政治因素对于开放系统来说,不论在孕育期还是在技术不连续期,对核心子系统或相关子系统的影响都达到最大化。这些社会政治因素通过一个很大的网络来运行。这个网络包括行业内的竞争者、供应商、专业组织和共同体,以及所有对于技术演变有实际意义的因素。对于开放系统来说,非技术因素驱动一个包括可行的技术选择集的技术进步过程。相对于技术逻辑来说,这些社会政治因素从简单装配系统产品到封闭系统、到开放系统产品,以及随着产品经过主导技术结束的酝酿期和随之而来的影响核心子系统的技术不连续期的演变中所起的作用越来越重要。

社会政治因素在所有产品类型中,对于外围子系统作用是最小的,在渐进变化时期也是最小的。在渐进变化时期,技术性能维度是确定的,竞争者和行业共同体演化成秩序良好的社会系统。在这个时期,渐进的技术变革是由技术逻辑和在行业共同体中广泛发展的规范和价值所驱动。

(三) 技术生命周期中的集聚与替代

Iyigun发现,当技术发明出现时,往往成群出现,存在集聚现象。发明一出现,在开拓技术前沿时发明和创新相互补充,共同推动技术的成长,之后以该技术创新群引发的产业或产品族进入快速增长期,创新数量迅速增长。这是由发现、发明事件驱动的,"干中学"在其中起到重要作用。经过一段时间的发展,技术就会进入创新减少、新发现放缓的技术成长晚期[①]。

一个技术平台或者技术范式中有着多代技术,每一代技术衍生出多种产品。每一代的技术都按照生命周期成长,并最终被下一代技术替代。Kim 研究了 ISDN 和 ADSL 在日本和韩国的技术替代发现,当转换成本相对较小时,技术替代的最佳时间对新技术生命周期的不确定的变化要更为敏感[②]。当其他条件相同时,在旧的技术生命周期造成相对适度不确定的情况下的最佳转换时间,要比旧的生命周期造成高不确定性的情况下的最佳转换时间发生得更早,因此相对于其他情况更早到达成熟点。新技术生命周期的不确定性比转换成本对最佳盈利的影响更大。在旧的技术生命周期造成相对适度的不确定的情况下产生的总盈利,要比旧的生命周期造成高不确定性的情况下产生的多得多,因此也比其他情况更早到达成熟点。

二、技术成长曲线

(一) 技术成长曲线的基本描述

对技术成长过程的研究表明,在一般情况下,随着技术逐步成熟,给定同样多的时间或给定同样的技术投入,产品或工艺的性能改进量是不一样的。在技术发展初期,性能提高速度相对较慢;随着技术越来越易于理解、控制和扩散,技术改进速度增加;到成熟阶段,技术会逐渐逼近自然或物理极限,要获得性能改进,需要更长的时间或更多技术投入。

技术的这种成长规律,可以用一条 S 形曲线来描述(见图 2-2)。技术成长曲线的纵轴用产品或工艺性能表征。横轴上的单位选择一般依据目的而定,如果目的是测度开发小组投入的相对效率或潜在产出率,可以选择技术开发投入作为横轴;如果试图评价技术成熟度对产品销售或竞争地位的影响,可以选择时间作为横轴。

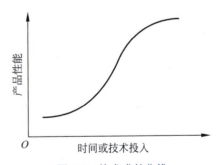

图 2-2 技术成长曲线

当技术走向成熟时,技术轨道上升会逼近水平线(极限),进而被新技术替代,这可能是因为自然规律强加的极限。例如,蒸汽动力轮船对风力帆船的替代是因为风力帆船的速度在本质上受风和水的物理作用规律的制约。而飞机产业中涡轮喷气技术对活塞式发动机技术的替代,是通过一系列单个材料和元件性能的不同步、断续提高而完成的。沿着给定技术方向前进的性能提高速度递减也可能是因为规模现象(事物不可能变得很大或很小)或因为系统复杂性。因为这些问题中的任何一个都使得下一步进展更为困难,维持进展步伐的唯一途径是对系统进行根本性的重新定义。因此,当现在使用的技

---

① Iyigun M. Clusters of invention, life cycle of technologies and endogenous growth. Journal of Economic Dynamics & Control, 2006, (30): 687-719.

② Kim, B. Managing the transition of technology life cycle, Technovation, 2003, (23): 371-381.

术跨过转折点之后,在其曲线下方可能出现新技术。新技术的产出率更高,有一天会与现在的技术成长曲线相交。企业要及时获取或开发新技术,转换到新技术,使其性能超越现有技术。S形曲线理论对企业技术战略有重要的指导和启发意义,按照这一理论,企业技术进步的理想路径是沿着图 2-3 中系列 S 形曲线的包络虚线发展①。

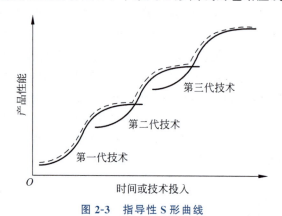

图 2-3 指导性 S 形曲线

资料来源:Clayton M. Christensen. Exploring the Limits of the Technology S-curve[J]. Production and Operations Management,1992,1(4).

(二) 企业行为对 S 形曲线极限的影响

在许多企业,经理人员和技术人员一样,常常倾心于全新技术——我们可以称之为技术赌博,这是构成产品技术极限出现的一个原因。这些对全新技术的赌博一般都需要投入比预想多得多的时间和资金来开发,而传统技术通过稳步的渐进创新,也可以获得更大的进展。例如,关于砷化镓、光盘存储器和陶瓷发动机等技术都有一些预测,但它们要么推迟实现,要么被传统技术渐进创新的稳步积累先占为王。因此,传统技术的性能提高潜力常常比企业或产业专家预计的要大得多。看起来变平的技术极限出现常常是因为对旧技术投入减少或停滞造成的。

不同公司对同一产品技术的极限水平会有相当大的差异,一种可能的解释是没有人知道复杂技术产品的物理性能极限。因为技术人员不知道他们将来可能发现和开发出什么,因为决定性能的物理定律(以及定律之间的联系)没有彻底弄清楚,因为绕过已知物理极限的可能性不能良好预测,所以,技术的自然或物理极限,在实践中是一个移动靶,而不是不可移动的障碍物。例如帆船、风和水的物理学性质硬性决定了帆船速度的自然极限。按照我们现在所知,这可能是一个符合实际的陈述,但是对于 19 世纪的船舶设计者来说,风与水的相互物理作用是被那些帆船设计实干家研究和界定的。换句话说,是根据当时可能采用的技术依据经验界定的,如果可能采用的技术手段更多、更先进(这是可能的),这个"自然极限"则可能改变。因此,从技术开发的视角来看,这些极限是动态的、相对的、不断变化的。

---

① Clayton M,Christensen. Exploring the Limits of the Technology S-curve[J]. Production and Operations Management,1992,1(4).

当然，并不是任何一个产业内的不同企业都会对S形曲线有很多的不同看法。有些技术问题，例如是否从一种原材料转换到另一种，其性能的自然极限相对清晰、广为人知而且认识一致。但是，有时候，一种技术的性能取决于以下因素的综合作用：多个广为人知的物理定律、具有企业独特性并基于经验的技术诀窍。在这种情况下，对某个具体的公司来说，看到的技术成长曲线形状就具有企业独特性，而不是受绝对定律和物理联系的影响。此时，产业层次的技术成熟曲线描述和预测既没有必要、也不应该用来指导企业层次的战略[1]。

综上所述，对于某个具体的技术，在特定情况下，不论对技术本身还是对各个公司来说，技术成长曲线的极限都可能是动态变化的。在企业是加大对已有技术的研究开发投资、还是转移到新技术的投入时，一定要考虑到这种情况存在的可能性。

（三）技术成长曲线及其管理意义

Foster运用S形曲线发现，根本性的新技术常常由产业的新进入企业开发和引进的，而非老牌领先企业[2]。Foster认为，领先企业倾向于强化和优化成熟技术，在及时发现新技术和后继技术方面常常失误，这是领先企业丧失产业主导地位的主要原因。Christensen对硬盘产业的研究发现，产业领先的老牌公司在新元件技术成长曲线的转换上一般都比较积极主动，但没有证据表明，比之于那些固守传统技术的公司，它们能获得任何战略优势[3]。拓展或者"驾驭"传统技术的S形曲线和后于产业元件技术领先者转换元件技术成长曲线，看起来能取得更大的成功。

在计算机硬盘产业，进攻者取得战略优势的技术变革，从本质上来看，是结构性技术变革，这可能是与该产业特性有关的特例，但有很强的启示意义。当新结构技术在计算机硬盘产业中出现时，相比于业内老牌企业，率先采用新技术的新进入企业和先发者能获得优势，而且能够乘新结构技术之风，跃升到产业内领先位置。在硬盘产业，不是新元件技术，而是新结构技术的出现，致使产业内领先企业突然衰落。出现这种情况的原因是，结构性技术变革一般在新兴市场找到领先用户。运用结构性技术变革的新进入者（进攻企业）取得成功，是因为它们在这些新兴市场表现更佳，而不是因为它们本身拥有开发结构技术的卓越能力。

第三节 技术轨道与广义轨道

一、技术轨道

（一）技术范式与技术轨道

"技术范式"是一个与库恩定义的"科学范式"类似的概念。库恩（K. S. Kuhn）在

---

[1] Clayton M, Christensen. Exploring the Limits of the Technology S-curve[J]. Production and Operations Management, 1992, 1(4).

[2] Foster, R. Innovation: The Attacker's Advantage[M]. New York: Summit Books, 1986.

[3] Clayton M, Christensen. Exploring the Limits of the Technology S-curve, Production and Operations Management, 1992, 1(4).

1962年出版的经典著作《科学革命的结构》(*The Structure of Scientific Revolution*)中引入"范式"概念说明科学理论发展的本质和规律性,解释范围包括:"看待世界的运用科学的不同方式""盛极一时的科学理论""专业教育所规定的思想框架""科学实验活动中某些公认的范例——包括定律、理论、应用以及仪器设备系统在内的范例""共同的信念""基本原则"等。技术范式是在已经选定的材料技术和自然科学原理之上,针对所选技术问题的解决方案的"模式"或"模型"。从比较宽泛的意义上来说,"技术范式"是与解决方案相关的一组"重要"问题、特定知识和程序。例如,汽车发动机的内燃机技术、电流放大的半导体技术都是技术范式。技术范式具有强烈的排他性,技术人员会集中在既定的方向上解决问题。[1]

每个"技术范式"在特定的技术与经济平衡之中规定着技术"进步"的方向,形成"技术轨道"。"技术轨道"是每个技术范式之中"常规"问题解决活动(技术进步)的模式。也就是说,技术轨道是一组可能的技术方向,其外部边界由技术范式规定。

(二) 技术轨道的特性[2]

"技术轨道"具有连续性(积累性)、有限性(但无限逼近)、系统性、排他性与多样性等基本特性。

技术发展在时间上是一个不断积累的历史过程,任何技术发明创造都是在原有技术基础上的继承和创造,技术的未来发展与企业或者国家已经拥有的水平密切相关。技术的继承性发展使得技术轨道表现出连续性的特点,顺沿"技术轨道"的技术进步具有很强的不可逆性。技术轨道的连续性对应着累积性,累积性有强弱之分。累积性强的技术轨道,技术的发展往往需要经过长时间的学习和消化,特别是一些大型的、复杂的机械装备,如飞机、汽车、机床等;累积性弱的技术轨道,在技术发展过程中容易出现跨越的机会,实现新技术代替旧技术。

技术轨道的发展存在"技术上限"(或"技术极限")。"技术上限"指的是某条技术轨道可能达到的最高水平。从技术演化的自我增长来说,任何具体技术由于技术要素、技术原理或技术规律的限制,其发展总会达到一个极限,这个极限需要根本性、颠覆性创新或范式转换来突破。一个典型的例子就是目前越来越多的科学家及业界普遍认为,计算机运行速度的提升存在一个像光速那样不可超越的限制,过去的"摩尔定律"可能即将失效,即目前缩小晶片体积、提升运算能力的半导体技术轨道存在"技术极限",这主要是因为制造过薄的晶片会极大增加成本。换句话说,过去半导体技术的纵向发展可能接近尾声,横向发展(如布局低耗电、微积电、影像感测等新的应用领域)以及生物芯片等可能是新轨道出现的方向。当然,现有的技术轨道也会无限地逼近可能的"技术上限",直到新的技术轨道占据主导优势,通过市场竞争等方式"颠覆"了旧的技术轨道。

技术轨道存在系统性,即不是由单一技术构成的,而是各门类技术相互补充、相互渗透、相互促进,是一系列相关技术组成的技术体系。这一技术体系包含了所有可能的

---

[1] Dosi, Giovanni. Technological Paradigms and Technological Trajectories[J]. Research Policy, 1982, 11: 147-162.

[2] 熊鸿儒,王毅,林敏,吴贵生. 技术轨道研究:述评与展望[J]. 科学学与科学技术管理, 2012, 33 (7): 21-28.

技术机会、创新的独占性、技术进步的累积性和创新活动的知识基础等。由于技术轨道之间也有强弱之分(既存在一些通用的轨道,也存在一些相对局限的轨道),也由于其内在知识或经验之间的互补性也会使得不同轨道之间具有一定的互补性。此外,技术轨道在不断的演化过程中会随着新技术的诞生或融合,围绕已有的主导技术前进方向出现更多新的技术机会,形成所谓的子轨道。

技术轨道之间存在一定的"排他性"与"多样性"。技术在发展过程中,在一定时期内会集中在特定的方向上,一旦某一技术占据优势以后,它就会不断自我强化和完善,成为主导技术,最初的多选择性和非确定性消失,从而对其他技术产生排斥性选择。随着时间的推移,一条轨道逐渐会成为主导并占据有利位置,这样就减弱了其他轨道的影响力和发展动力。当一个技术轨道"非常强"时,就很难从该轨道转换到另一个备选轨道。沿着技术轨道实现技术性能提升的目标是一致的,但实现的"道路"可以是多样的,即存在多条可能的技术轨道,这恰恰体现了技术轨道的多样性。

(三) 技术轨道的影响因素及其演化[①]

技术范式是发展变化的,有时会发生范式转换。例如,在20世纪70年代到80年代,药物研究就经历了从传统的试错药理学范式向生物技术范式的转换。[②] 汽车驾驶技术正经历从人工操控向自动驾驶的范式转变。

技术范式和技术轨道既受技术自身发展规律的影响,也受社会和经济因素的影响。影响技术轨道的关键要素可总结为三大类:一类是与科学、技术相关的;一类是与经济要素相关的(如市场需求等);还有一类是与制度环境相关的。

科学的根本性进展和技术的内生性积累奠定了技术轨道形成的基础。较强的科学基础能够支撑较快的技术进步,而较弱的科学基础则往往会使技术进步放缓。科学的进步,尤其是其根本性进展对技术轨道形成有引导性和外生性助推作用。在强调科学进展的基础上,技术本身的累积更是技术范式确立、技术轨道形成的决定性因素,这也包括了技术体制对技术轨道的形成的显著影响。本产业或者其他相关产业的重大技术突破,很可能导致新技术轨道的出现。

市场需求等经济因素也显著地影响了技术轨道的形成。与经济有关的诸多因素,包括如市场需求、价格变动、生产成本等,都会对技术轨道演化的速率、方向、潜在技术范式的选择机制等因素产生较大的影响。尤其是顾客"偏好的不连续性"往往是促发技术轨道发生迁移的重要因素,一个典型的例子就是:打字机技术近一百多年所依次出现的四条技术轨道(热金属技术、模拟成像技术、数字成像技术和激光技术)都不是因为科学知识或技术本身的进步所导致的,而是不同时期市场上顾客对打字机需求偏好的不连续变化所导致的。同样地,不同技术轨道之间的市场竞争和新技术的市场反馈也会使相关的技术轨道在较长一段时间内不断动态"微调";这也是不同时期、不同类型的市场上,技术进步方向和速度存在较大差异的原因。此外,相对价格水平及变化、生

[①] 熊鸿儒,王毅,林敏,吴贵生.技术轨道研究:述评与展望,科学学与科学技术管理[J].2012,33(7):21-28.

[②] Jorge Niosi. Science-based industries: a new Schumpeterian taxonomy[J]. Technology in Society, 2000, 22: 429-444.

产成本(如原材料或机器设备等价格变动)等经济要素也是影响技术轨道发展快慢、成长周期的关键原因。

技术轨道的形成演化也较多地受到制度环境因素的综合影响。制度背景(政策、法规、文化等)的变迁对技术进步的影响作用是显而易见的,创新活动的"自然轨道"是技术、制度、市场等"共同演化"的结果,制度环境的动态变化也相应影响着技术进步的动态更新。从社会化认知和社会网络分析视角来看,"社会-技术体系"作为影响技术轨道发展的关键因素,指的是影响技术变迁的各种要素或参与者,表征了技术轨道演化的选择和保留机制。

(四) 技术创新的"轨道"模式选择

根据技术创新中选择的技术和技术轨道的关系,可以把技术创新分为"选轨"创新、"顺轨"创新和"转轨"创新。"选轨"创新是指在相互竞争的不同技术轨道中选择某个技术轨道进行创新,例如平板数字电视在液晶显示技术轨道和等离子显示技术轨道之间的选择。"顺轨"创新是指沿着某一技术轨道发展方向上的创新,例如在彩电的显像管(CRT)时代,显示屏技术从球面向平面直角发展,这一过程中的创新都是"顺轨"创新。"转轨"创新是指从已有技术轨道向新出现的技术轨道转变的创新,例如彩电厂商从模拟电视技术轨道转向数字电视技术轨道过程中的创新。

1. "选轨"创新

(1) "选轨"创新的机会

当技术发展处于酝酿阶段时,主导设计尚未出现,存在多种不同的可行的技术路线,这时存在"选轨"创新的机会。例如,20世纪90年代,移动通信从第一代模拟制式向第二代数字移动通信(2G)发展时,运营商可以在四个2G标准之间选择,包括:CDMA、GSM、TDMA和iDEN[①]。不同的标准在技术方案上有所差异,可以称为不同的技术轨道。GSM在欧洲率先发展和应用起来,用户数最多。到1996年时,前5家公司Ericsson、Nokia、Siemens、Motorola和Alcatel占有GSM市场的85%,它们同时也是大多数核心专利的拥有者[②]。韩国选择了在应用上落后的CDMA,这给了韩国三星等在移动通信上落后的企业一个发展机会,并抓住这个机会在2G时代赶上来。在向第三代数字移动通信(3G)发展时,又存在CDMA2000、WCDMA、TD-SCDMA三个不同的技术标准。我国提出的TD-SCDMA标准为我国通信设备制造企业的发展带来了机遇,并走向4G标准并跑、5G标准领跑的有利格局。

(2) "选轨"创新的主体

"选轨"创新的出现给产业发展带来了新的机会,为新创企业和力图"二次创业"的老企业带来机遇。例如,移动通信的2G时代,推出CDMA标准的是一个新创企业美国高通,并抓住这个机会发展壮大。不断"二次创业"的韩国三星也抓住了这个机会。

---

① Neil Gandal, David Salantc, Leonard Waverman. Standards in Wireless Telephone Networks [J]. Telecommunications Policy, 2003, 27: 325-332.

② Rudi Bekkers, Bart Verspagen, Jan Smits. Intellectual Property Rights and Standardization: the Case of GSM[J]. Telecommunications Policy, 2002, 26: 171-188.

(3) "选轨"创新的市场态势

"选轨"创新的市场态势有两种情况：一是替代与进攻；二是开拓新市场。例如，彩电从 CRT 显示技术向平板显示技术转变的过程中，平板电视对 CRT 电视就是一种替代和进攻，最终将取代传统的 CRT 电视。

(4) "选轨"创新的风险

"选轨"创新会面对来自技术、市场和竞争等方面的不确定性。在主导技术出现之前，技术发展存在不确定性，例如，平板电视的液晶显示技术和等离子技术之间的竞争就有不确定性，任何一种技术成为主导技术都会使另一种技术的投资失败。对于开拓新市场的"选轨"创新，市场存在很大的不确定性，例如针对全球漫游用户的铱星移动通信系统公司，采用低轨道卫星网解决方案，得不到市场的认可，其盈亏平衡点为 65 万用户，结果只有 6 万多用户，公司最终走向破产。

2. "顺轨"创新

(1) "顺轨"创新机会

"顺轨"创新机会的出现有以下两种情况：一是主导设计出现之后仍有渐进创新潜力，例如在彩电的 CRT 这个轨道里，当我国企业制造能力提升之后，就在 CRT 彩电的遥控器、外观、主板等方面进行大量的"顺轨"创新；二是新的替代技术出现，但新旧技术之间具有连续性，例如无氟冰箱技术对有氟冰箱技术的替代。

(2) "顺轨"创新的特点

"顺轨"创新是企业技术创新中的常见方式，风险相对较小，具有以下两个特点：一是技术具有连续性，转换成本小；二是市场范围基本保持不变，主要针对已有用户进行创新。

(3) "顺轨"创新可能面临的挑战

如果企业只满足于做好"顺轨"创新，会面临以下两个挑战：一是来自行业内竞争者或行业外新进入者不同轨道的创新，例如当机械打字机厂商致力于现有产品改进时，行业外展开了电子打字机、文字处理机的创新；二是在替代性的新技术轨道出现时，落后于掌握新技术轨道的竞争对手，例如我国彩电企业在 CRT 技术轨道上逐步实现追赶，与国外竞争对手差距日益缩小，但在平板数字电视技术轨道这一替代技术出现时，我国彩电企业的差距又明显加大。

3. "转轨"创新

(1) "转轨"创新机会

当某个产业出现新的技术轨道时，"转轨"创新机会就出现了。例如，发电技术从水力发电到燃煤发电，再到风能发电、太阳能发电等，都存在"转轨"创新机会。

(2) "转轨"创新的特点

转换成本高是"转轨"创新的一大特点，这会使一些老牌企业错过"转轨"创新机会。每个"转轨"创新过程中，会遇到技术非连续、开拓新市场（不在企业原有市场）、破坏现有核心能力的这三大障碍，通常至少会出现两项。

(3) "转轨"创新的挑战

产业内的领先企业会面临继续"顺轨"创新与实施"转轨"创新的两难选择。如果埋头"顺轨"创新,可能会失去未来,而如果实施"转轨"创新,则可能失去现在。对于产业内领先企业来说,实施"转轨"创新的挑战有:一是组织结构对新技术轨道的响应问题,产业内的领先企业一般都有较强的技术积累和资金实力,但已有组织结构只适应原来的技术轨道,不适应新轨道,对新技术的开发不能适应;二是市场方面存在的自噬问题和开拓新市场的问题,一方面是新技术轨道可能会吞噬一部分甚至大部分已有用户的市场,这种自我替代常常使企业陷入痛苦的决策之中;另一方面,如果是开拓新市场而不是替代已有市场的话,可能会使市场部门面对挑战,它们会抵制"无利可图"的新产品;三是与原技术轨道相匹配的已有核心能力不适应新技术轨道,创新产品启动期的高成本与小市场的矛盾会产生很高的组织障碍。这些因素常常给行业外新进入者侵袭甚至替代行业内"在位者"提供机会。

(4)"转轨"创新来源

"转轨"创新来源受新技术轨道的市场和能力破坏性质影响,有些创新来源于产业内,而有些则来源于产业外。从来源于产业内外的角度看,"转轨"创新来源可能有以下四种情况:现有市场的产品替代创新,来源于产业内;扩展市场领域的创新,来源于产业外;削弱现有核心能力的创新,来自产业外;增强现有核心能力的创新,来自产业内。

二、广义轨道[①]

技术轨道理论是对技术发展规律的概括,有很强的实践意义。已有技术轨道的变迁和新技术轨道的出现是后发者追赶的"机会之窗"。已有的基于轨道理论的追赶机会仅限于技术维度。从技术创新的内涵和外延及创新实践来看,技术创新不是仅局限于技术的活动,因此,仅从技术轨道来认识创新活动的规律不够。"广义轨道"理论可以补充这个不足,是对技术轨道理论的扩展。

广义轨道理论将视角从技术维度扩展到技术创新涉及的其他维度,如市场、商业运作等,从更广义的视角考察"创新"。熊彼特早期定义的创新包括生产要素和生产条件的五种"新组合"——引入新产品、采用新方法、开辟新市场、控制原料新来源、建立新组织。以熊彼特对创新的定义为基础,广义轨道理论认为,除技术轨道外,创新中还有市场轨道、商业模式轨道等。

市场轨道是指产品(包括过去的和现在的)的市场演进路线。该演进可能是创造新需求,也可能是创造新的产品价值传递方式。如果产品沿着已有的同质市场发展,即产品销售在已有类型市场上,即使规模扩大了,但未发展至新型市场,那么创新是沿着已有市场轨道演进;如果创新满足新需求,开拓了不同于已有市场的新市场,就出现了新市场轨道。

商业模式轨道是指商业模式的演进路线。商业模式的演进可能沿着完善、强化已有模式的路线发展;也可能以创造新模式、颠覆旧模式的方式演进。这后一种情况就是商业模式轨道变迁。后发企业通过商业模式的轨道变迁有可能颠覆产业传统思维,获取竞争优势。

---

① 吴贵生,林敏.广义轨道理论探讨[J].技术经济,2012,31(2):1-5.

第四节 技术采用生命周期

技术采用生命周期描述用户对一项新产品的接受过程。根据新产品对用户行为模式改变的敏感程度,可以把创新分为"不连续性创新"和"连续性创新"。"不连续性创新"对用户行为模式的改变非常敏感。"连续性创新"是产品的正常升级,并不需要用户改变当前的行为模式。技术采用生命周期适合描述"不连续性创新"的新产品采用过程。[①] 技术采用生命周期的定量描述通常称为创新扩散曲线。新技术采用过程受多种因素影响。新技术采用者可以分为5类。技术采用生命周期中的关键是跨越鸿沟。以下我们分别介绍。

一、创新扩散曲线

按照时间描绘出的创新采用者曲线通常呈现钟形,如果将采用者数量加以累计,便会出现"S"曲线。图2-4是美国爱荷华州每年接受改良玉米新品种的人数以及累计人数。从图形可以看出,以时间为横轴,新玉米品种累计采用者人数呈"S"形曲线;而每年新的接受人数呈正态分布钟形曲线。在扩散过程初期,每年只有少数人接受创新;然后,采用率会逐步上升,直到社会体系内全部(或大部分)成员都已接受这项创新为止。[②]

罗杰斯1962年在《创新的扩散(第1版)》中就用实际数据归纳了钟形曲线和S形曲线。巴斯在阅读《创新的扩散(第1版)》之后,解决了用数学公式来描述创新扩散曲线的问题。巴斯1969年用数学公式对电冰箱、黑白电视机、室内空调等11个新产品的扩散进行预测,发现预测的峰值及其出现时间跟实际情况有良好吻合。[③]

二、新技术采用过程[④]

新技术采用过程是采用者或潜在采用者的经历,可以分为认知、说服、决策、执行、确认5个阶段。在认知阶段,采用者和潜在采用者知道创新的存在,并了解其功能;在说服阶段,采用者和潜在采用者对创新形成喜欢或不喜欢的态度;在决策阶段,采用者和潜在采用者做出接受或拒绝创新的选择;在执行阶段,采用者将创新投入使用;在确认阶段,采用者对采用新技术的决策寻求进一步确认,如果出现与先前矛盾的信息,可能会更改之前的决策。

(一)认知阶段

当采用者或潜在采用者面对一项创新并理解其功能时,认知阶段就开始了。

有些人在面对一项创新时,扮演着被动的角色,并非主动获取关于创新的信息。有

---

① [美]杰弗里·摩尔.跨越鸿沟[M].赵娅,译.北京:机械工业出版社,2009:9-10.
② [美]罗杰斯.创新的扩散[M].5版.唐兴通,郑常青,张延臣,译.北京:电子工业出版社,2016:288-289.
③ Bass, Frank M. A New Product Growth For Model Consumer Durables[J]. Management Science, 1969, 15, (5).
④ 改写自[美]罗杰斯.创新的扩散[M].5版.唐兴通,郑常青,张延臣,译.北京:电子工业出版社,2016.

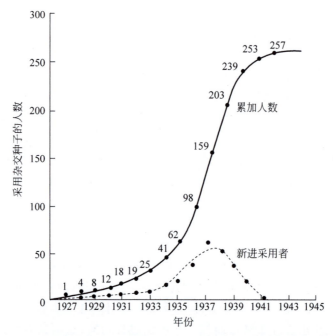

图2-4 美国爱荷华州每年接受改良玉米新品种的人数以及累计人数

资料来源：[美]罗杰斯.创新的扩散[M].5版.唐兴通,郑常青,张延臣,译.北京:电子工业出版社,2016:289.

些人获知创新的信息来自于主动的寻求,他们对创新的认知过程不是被动的。每个人都倾向于接触符合自己兴趣、需求和现有态度的观念。个人会有意无意地忽略那些与自己特质相冲突的信息,这种情形就是"选择性接触"。选择性接触和选择性认知会让人们隔绝在创新信息之外。打破这个隔绝的是需求,帮助人们解决期望和现实的差距。当一个人得知一项创新的存在时,可能会因此而产生需求。当一个人有需求时,也会去主动获取能够满足需求的潜在创新的信息。对有些创新来说,需求在创新之前,人们先有需求,然后去寻找创新的解决方案,例如人们对环境污染的关注。对有些创新来说,创新在需求之前,创新产生需求,尤其是一些消费产品创新,例如智能手机。人们首先接触到某个消费品,然后被它吸引,最后决定要拥有它。

对创新认知较早的人大多接受过较高的正规教育,有较高的社会经济地位。对创新认知较早的人未必就是最早接受创新的人。大多数人知道很多创新,但并没有采纳。如果个人的创新观念无法跨越认知阶段,并且认为这个创新和自己的状况无关,或者无法进一步获得足够的信息,他们对创新的考虑就会止步在认知阶段,不足以过渡到说服阶段。

(二) 说服阶段

在说服阶段,个人对创新形成赞同或不赞同的态度。认知阶段的心理活动是认知上的,说服阶段的主要思考方式是感觉上的。这里的说服指个人态度的形成或改变,这种改变不一定是特定机构或推广人员预设的结果。

人们在说服阶段会主动寻找有关创新的信息,并确定哪些信息是可信的,同时进一步决定要如何诠释手中的信息。选择性认知非常重要,在这个阶段发展出对创新的一般性认知。这些创新认知的属性,如相对优势、兼容性和复杂度,在这个阶段变得特别重要。所有创新对个人而言都带有不确定性,个人通常对创新的结果没有十足的把握,于是会参考同伴们的观点,思考是否处在正确的轨道上。

在说服和决策这两个阶段,个人会寻求对创新的评估信息,以此降低采用创新后果的不确定性。这类信息可以通过对创新的科学评估而得到。很多人会从同伴处寻找,同伴们对创新的主观看法能够说服他们,这是方便又可靠的做法。

(三)决策阶段

采用者或潜在采用者在决策阶段选择接受或拒绝某项创新,"接受"就是决定把某项创新作为最可能实行的行动方针来充分利用,"拒绝"就是决定不采纳某项创新。

应对采用创新后果不确定性的一种方法,是在局部基础上进行试验。大部分人都会根据自己实际情况试用创新后,才会去接受创新。通常这种小规模的局部试验,是决策中相当重要的部分。但是,有些创新并不能分割开来做局部试验,因此对它只能完全接受或者完全拒绝。不过若是创新能够分割开做局部试验的话,其被接受的速度就会快一些。大部分人在试用之后,只要它能证明有某种程度上的相对优势,试用者就会做出接受的决定。免费提供试用品是促进创新快速扩散的方法之一。

对某些个人和某些创新来说,由同伴进行的对新想法的试验能够替代本人的试验,至少可以部分地替代。这种"他人进行的试验"为个人提供了某种替代性的试验。创新推广人员经常通过发起对新想法的示范,来努力加速创新采用过程。这些示范能相当有效地影响个人的接受程度,如果示范者是意见领袖时,示范的影响力会更为显著。

(四)执行阶段

执行阶段是指采用者把创新付诸行动。执行阶段涉及明显的行为上的改变。

到了执行阶段,如何使用创新的问题显得特别突出。通常执行阶段紧随在决策阶段之后,除非遇到一些实际的问题,如市面上暂时没有该项商品等。

即使在执行阶段,采用创新的后果也依然存在某种程度上的不确定性,在此阶段常见的问题有:"我在哪里可以买到这种创新产品""我该如何使用它""我将会遇到哪些使用上的问题,我又该如何解决"。因此,在执行阶段也会出现主动寻求信息的行为,正是在这种情况下,当采用者开始使用产品时,创新推广人员的角色就变成了提供技术支持。如果创新采用者是一个组织而非个人,执行上的问题通常会变得更棘手。因为在组织里,通常有许多人参与这一过程,而实施者与决策者通常不会是同一群人。组织结构会为一个组织的稳定和持续运营提供保障,但也可能成为一项创新在实施中的阻碍力量。

根据创新的性质,执行阶段可能会持续相当长的一段时间,直到这个新观念内化为采用者日常生活的一部分,这个阶段才宣告结束。对大部分人来说,等到创新失去了它作为创新的特点时,执行阶段才算结束。

执行阶段可能出现采用者对创新的再创新。再创新出现的背后原因,是因为创新不是一成不变的。创新会因为使用者的参与而变得有活力、有弹性。

（五）确认阶段

接受或拒绝创新的决定，通常不是创新采用过程的最后阶段。人们在决定接受创新之前会寻找信息，而在接受之后仍在寻找信息。在确认阶段，采用者如果接触到与该项创新相冲突的信息，他会通过寻求信息来对已作出的创新决策给予肯定，或者会转变先前已接受或拒绝的决定。

在确认阶段，采用者会努力避免一种不调和的状况；如果发生不调和，他会努力使其减小。如果采用者认为创新的正面影响超过负面影响，采用者在确认阶段可能认识到使用该创新的好处，努力使该创新成为日常生活的一部分，甚至把创新推荐给其他人。如果采用者不能克服这种不调和的状况，可能会做出终止采用创新的决策。

三、新技术采用者的分类[①]

创新采用者的钟形曲线趋于正态分布。根据正态的频率分布具有的一些特征，可以对采用者进行划分。正态分布的参数之一是平均值 $\bar{x}$，也就是系统的平均人数；另一参数是标准差 sd，它用于衡量分布偏离平均值的程度，也就是对于样本人群而言，偏离平均值的平均差。平均值和标准差这两个统计变量用于把正态分布的采用者分为 5 类。在正态分布曲线上标示出标准差，从而将正态曲线分成 5 个区域。如图 2-5 所示，正态分布被分成了 5 个区域，代表 5 类创新采用者：创新先驱者、早期采用者、早期大众、后期大众、落后者。在图 2-5 所示分布曲线的最左侧区域，即以平均值减去 2 个标准差后，在这个时间点之前的采用者，占总数的 2.5%，他们是创新先驱者；紧随其后，出现 13.5% 的采用者，他们接受创新的时间范围在平均值减去一个标准差和减去 2 个标准差之间，称之为早期采用者；接着就是在平均值减去一个标准差，与平均值之间，这 34% 的接受创新的人群称作早期大众；在平均值右侧，与平均值加上一个标准差之间，则是 34% 的后期大众；最后接受的 16% 便是落后者。

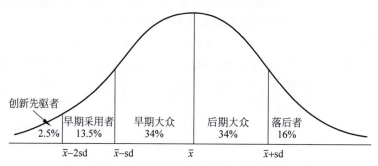

图 2-5　以创新性为基础的采用者分类

资料来源：[美] 罗杰斯. 创新的扩散 [M]. 5 版. 唐兴通，郑常青，张延臣，译. 北京：电子工业出版社，2016：297.

（一）创新先驱者

冒险精神可以说是创新者的天性。他们对新思想有着浓厚的兴趣，这种兴趣促使

[①] 改写自 [美] 罗杰斯. 创新的扩散 [M]. 5 版. 唐兴通，郑常青，张延臣，译. 北京：电子工业出版社，2016.

他们对新技术有偏爱。要成为一个创新者,必须具备一些前提条件:必须有足够的财力以应付创新可能带来的损失;应该拥有一定的技术知识并能够运用这些技术知识;另外,有能力应付创新的高度不确定性。

创新先驱者最突出的个性是具有冒险精神,因为他们期待的就是大胆、冒险的行动。创新者有足够的心理准备来面对创新产品失败带来的挫折。尽管创新先驱者并不一定受到其他成员的尊重,但是他们在创新扩散过程中举足轻重。他们往往会从该系统或外界获取并引入创新思想,从而推动创新产品的扩散。他们可以看作是驱动新产品扩散的"把关人"。

(二)早期采用者

早期采用者在创新扩散中是最能把握舆论导向的。潜在的采用者往往从早期采用者那里得到有关创新的信息和建议,他们在接受创新产品前,通常向早期采用者咨询。这类采用者往往被创新推广人员视作可以加快扩散进程的传播者。早期采用者比普通个体更具有创新性,但并没有超过普通个体太多,因此他们是许多后期采用者效仿的榜样人物。

早期采用者会赢得他人的尊重,而且往往被誉为既成功又谨慎的接受创新的典范。早期采用者深知,他们要持久地赢得同伴的尊敬,并维持自己在创新扩散中的中心地位,就要做出明智的、有远见的创新采用决策。在接受某项创新后,他们会和周围的人谈论自己对于该创新的主观评价,以减少创新扩散过程中的不确定性。在某种意义上,早期采用者的接受行为是对创新最好的背书。

(三)早期大众

早期大众指的是比一般人略早接受创新的群体,他们不断与同伴相互作用、相互影响,但很少在创新扩散中成为观念领导者。早期大众在扩散过程中具有独特的地位,他们位于早期采用者和晚期采用者之间,是扩散链中的重要一环,在创新扩散中起着承上启下的作用。

早期大众在做出接受创新的决策之前,要考虑一段时间,因此他们比创新先驱者和早期采用者需要更长的时间来做出接受决策。"不要做第一个吃螃蟹的人,也不做最后一个抛弃陈腐观念的人。"这是"早期大众"的思维。早期大众会谨慎地跟随创新潮流,但也很少领导这种潮流。

(四)后期大众

比一般人稍晚接受创新的便是后期大众。他们接受创新,可能是出于经济利益的考虑,也可能是因为周围越来越多的人接受了创新,给他们造成了某种压力。他们对创新总是抱着小心翼翼和怀疑的态度,因此只有在大多数人接受了创新后,他们才会跟随。也只有在大部分社会准则都明确支持创新后,他们才会信服。另外,来自周围同伴的压力对刺激后期大众接受创新的作用也非常大。只有接受创新产品的不确定性被逐渐减少和去除后,后期大众才会有一种安全感,进而做出接受决策。

(五)落后者

落后者是最后接受创新的群体。落后者的特征是保守。他们几乎不影响舆论导向。落后者对事物的看法狭隘。落后者在决策过程中,参考的对象往往是过去。他们交往的对象大多也是具有传统价值观的个体。落后者对创新持怀疑态度。在他们得知某个创新后,往往要经过很长一段时间,才会接受决策并使用新技术。落后者拥有有限的财力物力,他们对创新通常抱有根本性的抵制态度。只有在确信创新不会失败后,他们才会接受。

从创新扩散的角度来说,"落后者"其实是"后期采用者"。这是一个客观存在的群体,也是从时间上的一个强制区分。落后者并不会因为接受创新较晚而受到责难。

四、跨越鸿沟①

技术采用生命周期中任何两个相邻的群体之间会有一个裂缝,表示任何一个群体在接受新产品的时候可能遇到的困难。如果新产品不能顺利过渡到下一个采用者群体,就不能完成钟形曲线这个完美的旅程,也无法为企业获得较高利润。早期采用者和早期大众之间有一条深不可测的鸿沟(如图2-6所示),这是技术采用生命周期中最大的一个过渡。

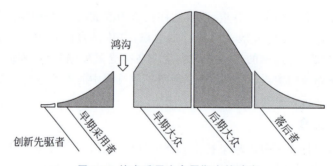

图 2-6　技术采用生命周期中的鸿沟

资料来源:[美]杰弗里·摩尔.跨越鸿沟[M].赵娅,译.北京:机械工业出版社,2009:17.

(一)鸿沟的成因

早期采用者和早期大众的销售基础,即企业给顾客的承诺、提供的产品和服务存在根本区别。早期采用者想要买到的是一种"变革推动者"。凭借这种变革,早期采用者往往希望自己能够优先于其他竞争者获得一些利益,无论是更低廉的产品成本、更快速的产品营销、更完整的顾客服务,还是其他一些类似的业务优势,早期采用者都希望自己是第一个得到的人。他们希望这种变革能够使新产品根本地脱离已有的产品,而且,他们也已经准备好向顽固的保守分子宣战,将这种变革作为一项伟大的事业来维护。与此同时,作为相对早期的用户,早期采用者往往也要做好准备去包容新产品中出现的一些小故障,毕竟对于任何一项刚刚推向市场的技术创新型产品来说,出现一些小缺点是难以避免的。

早期大众一般想要买到的是对产品现有操作的一种"效率改进"。他们寻求的是新

---

① 改写自[美]杰弗里·摩尔.跨越鸿沟[M].赵娅,译.北京:机械工业出版社,2009.

产品与已有产品最小程度的分离。他们希望看到技术的进步,而不是根本性的变革。他们希望科学技术的创新可以改进,但又不是完全颠覆现有的行为方式。而且最重要的是,早期大众并不想直接接受新产品,同时他们也不愿意一次次地亲自检测并排除这些创新产品中出现的故障。一旦决定使用某一种产品,早期大众就希望它不仅能够正常地运作,而且还可以与他们现有的技术基础紧密地融合为一个整体。

由于这些不相容之处,早期采用者并不适合作为早期大众的参考群体。由于早期大众并不想打破他们现有的行为方式,他们更加需要一个适当的参考群体来做出他们的采用决策。对于早期大众群体中的一名消费者来说,唯一合适的参考就是这个群体中的另一名消费者,而且早期大众中的所有消费者都不会在没有咨询任何参考意见的情况下做出购买决策。这就出现了困难,早期大众需要的参考群体如何出现?

当得到有远见的早期采用者大力支持的新产品试图进行转变,向下一个新技术采用群体——由实用主义者主导的早期大众群体渗透时,他们只能在没有任何参考基础和支持力量的市场中摸索前进,但不幸的是,这个市场却非常需要适当的参考基础和有效的支持力量。这确实是一条难以逾越的鸿沟,并且曾经有无数刚起步的企业一不留心就成为这条鸿沟中的牺牲者。

(二) 跨越鸿沟的 D-Day 战略

从早期采用者向早期大众进发,新产品就进入主流市场。进入主流市场确实是一种进攻性的行动。因为主流市场中有很多企业早已经与你的目标顾客建立起了良好的合作关系,而你的入侵必然会引起它们的憎恨,于是它们必定会想方设法将你拦在门外。即使在没有竞争对手的情况下,作为一家刚刚进入市场、尚没有经过任何考验的企业,顾客本身对企业和新产品也没有太多的了解,他们对新产品的怀疑之心也是不可避免的。

不管前方有多少障碍,企业要赢得这张进入主流市场的通行证,就要进行战斗,要清楚地表明自己的立场。1944 年 6 月 6 日第二次世界大战中的盟军在法国北部的诺曼底登陆,人们称这一天为 D-Day。D-Day 这个比喻可以用于跨越鸿沟的战略。

企业关于新产品的长期目标是进入并牢牢地控制主流市场(相当于当时的美国总统艾森豪威尔眼中的欧洲),但现在这个市场却掌握在一个实力雄厚的竞争者手中(第二次世界大战轴心国)。如果想要把主流市场从这个竞争者手中夺取过来,我们必须与其他的产品和公司结合起来,组成一支强大的队伍(盟军)。为了进入这个市场,我们当下的目标就是从早期市场基础(英国)转向主流市场中的一个战略性目标市场细分(诺曼底的海滩)。但是现在阻挡我们向目标前进的障碍就是这条鸿沟(英吉利海峡)。我们要集中全部的入侵力量,直接向着前方唯一的目标出发,尽可能迅速地跨越这条鸿沟(D-Day)。一旦我们将竞争者驱逐出我们瞄准的空白市场(成功占领滩头阵地),我们就要抓住时机继续占领其他的市场细分(法国的其他领地),直到获得对整个市场的支配权(解放欧洲)。

D-Day 就是企业跨越鸿沟的战略。企业要模仿诺曼底登陆的所有战略部署,尽快赢得进入主流市场的权力。如果企业想成功地跨越面前这条鸿沟,首先要瞄准一个非常具体的市场空白,而且企业要确定在一开始的时候就能够顺利攻下这一部分市场,然后利用它作为基础展开下一步的行动。你要让自己的先锋部队以势不可挡的力量向你最关注的目标出发。

企业要利用一组有限的市场变量,有效地形成一个坚实的参考基础,以及一系列并行的内部程序和相关资料。从某种意义上说,这个过程的有效性依赖于企业所选择的市场细分的"有限性"。也就是说,企业选择的市场细分规模越小越有限,它就能够越容易地建立起一些对自己有利的信息,并最终将这些信息引入目标市场细分中,而这些信息也能够通过人们之间的交流而得到更迅速的传播。

这个进攻计划要在一个非常有限的市场中进行,否则企业刚刚创建的那些"炙手可热"的营销信息就会过早地化为泡影,口碑营销的连锁效应也将因此而夭折,企业的销售团队也不得不亲眼看着自己的产品重新变成市场的"冷门"。这就是离开由早期市场代表的市场空白之后,企业不幸遭遇的一些典型的鸿沟症状。D-Day 战略可以帮助企业避免这种失误。它能够调动起整个企业的热情和力量,并帮助企业将全部力量集中在一个高度具体的目标上,而且这个目标还能够很快实现,并能够帮助企业获得长期的成功。大部分企业之所以没能够成功地跨越鸿沟,原因就是它们在面对着潜藏在主流市场中的无数难得机遇时,不幸迷失了自己的方向,它们只是盲目地追寻出现在自己面前的每一个机会,但最终却发现自己无法为任何的实用主义顾客带来一件令他们真正满意的产品。

即测即练

思 考 题

1. 技术成长可划分为哪几个主要阶段？各阶段的主要特点是什么？
2. 企业在技术成长不同阶段应采取怎样的相应对策？
3. 简论企业对技术替代各种可能情况的对策。
4. 简论技术轨道对企业技术创新的影响。
5. 结合企业实践,论述广义轨道对后发企业追赶的意义。
6. 请举例说明新技术采用过程。
7. 请结合一个具体的新产品举例说明创新先驱者、早期采用者、早期大众、后期大众、落后者。
8. 请举例说明跨越鸿沟的战略。

第二篇

技术创新战略

第三章　技术创新战略分析基础

第四章　企业技术创新的技术战略

第五章　企业技术创新的市场战略

第六章　企业技术创新的协同战略

第三章 技术创新战略分析基础

第一节 企业技术创新战略的基本框架

一、企业技术创新战略的特征

战略是指重大的带有全局性的或决定全局的谋划。企业技术创新战略则是指企业在技术创新领域内重大的带有全局性的或决定全局的谋划。

企业技术创新战略有如下特征。

1. 全局性

企业技术创新战略是对企业全局性的安排。例如,企业所选择和实施的主导性技术不仅直接影响技术、生产等部门,而且对其他部门、对企业整体都会产生重要影响,对企业竞争力、发展前途起决定性的作用。

2. 长期性

企业技术创新战略不仅影响企业近期效益,而且对长期竞争力、效益产生深远影响。

3. 层次性

企业技术创新战略不仅要从指导思想、基本框架方面作出总体性策划,而且要对构成技术创新战略的各方面、企业总体和各职能部门作出规划。

4. 风险性

技术创新战略的长期性、市场未来的不确定性特点决定了技术创新战略面临的环境是变化的,从而容易导致战略失误;而技术创新战略的全局性特点则会使战略失误的损失放大,因此技术创新战略存在较大的风险。

二、企业技术创新战略内容框架

技术创新战略是按照企业实际情况制定的,各企业情况千差万别,技术创新战略也各不相同。因此,不存在普遍适用的企业技术创新战略。以下仅对一般企业技术创新战略涉及的内容进行概述,但它决不能成为每一个企业必须遵循的规范,各企业要根据自身情况进行取舍、补充。

1. 企业外部环境和内部条件分析

企业内外部环境、条件分析是制定技术创新战略的前提。在制定技术创新战略之前要预测和分析技术发展、经济和社会发展趋势及机遇、挑战,竞争者的情况和竞争压力,企业总体战略对技术创新战略提出的要求,企业技术能力等。

2. 战略目标

企业技术创新战略目标可分为长期战略目标和阶段战略目标两类。

(1) 长期战略目标

长期战略目标具有长期性、稳定性和超越性等特点。长期性是指所制定的目标需经过长期努力才能实现；稳定性是指所制定的目标保持相对稳定不轻易改变；超越性是指所制定的目标往往超过当前企业能力所能达到的水平。

长期战略的作用，一是指导企业长期奋斗的方向，引导企业一步步达到较高的境界；二是使企业明确差距，激励企业不断努力，以逐步接近目标。

为了实现长期目标，企业需要将其分解为具体的阶段目标。

(2) 阶段战略目标

阶段目标是企业在中、近期内要达到的目标。和仅起指导、激励作用的长期目标不同，阶段目标必须在限期内实现，因此具有较强的可操作性。阶段战略目标通常包括：在预定期限内要达到的技术能力和技术水平，为要进入的产业、要占领的市场和取得的市场份额所需开发的技术等。

3．战略指导思想

战略指导思想是实现战略目标的基本思路，包括拟采取的基本技术路线、获取技术能力的基本方式、实施战略的基本策略等。例如，中广核工程有限公司抓住我国核电进入规模化、批量化发展阶段，在自身能力相对较弱的情况下，确定了协同的战略指导思想，通过技术能力提升和协同管理，实现了核电站这个复杂技术产品系统的创新突破，既推动了我国核电产业链的快速发展，也实现了核电站的技术自主化突破。协同的核心是建立自主设计能力，协同贯穿产业链，协同从内部开始向外部辐射。

4．战略方案

战略方案是在战略目标和战略思想指导下的行动方案。其基本内容有：

(1) 战略模式选择：对可能选择的战略模式进行分析比较，选择可行的模式。

(2) 战略性技术选择：对企业主导性、基础性技术作出定位和选择。

(3) 技术能力建设方案：从技术能力获取、培养、运用等方面进行方案设计。

(4) 技术支撑体系建设方案：对实现战略目标所需要的技术支撑体系作出设计。有关技术支撑体系的定义和内容后叙。

5．战略实施要点

战略实施要点是实施战略要抓住的关键和重点。企业技术创新战略的实施通常要重视以下要点。

(1) 战略时机把握：对出现的技术机会、产业机会、市场机会等重大机会进行分析，作出对策。

(2) 资源配置：对实施战略所需要的资金、设备仪器、人力等作出规划，确定基本来源和供给方式。

(3) 人力资源开发：对人才引进、培养、使用等作出基本安排。

(4) 运行机制设计：对技术研究开发机构内部、相关部门之间和技术活动环节间的基本运行模式、激励方式等进行设计。

(5) 技术创新活动的组织：对技术研究开发部门内部、技术部门与相关部门关联的组织方式作出设计。

第二节　制定企业技术创新战略的外部环境和内部条件分析

技术创新战略应回答需要做什么、可能做什么、应该做什么、能够做什么等问题。制定战略时要从以下几方面着手分析：

第一，明确企业目标和总体战略对技术创新的要求（回答需要做什么的问题）；

第二，把握国内外技术发展和市场需求所提供的机遇（回答可能做什么的问题）；

第三，判断技术和市场竞争形势及企业所处的地位（回答应该做什么的问题）；

第四，分析企业自身的技术能力和相应的支撑条件（回答能够做什么的问题）。

因此，企业技术创新战略制定的主要依据是：企业目标和总体战略要求；发展机会和竞争压力；企业的技术能力。

一、企业目标和总体战略要求

在制定技术创新战略时，要重点明确企业目标和总体战略的以下要求。

1. 市场目标对技术创新的要求

企业的市场目标包括保持和扩大已有市场份额和进入新的市场。企业的市场目标要通过多种途径来实现，一般说来，技术途径是必不可少的。例如，为了在竞争中保住已有的市场和扩大市场份额，必须不断改进产品性能，提高产品质量，开发新产品；为了进入新的市场领域，要掌握原来不熟悉的技术。在制定技术创新战略时，必须弄清企业为实现市场目标在多大范围内和多大程度上依赖于技术创新。

2. 增长目标对技术创新的要求

企业在竞争中如同逆水行舟，不进则退。任何企业都不甘心于现状而力图不断发展壮大。为此，将需要扩大生产能力，开拓市场，使销售额和利润逐步提高。但是，在技术进步的作用下，产品寿命周期有不断缩短的趋势，现在为企业产值和利润作主要贡献的产品将逐步退出市场，其产值、利润呈下降趋势，这与企业发展目标之间形成了"剪刀差"。这一差距往往要靠开发新产品来填补。

3. 竞争地位对技术创新的要求

竞争地位是企业关注的焦点。处于竞争优势地位的企业将力图保持技术先进性，使其产品不断改进以适应市场的需要，不断改进工艺以降低成本，从而巩固优势，扩大地盘；处于竞争劣势地位的企业则企图以独特的技术出奇制胜，以摆脱困境和被动局面。

4. 企业形象对技术创新的要求

在现代市场竞争中，企业形象越来越受到重视。技术则是企业形象构成的要素之一。已经树立良好形象的企业要使其产品和技术日臻完美；形象不理想的企业要通过改进技术、提高产品质量和信誉，以改善其形象；形象不佳的企业，则要通过新产品、新工艺的采用提高技术水平，重塑企业形象。

二、发展机会和竞争压力

（一）技术机会

1. 本行业技术进步提供的机会

本行业的技术突破将提供新的产品发展机会。例如，在20世纪50年代初索尼公司得知晶体三极管发明的消息后，意识到用于晶体管收音机的可能性，立即买下专利使用权，进行研究开发，终于在1955年研制出第一台晶体管收音机。

本行业的技术渐进性改进也会为企业提供机会。例如，大规模集成电路技术、屏幕显示技术的不断的改进性进步，为开发更先进的智能手机提供了机会。

2. 相关行业技术进步提供的机会

为本行业提供原材料、能源、配件的"上游"行业及以本行业产品为原料、部件的"下游"行业的技术进步也将为企业提供技术机会。例如，航天技术的进步使卫星传输信号技术日益实用化，这为通信业提供了新的技术发展前景和机会。

（二）产业机会

从历史的角度看，不仅产品具有生命周期，产业也具有生命周期，产业的更替也是不可避免的。一些原来作为国家经济支柱的产业（如钢铁业、重化工业）在发达国家正在萎缩，而由于技术的不断突破，电子信息、新材料、新能源、生物工程、航空航天、海洋工程等新产业正以超常的速度发展。这为有志进入新产业的企业提供了难得的机遇。

（三）市场机会

市场的成长和成熟受自身规律和多种因素的影响和制约。一旦条件具备，新需求就会产生，处于潜在需求中的市场就会变为现实的市场。例如，我国移动通信需求在短时间内迅速增加，为通信业提供了新的机会。

（四）竞争压力

竞争压力来自需求、供给、技术进步、同行竞争等多个方面。

1. 需求压力

受经济形势、收入水平、偏好变化、外来品示范效应等因素的影响，用户会对产品提出新的要求，原有产品就不能满足需求，曾是畅销的产品，可能销量下降甚至滞销。由此产生了对企业技术创新的压力。

2. 供给压力

产品生产所需的原材料、能源等可能因资源及生产水平的限制而供给不足，或对某种原材料需求的增加，将导致价格上涨；同时，企业有自己的成本控制目标，这些会产生材料、工艺创新的压力。我国相当多的设备依赖进口，设备和配件涨价使消化吸收引进技术、提高国产化率的压力越来越大。技术引进和配套资金缺口、国际及国内知识产权保护力度不断加大，造成了企业自主开发的压力。

3. 技术进步的压力

在技术进步不断加速的形势下,产品、工艺技术更新速度加快,替代技术和替代产品不断涌现,对企业现有技术和现有产品产生了威胁,促使企业开发新产品,采用新工艺。

4. 同行竞争压力

为了争夺市场,同行竞争将在产品性能、外观、服务、价格等方面展开,企业要在竞争中立于不败之地,就要在改进产品、工艺上作出努力。

三、企业的技术能力

（一）企业技术能力考察的内容

随着实践的发展和认识的深化,人们对技术内含的理解在不断扩展,从而技术能力考察的内容也在扩大。可以从以下三个方面来考虑。

1. 技术吸收能力

技术吸收能力包括技术监测及评价能力、技术获得和存储能力、学习和转化新知识的能力等。企业的技术吸收能力取决于企业员工的素质、R&D 投入、职工培训、吸收技术的驱动力等。

2. 应用能力

应用能力指将技术投入实际应用并取得商业价值的能力。包括：技术设备的投资能力、获得符合质量技术要求的投入品的能力、培训有技能的劳动者的能力、质量保证能力、生产组织管理能力及新产品营销能力等。

3. 创造能力

创造能力包括：对产品进行局部改进的能力、新产品的开发能力、设备和工艺的改造能力、新工艺的开发能力等。

（二）技术能力考察的范围

1. 现有技术能力

包括现已具备的技术能力水平、在同行业中的技术地位、与国际先进水平的比较等。

2. 可挖掘的技术潜力

指在不增加或少量增加投入的条件下,经过内部调整可增加的技术能力。

3. 经过努力可能获得的新的技术能力

获得新能力的方式有：技术硬件的投资,人力资源的引入,新技术的引进,通过合作、联合、兼并等方式获得技术能力,通过自主研发提高技术能力等。

第三节 制定企业技术创新战略的产业分析工具

制定企业技术创新战略时可以使用波特钻石模型、产业创新系统分析框架、波特的五力模型和 PRE-M 模型进行分析。钻石模型全面考虑了产业关联和产业发展的环境因素,帮助企业跳出本产业来检视技术创新战略(见图 3-1)。产业创新系统提供了一个更为宽泛的产业分析框架,关注具有共同知识基础的主体之间的交互,使企业在创新战略制定中可以动态地考虑更多的要素,突破静态的、狭义的产业边界的制约。五力分析用于在一个狭义的产业范围内分析创新战略和企业在产业内地位的相互作用、动态变化。综合运用这三个模型,可以让技术创新战略的制定从广泛的创新影响因素入手,逐渐收缩到产业内的重要因素。在实际应用中,这三个分析工具可以相互补充。PRE-M模型从产品市场、资源市场和股权市场的动态交互入手来建立随时间展开的动态战略分析框架。

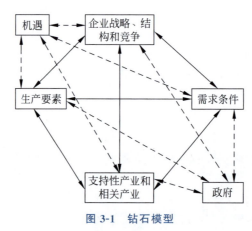

图 3-1　钻石模型

资料来源:Michael E Porter. The Competitive Advantage of Nations[M]. Free Press,1990.

一、钻石模型[①]

波特在对美国、日本、德国、英国、韩国、丹麦、新加坡、瑞典、瑞士、意大利 10 国优势产业的现状和成功历史剖析的基础上,归纳总结出影响一国产业竞争优势的"钻石模型"。钻石模型包括四个环境因素和两个辅助因素。这四个环境因素是:生产要素,需求条件,支持性产业和相关产业,企业战略、结构和竞争。政府和机遇作为两个辅助因素影响着上述四个环境因素,也对一国产业国际竞争力产生影响。波特认为这 6 个因素相互影响、相互加强,共同构成一个动态的激励持续投资和创新的竞争环境。

(一) 要素条件

要素是指一国拥有的生产要素,包括人力资源、物质资源、知识资源、资本资源、基础设施等。要素可分为初级要素和高级要素。初级要素是被动继承的,它们的产生需要较小的或不那么复杂的私人投资和社会投资,如自然资源、地理位置、简单劳动力等。高级要素需要长期对人力资本、物质资本的投资才能得到,如通信基础设施、复杂和熟练劳动力、科研设施以及专门技术知识。高级要素对竞争优势具有更重要的作用,在当前的国际竞争中扮演着十分重要的角色。

---

① Michael E Porter. The Competitive Advantage of Nations[M]. Free Press,1990.

（二）需求因素

国内市场的需求状况对一个国家的竞争优势具有很大作用。它对竞争优势最重要的影响是通过国内买主的结构和买主的性质实现的。不同的国内需求使公司对买方需求产生不同的看法和理解，并做出不同的反应。在国内需求给当地公司及早提供需求信号或给当地公司施加压力，要求它们比国外竞争者更快创新，提供更先进的产品时，本国最可能获得竞争优势。如果一国国内市场上有老练的、挑剔的买方和前瞻性的买方需求，会使该国的公司获得国际竞争优势。另外，国内独立的买方数量、需求的增长速度、需求的规模以及市场饱和的时间也会对一国公司的竞争优势产生影响。

（三）支持性产业和相关产业

支持性产业和相关产业指国内是否存在具有国际竞争力的供应商和相关辅助行业。支持性产业以下列几种方式为下游产业创造竞争优势：以最有效的方式及早地、迅速地为国内公司提供最低成本的投入；不断地与下游产业合作；促进下游产业的创新。相关产业是指因共用某些技术、共享同样的营销渠道或服务而联系在一起的产业或具有互补性的产业。一个国家如果有许多互相联系的有竞争力的产业，该国便很容易产生新的有竞争力的产业。具有竞争优势的相关产业往往同时在一国产生并趋向集中，形成具有竞争优势的产业群，如美国的半导体、电脑、软件、网络设备，丹麦的奶制品、酿制品和工业酶等。

（四）企业战略、结构和竞争

企业战略、结构和竞争是指企业战略选择、组织和管理方式以及国内竞争的性质。不同国家的企业在目标、战略和组织方式上都不相同，国家竞争优势来自于对它们的选择和搭配。激烈的国内竞争是创造和保持国家竞争优势最有力的刺激因素，国内同行业的竞争是该产业产生竞争优势并长盛不衰的重要条件。

（五）机遇

机遇包括重要的新发明、重大技术变化、投入成本的剧变（如石油危机时）、外汇汇率的重要变化、突然出现的世界或地区需求、战争等。机遇可能打断事物的发展进程，改变公司的竞争优势。能否利用机遇以及如何利用，还取决于前述四种决定因素。

（六）政府

政府的作用在于对四种决定因素的影响，它可以通过政策选择来增强竞争优势，如制定教育政策等可以影响要素条件，政府采购政策可以影响国内需求条件。由于政府的影响是通过四种决定因素来间接实现的，所以其本身不是决定因素。政府要在"干预主义"和"自由放任主义"之间折中，政府政策的宗旨在于为企业创造有利的外部竞争环境。

上述因素不仅会独立发生作用，而且会互相影响。

钻石模型认为，对于生产要素来说，国内需求的成长和变化会影响投资生产要素的优先顺序；相关和支持性产业能够刺激创造出可转换的生产要素；内部竞争激烈的产业集群以及对国家遭遇挑战的意识都会刺激生产要素的创造。对于市场需求，一大群竞争厂商会构建国家的竞争力,激烈的竞争使得国内需求增加及需求层次和水平提升;专精生产要素的创造,能更好地满足不断升级的国内外需求,生产出互补的产品以扩展国内外市场的需求。对于相关与支持性产业,专用型生产要素可转移并促进相关与支持性产业的发展;国内激烈的竞争会鼓励发展更专业的供应商并促进相关产业的发展;大规模或成长中的国内市场需求能刺激供应商成长和深化。对于产业竞争,充沛的生产要素或专用型生产要素的创造机制吸引新的竞争者加入产业竞争;借助相关与支持性产业崛起会诞生新进入者;客户也可能被激发而加入上游产业的竞争。实际上,钻石模型中各关键因素之间的关系远比上述复杂,它们既会相互作用,又有自我强化效果,导致因果关系模糊。钻石模型是动态的,企业技术创新战略要关注动态因素,以响应环境中的改变。

二、产业创新系统[①]

产业(部门,sector)是提供相关产品或服务组合的组织(企业)集合;这些产品或服务能够满足已有或新兴需求,并且具有一些共同的知识基础。产业中的企业有一些共性,同时又在学习和能力方面有异质性。

产业创新系统关注产业中创新与生产的本质、组织及其动态特征,关注产业的关键构成要素以及产业创新与生产的基本过程。产业创新系统的构成要素有:企业、除企业之外的其他主体、网络、需求、制度与习俗、知识基础、演化过程。

(一)企业

企业是产业创新系统的关键主体。企业拥有独特的学习过程、能力和组织结构,同时也有信仰、期望和目标。

(二)除企业之外的其他主体

产业内还有其他主体,既包括机构,也包括个人(例如消费者、创业者和科技人员)。机构包括用户、大学、金融机构、政府部门、工会或技术协会等。这些主体各具独特的学习过程、能力、信仰、目标、组织结构和行为方式。机构之间通过沟通、交换、合作、竞争和命令等方式发生交互作用。

(三)网络

任何产业之中,企业都通过市场和非市场关系以各种方式联结起来。企业之间有广泛的正式或非正式的合作与交互。在不确定和多变的环境中,网络的出现不是因为这些主体相似,而是因为这些主体存在异质性。网络把这些互补的知识、能力和专长整合在一起。企业和非企业机构成为一些产业系统中的创新来源。在不同产业内部,网络和联结关系的类型与结构都不一样,因为每个产业的知识基础、相关的学习过程、基本技术、需求特点、关键联系和动态互补性都不一样。

---

① Malerba F. Sectoral Systems of Innovation: Concepts, Issues and Analyses of Six Major Sectors in Europe [M]. Cambridge: Cambridge University Press, 2004.

(四)需求

产业系统的需求可以来自国内或国际。需求不仅来自相似购买者或无差异分散用户的集合,而且来自以不同方式跟生产商交互作用的异质主体。需求包括个人用户、企业和公共机构,它们具有不同的规模、知识、学习过程和能力,也受到不同社会因素和制度的影响。

(五)制度与习俗

产业创新系统中行为主体的意识、行动和相互作用受到制度与习俗(institutions),包括规范、惯例、共同习惯、固有实践、规则、法律、标准等的影响。制度和习俗中有强加给主体的,也有主体之间的交互作用产生的(例如合同);约束力有大有小;既有正式的(例如专利法),也有非正式的(例如传统)。大部分制度与习俗是全国性的(例如专利制度),另外一些有产业针对性(例如不同产业的劳动力市场规范、针对不同产业的金融制度)。在所有产业,制度与习俗都具有重要作用,影响到技术变化的速度、创新活动的组织与绩效。它们可能是企业和其他组织刻意决策的结果,或者是主体之间交互作用的意外结果。

对大多数产业来说,国家制度和产业系统之间的联系很重要。同样的国家制度对不同产业的作用有差异,例如专利制度、产权制度和反垄断法规对不同产业的影响不同。而且,同样的制度在不同国家有不同的特征,对同一产业的影响也不同。例如,专利制度在美国是先发明原则,在日本是先申请原则,这种差异对两个国家的企业行为就有不同影响。有些国家制度有利于某些产业的发展,例如,在法国,与公共需求有关的产业发展比较好。

(六)知识基础

任何产业都有专门的知识基础、技术和输入。知识在创新中处于中心地位,影响企业学习和能力。进行动态分析时,要关注知识和技术对产业边界的影响。产业边界不是固定的,而是动态变化的。知识在企业层面是高度异质的,不能自动和自由地在企业之间扩散,要通过企业积累的能力来吸收。在不同产业,与创新相关的知识基础差异很大。可以从知识域(knowledge domains)层次来分析产业的知识基础。一类知识域是产业创新活动的科学和技术基础;另一类是与产品需求、应用和用户相关的知识基础。以知识为基础的经济的兴起打断了主体之间的联系,重新定义了创新过程,改变了主体之间的连接。

不同产业的技术创新机会来源大不一样。有些产业的创新机会来源于大学,而另一些产业来自内部研发、设备技术和仪器设备的改进。在有些产业,供应商和用户等外部知识来源特别重要。并不是所有外部知识都能比较容易地转换成创新,如果外部知识获取比较容易,并且能够转换成创新,而且容易被很多主体(例如顾客和供应商)接触,创新就可能发生。如果这些创新需要比较高的集成能力,该产业集中度就比较容易提高,形成大公司主导的局面。知识还会影响到企业的学习和能力提升过程。总的来说,知识特性会影响到技术变革的速度和方向、创新过程的组织以及公司成功的要素基础。

产业系统的边界受知识基础和技术的影响,同时也受需求、创新活动之间的连接和互补性的影响。这些连接和互补在静态层面体现为输入—输出关系,动态层面体现为需求和生产维度上的交互、反馈。不同创新活动之间的动态互补是产业转型和增长的源泉,决定了产业创新和变革的周期。

企业战略、组织结构和绩效、竞争类型、主体之间的网络、技术变革的方向和速度等因素的连接和互补动态变化,在产业创新系统内产生广泛影响。随着知识基础、竞争、需求的动态变化,产业边界也发生动态变化。

(七)演化过程

对产业创新系统的分析要求对产业内的交互过程、创新和竞争有比较详尽的理解。创新被看作很多相关主体之间的交互过程、涉及知识的产生和交换。这些交互比技术许可、企业之间的联盟、正式的公司网络等要宽泛得多,既有市场的,也有非市场的。

随着时间的演化,产业创新系统的构成要素通过共同演化完成变革和转型。因为产业内的要素是紧密关联的,它们会随着演化过程而共同演变。这个共同演化过程包括技术、需求、知识基础、学习过程、企业、非企业机构、制度和习俗。这个共同演化过程常常具有路径依赖特性,因为学习、连接、网络之间会相互作用,产生收益递增和不可逆变革,使产业创新系统发生锁定。这种路径依赖在核能、汽车、冶金和多媒体产业等都发生过。

三、五力分析[①]

企业制定技术创新战略时,要仔细分析企业在产业内的地位,要评估以下五种力量对技术创新的影响:新进入者的威胁;现有公司之间的竞争;替代产品或服务的威胁;购买者的讨价还价能力;供应商的讨价还价能力,如图3-2所示。

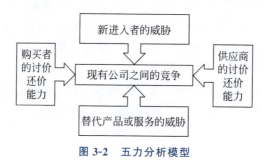

图3-2 五力分析模型

资料来源:Michael E Porter. Competitive Strategy[M]. Techniques for Analyzing Industries and Competitors. Free Press,1980.

(一)新进入者的威胁

新进入者就是新近进入现有产业的公司。它们一般都会拥有新的生产能力、获取

[①] Michael E Porter. Competitive Strategy,Techniques for Analyzing Industries and Competitors. Free Press,1980.

市场份额的欲望以及大量资源,因此,它们对现有公司构成威胁。新进入者的威胁取决于进入壁垒和已有竞争者的预期反应。进入壁垒就是给公司进入产业造成困难的那些障碍。一些可能的进入壁垒如下:

- 规模经济。例如,相对新竞争者来说,生产和销售 PC 机的规模经济会给已在该行业经营多年且具有相当大规模的企业(如联想)带来成本优势。
- 产品特色。例如,蔚来汽车,生产中高端电动汽车,通过优质服务形成壁垒。
- 资金要求。例如,要生产半导体器件,必须在制造设备方面投入巨额资金,这为新进入的竞争者建立了一道很高的进入壁垒。
- 转换成本。例如,一旦习惯使用了阿里云,用户就很难轻易转到一个新的云计算系统,因为需要数据迁移。
- 分销网络的可获性。例如,大型超市往往优先摆放已有大公司的产品;大公司能做大量广告,带来更多的消费需求。而新建立的小公司常常不能在超市的优先货架上摆放产品。
- 政府政策。政府能通过颁发许可证、限制对资源的获取(例如探矿权)等限制产业进入。

企业在进行创新战略分析时,既要分析创新行动的高利润潜力可能带来的新进入者,也要分析创新行动本身作为产业内的"新进入者"可能遇到的进入壁垒。除此之外,企业还要考虑到现有产业之外的潜在进入者的威胁。例如,对于录音笔生产商,手机制造商就是一个潜在威胁,因为手机作为普及的手持终端,非常容易集成录音笔的功能。

(二)现有公司之间的竞争

在大多数产业,各公司都是相互依存的。对于每一个企业的竞争行动,其他竞争者都会预期到它对自己的影响,从而采取对策,进行还击。竞争强度与下列因素有关:

- 竞争者数量。当竞争者数量极少而且规模相当时,它们会互相死死盯住,以确保任何一家采取行动之后,自己都能迅速应对,例如中国家用电器产业。
- 产业增长速度。成熟产业的每一次增长放缓都会爆发价格战,因为此时公司成长的唯一途径就是争夺竞争者的市场份额。
- 产品或服务特征。例如,许多人都根据地点、价格来选择电影院,因为在他们看来,电影只是一件商品,不论是谁放映,其特征都是一样的产品。
- 固定成本的多寡。例如,不论有多少乘客,航空公司都必须按照时刻表飞行,所以,当有空位置时,它们会很便宜地捎带乘客。
- 生产能力。如果制造商大力提高生产能力的唯一途径是建立新工厂(例如我国的钢铁行业),它会全力发挥新工厂的生产能力,以尽可能降低单位生产成本,从而推动整个产业的价格下降。
- 退出壁垒高度。退出壁垒起留住公司不离开产业的作用。例如,钢铁产业极少有公司愿意离开这个产业,因为钢铁产业的设备是专用资产,除了生产钢铁之外,再无他用。所以,我国目前钢铁产业的价格竞争特别激烈。
- 竞争者的多样性。如果竞争者有完全不同的竞争观,它常常会出奇招,使其他公司的地位面临无法预料的挑战。

（三）替代产品或服务的威胁

替代产品就是那些看起来不一样，但能够满足同样需求的其他产品。替代品的存在限制了一个产品的潜在回报，因为替代品为该产业产品能够索取的价格设定了上限。如果转换成本很低，替代产品就会对产业有强烈影响。例如，茶饮料可以是碳酸饮料的替代品，如果碳酸饮料的价格上升到足够高，其饮用者就会转向喝茶饮料，所以，茶饮料的价格就为碳酸饮料的价格设定了上限。识别可能的替代产品或服务有时是一件非常困难的事情，这需要搜索许多能够完成同样功能的产品或服务，有些甚至表面上看起来不容易替代。

制定技术创新战略时要有相对宽广的视野，不仅要看到产业内的替代品，而且要看到来自产业外的替代品威胁。例如，20世纪90年代我国发展录像机产业时，没有注意到来自数字多媒体技术发展的威胁，VCD作为录像机的替代产品，迅速取代了录像机的发展。类似的还有数字电视对模拟电视的替代。

（四）购买者的讨价还价能力

购买者通过压低价格、要求提高质量或提供更多服务、与竞争者接触等来影响产业。如果符合下列因素中的一些因素，购买者或分销者就会强有力：

- 购买者收购出售者的大部分产品或服务；
- 购买者具有后向一体化、自己生产产品的潜力；
- 因为产品标准化或差异很小，可选的供应商非常之多；
- 换供应商几乎没有成本；
- 要购买的产品占购买者成本的很大比例，购买者有动力四处寻找低价产品；
- 购买者仅仅盈得微利，对成本和服务差异非常敏感；
- 所购买的产品对购买者最终产品或服务的质量或价格一点都不重要，所以，很容易实现替代，不会影响最终产品。

制定技术创新战略时要根据购买者的讨价还价能力来确定创新的方式和方向。如果购买者具有很强的讨价还价能力，可以加强跟购买者在创新领域的合作，包括跟企业购买者进行合作创新、请消费者介入创新过程等，提高创新对购买者的吸引力。如果购买者对成本特别敏感，就要加强降低成本方面的创新；如果产品或服务的核心功能差异很小，就要通过创新在外围功能方面创造差异化。

（五）供应商的讨价还价能力

供应商通过提高价格、降低出售产品和服务的质量来影响产业。如果符合下列因素中的一些因素，供应商或供应商群体就会强有力：

- 供应商产业由少数公司主导，但向许多公司销售；
- 产品或服务非常独特，或者建立起转换成本；
- 替代品不容易获得；
- 供应商很容易前向一体化，与现在的顾客形成直接竞争；
- 购买者所在行业只购买供应商群体的小部分产品和服务，因此，对供应商一点都不重要。

制定技术创新战略时要考虑到创新对供应商的影响,确定是要更进一步依赖供应商、加强跟供应商在创新领域的合作,还是通过创新降低供应商的讨价还价能力、减少对供应商的依赖。例如,作为系统集成商,在哪些零部件领域要拥有知识产权,在哪些领域完全依赖供应商,都要在创新战略中有清晰考虑。

公司制定技术创新战略时,要仔细分析所在产业的五种力量,既要有对现状的静态了解,更要注意五种力量的动态变化:一方面关注公司创新与五种力量的相互作用;另一方面关注产业所有相关参与者对这五种力量的动态影响。对动态性的强调是技术创新战略的核心要求。

四、PRE-M 模型[①]

波特钻石模型、产业创新系统分析框架和波特的五力模型都是静态或比较静态,朱恒源和杨斌(2018)在产业层面把市场需求变化按照时间维度展开,以此考察产品市场的需求变化对资源市场和股权市场的影响,并在此基础上发展了一个新的企业战略的动态分析框架。按照这一框架,企业战略管理的核心是动态地在产品市场、资源市场和股权市场取得经营上的协同,即企业通过管理战略节奏获取竞争优势。该分析框架被简称为 PRE-M 模型,表示产品市场(product market)、资源市场(resource market)和股权市场(equity market)的交融互动,适合用于企业技术创新战略分析。

(一)产品市场

随着产品市场的发展,市场需求的发展分为小众市场、大众市场、分众市场和杂合市场四个阶段。产品市场演化跟技术采用生命周期相关,但技术采用生命周期是用户视角,产品市场演化是企业视角。

早期市场是小众市场,市场主要由少量创新先驱者和早期采用者组成,规模很小而且零散,成长速度高度不稳定,不同的创新者要求的产品也不同,导致需求的多样性很高。一些创新也许并不能形成规模化应用而在这个阶段夭折。

之后就发展到大众市场。一旦创新的扩散越过了小众市场阶段,早期采用者作为市场中的意见领袖,就会在目标用户群体中广泛地传播新产品的价值,导致产品在市场中迅速地扩散,引发需求的急速增长。此阶段主流客户是早期大众。市场规模迅速扩大,增长速度很高,市场中的需求多样性较低。

随后,分众市场出现。后期大众开始采用创新,后期大众是一群"挑剔主义者",他们对产品有各自不同的要求,导致市场出现差异,再加上在这个阶段可能会出现重复购买或者更新换代,导致市场需求分化明显,市场需求多样性较高。与前一阶段相比,这个阶段的市场需求增长速度显著下降,但整体规模依然可观。

最后,市场发展到杂合市场。新增加的采用者是落后者,他们对创新十分保守,对创新产品往往存在偏见。不过这个阶段,市场中已经采用了的四类用户都开始进入重复购买或者更新换代周期,导致市场中并没有一个所谓主流客户,而是各类用户的杂

[①] 改写自:朱恒源,杨斌.战略节奏[M].北京:机械工业出版社,2018;朱恒源,杨斌,刘星.战略节奏——战略分析的动态新框架[J].技术经济,2018,(3):30-36.

合，市场规模增速很低甚至开始出现下滑。

（二）资源市场

随着创新的扩散，产品市场的需求会逐渐形成，因而会有不同的企业针对这一需求，参与到为最终用户提供产品的商业活动中来。从供给方的角度，为最终用户提供产品和服务的整个环节（包括技术、零组件供应、产品开发、生产制造、市场营销）都是行业发展不可缺少的。这些企业通过战略要素市场，构成了价值链环节的上下游关系，形成了整个行业的资源市场。在一个产业的资源市场上，某一特定的资源和能力的供给是产业历史发展过程中积累下来的存量，供给的增加需要对相关能力的投资，从投资到形成能力也还需要时间，因此，资源的供给具有一定的黏滞性。

由于市场需求发展是不均衡的，因此在每一个阶段，整个产业供需的主要矛盾会发生变化。早期的小众市场需求成长相对缓慢，产业的主要矛盾是市场发展的前景和用户基数发展的矛盾，因此市场开拓的营销能力，会成为市场中资源投入的重点；一旦市场转入大众市场阶段，市场需求量以指数曲线成长，产业的主要矛盾变成了急剧增加的市场需求和缓慢增加的供给能力的矛盾，产业中会有大量的新进入者投资建设新产能。产品市场上需求的每一次结构性变化，都会造成资源市场上产业价值链中的某个环节在短期内供不应求，可以将其称为产业链条会出现结构性的"洞"，这个结构洞一旦被产业中的创业者发现，市场中就会有企业去创新产品或者业务模式，去填补这个结构洞，使得整个产业价值链整体能适应产品市场需求的结构性变化。其结果不仅改变了行业资源市场的价值链结构，而且会导致整个行业竞争格局的变化。创新扩散的周期性律动，通过产品市场，传导到资源市场。

（三）股权市场

产品市场需求的非线性发展，不仅会传导到资源市场，也会传导到股权市场。一旦对某个新兴的产品市场开始形成，"新赛道"初露端倪，就会有企业在这个领域开展创新创业活动。同时就会有投资者进入这个领域，通过投资在这个领域企业的股权（成为股东）来获利。各个投资主体关于同一企业的未来发展有不同的假设，对同一标的企业的估值也有差异，于是形成了对特定企业股权的市场。

企业在产品市场上的绩效表现会影响投资人对它的估值，而企业资源观认为，在资源市场上获得关键的竞争要素，是企业在产品市场获得竞争优势的基础，因此，产品市场、资源市场和股权市场之间存在相互关联。

产品市场的需求变动，会逐渐在资源市场的价值链环节形成结构洞，这些结构洞被渐次填满的过程，与产品市场发展阶段的变化相伴随。在某一个特定的产品市场发展阶段，对富含某一特定战略要素的企业而言，如果它们持有的资源刚好是产品市场竞争的焦点，股票市场对它们的估值就会急剧上升，甚至被高估。直到市场演进到下一个阶段，产业的竞争焦点转移，对富含该阶段的关键竞争要素的企业的估值再度发生变化。

反过来，股权市场的动态变化，也会对资源市场和产品市场产生影响。股权市场为产业中运营的企业提供了财务资源，使它们可以购置设备、技术、人才等资源，通过企业经营来在产品市场竞争。许多投资人还为被投企业提供了非财务增值服务，为被投企业带来声誉、商务网络等资源，甚至会直接影响企业的战略决策过程。对于股票公开上市的公众公司，积极的投资人也会通过公司治理机制影响企业的资源配置，被动的投资人则通过用脚投票，影响股价，也会对企业产生影响，会导致并购等，从而导致产业中企业的资源流动，改变行业的竞争格局。

总之，股权市场的投资行为，会影响产业中企业的资源组合分布，从而改变产品市场中企业的竞争优势的分布。

（四）企业战略选择

企业的长期可持续发展，取决于其能否根据市场的发展实际，动态地选择发展和升级自身的能力组合，以适应产品市场的需求的变化。把产品市场、资源市场和股权市场同时纳入分析的框架，在市场中长期生存和发展的企业一般战略选择有三类：农耕者、狩猎者和圈地者。

1. 农耕者

它们聚焦于某一产品领域，是客户解决方案的提供者，一直专注于市场客户及其需求的变化，不断调整企业能力建设的方向，根据产品市场竞争的需要，不断调整自己的能力组合，随着市场的发展实现企业自身的发展。

2. 狩猎者

它们是市场中专门化能力的供应商，关注与它们能力相关的行业的发展变化，选择市场对他们所具有的能力最为稀缺的时间点进入，从而使自己成为市场中的关键竞争要素，通过以能力为基础的多元化运营获得可持续发展。

3. 圈地者

它们会同时在两个以上的行业进行布局，往往是市场中规模巨大的企业，内部有较大的组织冗余，能够抵御单一产品市场的竞争冲击，不会因为单一产品市场中某一个阶段的事物而导致企业解体；同时这些企业都有较强的学习能力，能够在战略要素组合的不同方面进行能力建设和组织发展。它们并不会在每一个行业每一个阶段都有完胜对手的优势，它们靠规模保证生存、靠学习积累发展基础，维持可持续竞争优势。

思 考 题

即测即练

1. 企业技术创新战略主要包括哪些内容？
2. 结合公司实例，进行五力分析。
3. 结合公司实例，进行产业创新系统分析。
4. 结合我国某个产业的发展，用钻石模型进行分析并进行国际比较。
5. 简述 PRE-M 模型。
6. 结合我国企业发展，举例说明农耕者、狩猎者和圈地者。

第四章 企业技术创新的技术战略

第一节 技术预测与技术选择

一、技术预测概述

（一）技术预测的概念和意义

技术预测是指对技术发展趋势、技术发明和技术应用的预计和推测。

1. 预测内容

对于一项比较完善的技术预测来说，要回答四个方面的问题：预测时间、预测范围、预测性能、估计发生概率，可简称为定时、定性、定量、概率估计。

（1）定时：预测实现某项技术的时间，这一时间可以是某一具体时间（如某一年），也可以是某一时间范围（如 2030—2035 年）。

（2）定性：预测实现某项技术的途径或方案。这里的技术途径指实现某一技术功能的专门技术方法、手段等，例如，对为飞机提供动力这一功能来说，可能有活塞式发动机、喷气式发动机等途径。技术方案指为实现技术功能的一组技术方法、途径，它比技术途径范围要宽，例如，对照明这一技术功能来说，由 LED 灯、荧光灯等"电灯"就构成了一种技术方案，而"白炽灯"则是另一种技术方案。

（3）定量：对主要技术性能的定量估计。例如，对实现运输功能的技术来说，速度、载运量、能耗、对环境的污染程度等定量参数估计就是预测要回答的问题。

（4）概率估计：估计某种技术出现或达到某种技术功能时间、参数等的概率或概率分布。

2. 预测对象

（1）技术发展趋势：对某一领域技术发展的方向、大致时间范围等的估计。例如，鉴于石油资源的有限性和对环境污染控制的要求，汽车技术发展的一个重要趋势是：节能、少污染、使用非矿物能源（如太阳能、可再生的植物能源等）、内燃机驱动改为电动机驱动等。

（2）新产品性能、结构，新工艺特性：对可能出现的新产品的性能、结构，新工艺的工艺方法、特性等作出预测。例如，智慧屏将成为替代现在流行的电视机的新产品，其性能、结构如何，是技术、经济、社会界关注的问题，需作出预测。

（3）发现和发明的应用范围：对科学新发现、技术新发明的可能应用前景和范围作出预测。例如，当氢燃料电池发明后，技术界和商业界纷纷对其应用作出推测。

（4）技术推广应用范围：对已应用的技术估计推广面、需求量、寿命期等。例如，对兴起的人工智能技术，估计出其在通信、办公、家庭等领域的推广应用范围、数量等。

第四章 企业技术创新的技术战略

3. 技术预测的意义

(1) 技术预测是技术决策的前提。技术决策包括对技术途径、方案、时机的选择，技术决策的具体化表现为规划和计划。技术决策、规划、计划必须建立在科学预测的基础上。重大的技术预测与决策决定了一个企业甚至行业的命运，直至影响一个国家的经济发展。例如，基于对石油资源日趋紧缺的预测和判断，日本从20世纪60年代起就着力发展重量轻、体积小、省油、少污染的汽车，而美国则从生活水平提高、追求舒适的角度预测汽车需求和技术发展，着重发展舒适、豪华车，相应地，体积、能耗、重量都在加大。两次石油危机，证实了日本的预测，日本车乘机大举向世界市场进军，美国车则受到重创，销量曾一路下滑。

(2) 技术预测为经济、军事、社会发展所必需。技术预测不仅在科学技术领域，而且在其他领域也有广泛的需求和应用。表现在：

- 技术作为第一生产力，对经济增长方式、发展质量和速度有重大作用，因此，经济发展规划、经济改革规划都离不开技术预测。
- 科技发展规划必须建立在技术预测基础上。
- 为科技人才需求、教育和智力开发计划提供依据。
- 为军事和国防建设规划提供依据。
- 为各行业、企业发展提供指导。例如对高新技术的发展预测为高新技术产业的发展规划、新企业创业等提供了决策依据。

(二) 技术预测涉及的因素

技术发展不是孤立进行的，它受多方面因素的影响。因此，在进行技术预测时，不能就技术论技术，要综合考虑多方面因素。这些因素包括以下几方面。

1. 科技发展趋势

科学发现、科学突破、技术新进展等对本领域及相关领域的影响，是首先要考虑的因素。

2. 经济发展水平和趋势

经济发展对技术的影响体现在对技术的需求和支持上。例如，改革开放后，我国经济活动量迅速增加，商品流通空前活跃，由此带来对通信的需求迅速膨胀，移动通信的发展出乎大多数厂商的预料。又如，由于我国经济发展水平尚较低，研发投入占GDP的比重及绝对量都较低，从而会制约技术发展的速度，这些在做预测时都应予以注意。

3. 产业发展及竞争态势

处于兴起、上升、衰退的不同状态下的产业，其技术发展有很大区别；竞争程度对技术发展的促进因素也应考虑。

4. 社会因素

社会价值观念、消费倾向等对技术需求可能产生影响。例如，随生活水平的提高，对家具的需求观念从实用化、耐用化转向美观化、装饰性、重环保，从而对家具材料、设计、工艺技术提出了新要求。

5. 政治因素和政策因素

政治因素、政策因素是技术发展环境的重要组成部分，从而对技术发展产生重要影响。例如,美国贸易保护主义倾向对我国通信技术产业产生了重要影响;节能减排法规和政策对高耗能、重污染的产业、产品和企业的技术产生影响。

(三) 技术预测方法概述

技术预测方法很多,可从不同角度进行分类。以下介绍比较重要的几种分类。

1. 从技术发展规律和技术需求角度分类

(1) 探索性预测:根据技术本身发展规律进行预测。例如,从量子电动力学等科学潜力预测电子技术发展潜力,可预测使电子技术达到微型化直至"分子技术"水平,从而进一步预测集成电路的功能、频率、扩散容量等。

(2) 目标性预测:根据社会的需要、可能和限制来预测技术发展方向、目标以及达到目标的时间和顺序。例如,在苏联先于美国把载人宇宙飞船送入地球轨道后,美国提出了争夺空间霸权的需求,从此需求出发,预测空间技术发展的目标、方向、速度,并于1961 年 5 月制订了登月计划。

(3) 反馈性预测:在探索性和目标性之间进行反馈,使二者互为补充的一种预测方法。

(4) 直观性预测:从事物的外部,通过主观判断直观地进行预测。

2. 从技术预测的信息来源角度分类

(1) 趋势外推法:利用过去和现在的技术、经济信息,分析技术发展趋势和规律,在分析判断这些趋势和规律将继续的前提下,将过去和现在的趋势向未来推演。

(2) 相关分析法:利用一系列条件、参数、因果关系数据和其他信息,建立预测对象与影响因素的因果关系等模型,预测技术的发展变化。

(3) 调查征询法:以专家意见作为信息来源,通过系统的调查、征询专家的意见,分析整理出预测结果。

以下择要介绍技术预测的主要方法。

二、技术预测方法之一——生长曲线法

生长曲线(又称增长曲线)法是趋势外推法的一种,在技术预测中运用较为普遍。

一项技术的性能在技术开发、应用中不断得到改进,呈现出性能指标与时间的关系曲线。技术成长的一般规律是:在新技术引入的初期,技术性能改进较慢;到了一定阶段,性能迅速改进,再往后性能趋于某一极限。典型的技术生长曲线呈 S 形,因此人们常称其为技术生长的 S 形曲线。如图 4-1 所示的白炽灯和荧光灯发光效率和年份之间的关系,就是一条 S 形曲线。

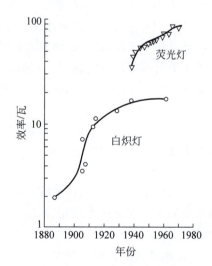

图 4-1 白炽灯和荧光灯发光效率生长曲线

(一) 生长曲线的函数表达式

生长曲线有多种函数表达式,其中常

用的数学表达方式有两种：Pearl 曲线和 Gompertz 曲线。

1. Pearl 曲线

Pearl 曲线由美国生物学家和人口统计学家雷蒙德·珀尔（Raymond Pearl）提出，其表达式为

$$y = \frac{L}{1 + a\mathrm{e}^{-bt}} \tag{4-1}$$

式中，t——自变量（时间）；

y——预测值（技术性能指标）；

L——参数 y 的极限值（技术性能指标上限），常数；

a，b——常数。

由式(4-1)可以看出，当 $t = -\infty$ 时，$y = 0$，即 y 初始值为 0，当 $t = \infty$ 时，$y = L$，即达到上限。对 y 取 t 的二阶导数，并令其为零，可得曲线拐点为

$$t = (\ln a)/b, \quad 此时 y = \frac{1}{2}L$$

上式表明，曲线对称于拐点。改变参数 a，可改变曲线的位置而不影响其形状，改变参数 b，则可改变曲线的形状而不影响其位置。

拟合 Pearl 曲线就是用历史数据进行回归分析，求参数 a 和 b。为了使回归简化为线性回归，可对式(4-1)进行变换：令 $Y = \ln[(L-y)/y]$，则

$$y = \ln[(L-y)/y] = \ln a - bt \tag{4-2}$$

2. Gompertz 曲线

Gompertz 曲线由英国数学家和统计学家提出，其公式为

$$y = L\mathrm{e}^{-b\mathrm{e}^{-kt}} \tag{4-3}$$

式中 k 为常数，其余符号意义同前。当 $t = -\infty$ 时，$y = 0$；当 $t = \infty$ 时，$y = L$。对式(4-3)求二阶导数，得拐点为

$$t = (\ln b)/k, \quad 此时 y = L/\mathrm{e}$$

上式表明，曲线是不对称的。同样，可以将式(4-3)进行线性简化：

$$Y = \ln[\ln(L/y)] = \ln b - kt \tag{4-4}$$

3. Ridenour 曲线

Ridenour 模型假定：新技术的成长速度与熟悉该项技术的人数成正比，主要适用于新技术、新产品的扩散预测。表达式为

$$y = kN \tag{4-5}$$

式中 N 为熟悉新技术（新产品）人数。N 的模型为

$$\frac{\mathrm{d}N}{\mathrm{d}t} = bN\frac{L-N}{L} \tag{4-6}$$

解以上微分方程，得

$$N = \frac{L}{1 + \left(\dfrac{L}{N_0} - 1\right)\mathrm{e}^{-bt}} \tag{4-7}$$

以上各式中，y——预测值（当预测新产品扩散速度时，为产品销售量）；

N——熟悉新技术（新产品）的人数；

k——常数；

t——时间；

N_0——$t=t_0$ 时的人数。

（二）技术替代

1. 技术替代现象

图 4-2 描述了轮胎帘子布技术发展的过程。轮胎帘子布纤维材料最早使用的是棉花，人造丝引入后，由于其强度高，可以使轮胎制得更薄，且不像棉花那样易腐烂，使轮胎寿命更长，因此其技术性能高于棉花。随着研究开发投入的增加，人造丝性能不断改进。第二次世界大战后，尼龙技术引入，走过了类似人造丝的过程。后来，聚酯的引入使轮胎帘子布的性能更进一步提高。随着新材料引入，并不断改进，必然出现新材料替代旧材料的"技术替代"，人造丝替代了棉花，尼龙替代了人造丝，聚酯又替代了尼龙。

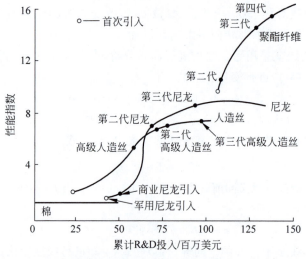

图 4-2 轮胎帘子布的技术发展

资料来源：理查德·福斯特.创新：进攻者的优势[M].孙玉杰等，译.北京：北京联合出版公司，2017：87.

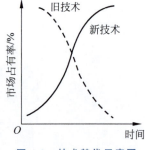

图 4-3 技术替代示意图

一般说来，技术替代是一个逐渐完成的过程，因此会出现新旧技术共存交替的阶段。

2. 技术替代的预测模型

（1）用 Pearl 模型和 Gompertz 模型预测。如图 4-3 所示，新旧技术替代过程是新技术应用逐渐增加、旧技术应用逐渐缩小的过程。以产品为例，表现出老产品市场占有率下降、新产品市场占有率上升的现象。在新技术刚出现时老技术完全占领市场，新技术市场占有率为零，当替代过程完成时，老技术占有率降为零，新技术占有率达到100%。新技术替代老技术的比例称为替代率。若假定某项技术应用范围一定,对产品来说,即假定某类产品市场需求量一定,则替代率实际上就是新技术的生长速度。因此,技术替代的预测转变成新技术成长预测,预测模型即可用上面介绍的生长模型,不过这时纵坐标应用百分比表示。

技术替代预测模型的选取,要根据模型的特性和替代过程特点相匹配的原则进行。

从式(4-2)Pearl模型的变换形式可以看出,技术生长速率,亦即替代速率(由参数b反映)与$y/(L-y)$呈正相关关系,这表明替代速率由已替代部分和尚未替代部分两个因素决定,而且两个因素是叠加的。如果一项新技术替代旧技术既受新技术本身性能改进程度的影响,又受新技术替代旧技术成功示范的影响,替代速率随替代的增加而加速,则选择Pearl模型比较合适。

由式(4-4)Gompertz模型的变换形式可以看出,替代速率k与y/L呈正相关,表明替代速率仅与已替代的比例有关,而与尚待替代的部分无关。如果某项新技术替代旧技术仅受本身性能改进程度的影响,则可选用Gompertz模型。

(2)用费希尔—普赖模型预测。1971年费希尔和普赖提出了一种替代模型。该模型假设:如果一项新技术替代旧技术的过程已经开始,那么替代将一直进行到全部完成;替代速度正比于旧技术尚未替代的部分。其数学表达式为

$$\frac{1}{y} \cdot \frac{dy}{dt} = 2a(1-y) \tag{4-8}$$

解微分方程得

$$\frac{y}{1-y} = e^{2at+c} \tag{4-9}$$

假定$t=t_0$时,$y=y_0=50\%$,代入上式,得

$$\frac{y}{1-y} = e^{2a(t-t_0)} \tag{4-10}$$

式中,y——已替代的比例;

a——常数,$(a>0)$;

t——时间;

t_0——替代比例$y=50\%$的时间。

(三) 技术系统发展的预测——包络曲线法

以上分析了单元技术(以某一基本原理为基础的技术)和技术替代的预测。一个技术系统的发展是由两部分构成的:一部分是单元技术的渐进性改进;另一部分是技术的跳跃和突变,由建立在新原理上的更新的技术替代原有技术。在轮胎帘子布的例子中,人造丝、尼龙、聚酯纤维等每一单元技术都经过第一、二、三代的发展,同时人造丝、尼龙和聚酯的发明,又产生了技术跳跃,出现以新代旧的替代现象。如果把轮胎帘子布技术看成是一个技术系统,它的发展正是由这样两种发展过程组合而成的。

从长期来观察和预测技术系统的发展,应同时预测技术的渐变(单元技术发展)和突变(技术替代)。预测方法是:将每一单元技术综合起来,作各单元技术S形曲线的包络曲线,得到一条技术系统发展趋势曲线,将该包络曲线延伸和外推,可预测未来技

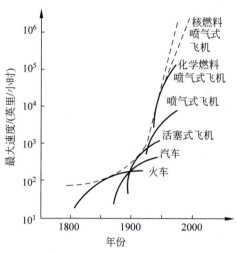

图 4-4 技术系统的包络曲线

术的发展趋势。如图 4-4 所示,运载工具汽车、活塞式飞机、化学燃料喷气式飞机运行速度在不断提高,作这些 S 形曲线的包络曲线,得到一条运载工具的长期趋势曲线,如图 4-4 虚线所示,它可以帮助我们推测未来可能出现的核燃料喷气式飞机的飞行速度。

技术系统的包络线实例分析表明,多数技术系统的包络曲线也是一条 S 形曲线。

(四) 技术极限与技术替代的进一步讨论

1. 技术极限的预测

在前面介绍的生长曲线中,都有一个技术极限,为了说明它的经济意义和管理意义,这里引入更一般的生长曲线。其表达式为

$$\frac{dy}{dt} = ky(L-y) \tag{4-11}$$

或

$$\frac{dy/dt}{y} = k(L-y) \tag{4-12}$$

所有符号意义同前。式(4-12)表明,技术特性增长速度与已达到的技术水平有关,已达到的水平越高,或者说距离极限值越近,增长速度越慢。这意味着研究开发的边际投资效益是递减的,特别是接近技术极限时,为改进性能所需投资急剧增加。例如,在轮胎帘子布人造丝材料的开发中,开始阶段投入 6 000 万美元,效果提高 800%;其后投入 1 500 万美元,效果提高了 25%;最后阶段投入 2 500 万美元,仅使效果提高 5%。

这一现象的因果都具有极重要的实际意义:第一,技术接近极限时,继续投资是不合算的,更为重要的是,它预示着技术跳跃已成为必需和可能;第二,当技术投入效果急剧下降时,可能意味着已接近技术极限。上述第一点说明决策者应当充分注视在用技术是否已接近极限;第二点说明接近技术极限有某些标志或迹象。

生产人造丝的主要厂商是美国粘胶纤维公司和杜邦公司,杜邦公司意识到人造丝的局限性,"二战"后投资转向其拥有专利的尼龙材料上,而粘胶纤维公司仍在为改进人造丝作努力。最后,杜邦取得了竞争的胜利,粘胶纤维公司败落而被收购。但尼龙轮胎有一个缺点,即在低温下轮胎底部会产生一个"平点",会与地面发生撞击,汽车制造厂提出了改进要求。杜邦公司一边寻找替代技术,一边试图改进尼龙的性能,把这两项任务都交给了尼龙生产部,杜邦并不知道当时的尼龙技术在 S 形曲线上的位置,花了 7 500 万美元的研究开发费却一无所获。此时赛乐尼斯公司选择了聚酯技术,该技术明显优于尼龙,即使在很低的温度下也不会产生"平点";而且 R&D 投资效益率很高,按照专家的分析,每百万元的投资取得 0.33 单位的技术改进,而尼龙只有 0.08 单位。从而,赛乐尼斯公司的 R&D 生产率是杜邦的 4 倍,与杜邦相比,具有 5∶1 的优势。结

果,其用于轮胎帘子布的投资仅相当于杜邦的 1/2,但进步速度却是杜邦的 2.5 倍,最后,赛乐尼斯公司在这一轮的竞争中取得胜利。杜邦又在寻找新的替代技术,开发了一种韧性特别高的纤维 kerlar,新一轮的替代竞争又开始了。

鉴于技术极限和技术替代的重要性,在管理实践中,就要力图捕捉接近技术极限的迹象。尽管从理论上讲,通过历史分析绘制 S 形曲线会有助于判断曲线的走向,但理论与现实往往有差距,理论分析只是一个方面的依据。而且,S 形曲线对不同的技术有不同的形状,有的技术并未走完全部的 S 形曲线就会被替代。美国研究技术管理的学者福斯特(R. F. Foster)总结了接近技术极限和可能出现技术替代的一些征兆,摘录如下:

(1) 企业 R&D 部门的生产率(效果)下降,大量的竞争者 R&D 支出得到的效果不明显。

(2) 行业内 R&D 的重点从产品开发转向工艺开发。

(3) R&D 人员之间意见分歧,情绪不佳,科学家开始变得悲观,不知该往哪个方向努力。

(4) 产品市场向更窄的细分市场转变。

(5) 高层经理对 R&D 经理不满,予以撤换后,对新经理仍然不满。

(6) 行业内较弱的竞争者向技术有根本性改变的新方向进行 R&D 投资。

(7) 虽然现有技术仍有潜力,但具有明显优势的新技术已在市场上出现。

2. 技术替代的替代速度与替代程度

当确认一种新技术替代一种旧技术以后,企业一般并不能、也没有必要"立即"、"全部"向新技术转移。这涉及对新技术替代旧技术的速度和程度的估计问题。

不同技术,不同时期的技术替代速度有着很大的差别。我国排版印刷业在短短几年内迅速由铅字手工排版跳跃到激光排版技术;而机械动力商船取代帆船的时间差不多经历了一个世纪。机械动力商船在 19 世纪中后期已开始出现,到 19 世纪末对帆船的替代率才接近 50%;替代率从 90% 增加到 99.95% 竟用了从 1925 年到 1965 年的 40 年时间。

在前面介绍生长曲线模型时曾假设新旧技术的市场不变,并假定新技术最终会完全淘汰旧技术。这一假设在有些情况下与实际不符。新技术是否能完全替代旧技术,即新技术对旧技术的替代程度受技术性质、技术使用者偏好、经济及社会条件等因素的影响,分析者和决策者要审慎地分析实际问题,作出明智的判断。例如,电动剃须刀应用范围越来越广,其对安全刮胡刀的替代是明显的,但是,迄今仍有一些人偏爱安全刮胡刀,吉列刀片仍有很大市场。

三、技术预测方法之二——相关分析法

相关分析法是基于以下的认识建立的,一种技术性能的改进或其应用的扩展是和其他一些已知因素高度相关的。这样,通过已知因素的分析就可以对该项技术进行预测。以下介绍几种相关预测法。

(一) 导前—滞后相关分析

一种技术的出现或某些现象的出现往往是另一种技术出现的先兆,我们把先出现

的技术叫导前技术或先导技术,先出现的现象叫先兆现象;后出现的技术叫滞后技术。

导前—滞后相关分析特别适合于可移植技术的预测上。图 4-5 表示了复合材料在飞机上应用的发展情况。图 4-5 中左边的曲线表示复合材料在飞机各部件上应用的研究开发情况,纵坐标以实验飞机上所采用的结构重量百分比表示;右边曲线为在正式生产的飞机上采用的情况。两部分曲线非常相似,但实际应用曲线滞后于实验研究曲线,这种现象是不难理解的。其在预测上的意义在于:当某种技术研究开发成功后,可预计多长时间后将进入实际应用。在本例中,复合材料的实验开发成功 10 年后将实现实际应用。

以上是研究开发与应用相关的情形,另一种常见的相关情形是军用技术与民用技术相关。当一种军用技术可以移植于民用时,军用技术就是先导技术,民用技术就是滞后技术,二者高度相关。图 4-6 上方为战斗机速度拟合曲线,下方为运输机速度曲线。图 4-6 中的曲线是按对数关系绘制的,表 4-1 列出了部分数据,表中"战斗机达到该速度的年份"是根据回归方程计算的年份数值。

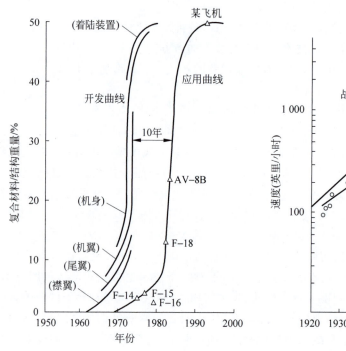

图 4-5 飞机用复合材料开发时间和应用时间的关系

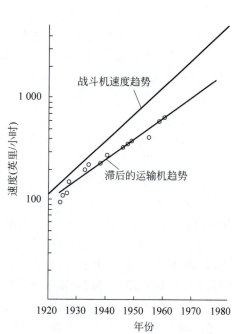

图 4-6 战斗机和运输机的速度关系

表 4-1 运输机速度对战斗机速度滞后时间表

时间/年	运输机速度/(英里/小时)	速度的对数值	战斗机达到该速度的年份(回归值)	运输机滞后年数
1925	95	4.554	1918.452	6.548
1926	111	4.710	1920.883	5.117
1927	116	4.754	1921.571	5.229

续表

时间/年	运输机速度/(英里/小时)	速度的对数值	战斗机达到该速度的年份（回归值）	运输机滞后年数
1928	148	4.997	1925.375	2.625
1933	200	5.298	1930.076	2.924
1934	225	5.416	1931.916	2.084
1938	228	5.429	1932.122	5.878
1940	275	5.617	1935.049	4.951
1946	329	5.796	1937.849	8.151
1947	347	5.849	1938.680	8.320
1948	375	5.927	1939.892	8.108
1954	409	6.014	1941.247	12.753
1958	579	6.361	1946.675	11.325
1959	622	6.433	1947.794	11.206

设 X 为飞机速度 x 的对数，根据分析，X 与时间 T 呈线性关系，通过回归分析（有关数据及过程略），得出战斗机的速度方程为

$$X = -118.30568 + 0.06404T \tag{4-13}$$

设民用飞机达到战斗机速度的滞后时间为 D，D 为常数或时间 T 的函数，则民用飞机的速度方程为

$$Y = A + B(T - D) \tag{4-14}$$

式(4-14)中的 A 和 B 即式(4-13)中的回归系数。经分析认为 D 是时间 T 的线性函数，即

$$D = a + bT \tag{4-15}$$

由回归分析得出系数 a 和 b，则

$$D = -443.79507 + 0.23225T \tag{4-16}$$

将式(4-16)代入式(4-14)，得出民用飞机的速度方程为

$$Y = -89.88504 + 0.04917T \tag{4-17}$$

（二）技术进步与经验积累的相关分析

一项技术的改进与该项技术应用的经验积累有密切的关系。这种关系可用"技术进步函数"来描述，在该函数中，技术进步用技术的某种或某些性能表示，经验积累用累计产量来表示。函数的表达式可通过回归分析等方法求得。

图 4-7 表示了涡轮喷气发动机性能与累计产量的对数关系曲线。燃油流程率和重量推力比是涡轮喷气发动机的两项重要性能指标，其中，燃油消耗率用产生每磅推力每小时所耗燃料磅数表示；重量推力比用每磅推力的发动机重量表示。

（三）技术信息与人员数等因素的相关分析

有关研究表明，科学技术知识及信息的增长率是已知信息、该技术领域可知信息最大值、该技术领域工作的人员数以及在这些工作人员中信息传递的总量的函数。其表达

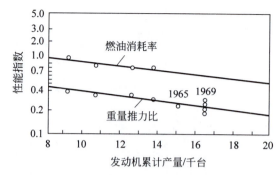

图 4-7 涡轮喷气发动机性能与累计产量的关系

式为

$$\frac{dI}{dt} = K(1 - I/L)\left[N + \frac{1}{2}mfN(N-1)\right] \qquad (4\text{-}18)$$

式中，I——有用信息总量；

L——可知信息总量；

N——在该技术领域中工作人员数；

f——实际发生传递信息的部分（为小数）；

m——信息传递者之一和只有一个工作人员相比较的相对生产率；

K——比例常数。

一般情况下，在某一技术领域的人数远大于1，因此 N 和 N^2 相比可忽略，则式(4-18)可简化为

$$\frac{dI}{dt} = K(1 - I/L) \cdot \frac{1}{2}N^2 mf \qquad (4\text{-}19)$$

对一个新的技术领域来说，I 与 L 相比很小，因此可忽略 I/L，此时式(4-19)可进一步简化为

$$\frac{dI}{dt} = \frac{1}{2}KN^2 mf \qquad (4\text{-}20)$$

（四）目标与手段的相关分析

一个社会在某一时期内有其经济、技术、社会发展、环境控制等目标，该社会的组织机制必然引导技术为达到目标服务，从而引导了技术发展的方向和速度。从这一逻辑出发，可从分析目标及实现目标的可能手段入手，预测技术发展趋势和可能出现的技术。这种分析可用相关树来表示。相关树是一种倒树形结构，树根为目标，干、枝、叶为逐层手段，亦即可能的技术方向和手段。图 4-8 示意了"无污染道路交通"的相关树，该图仅列出了汽车及所用能源部分的相关关系，表明了汽车能源可能的技术途径。

四、技术预测方法之三——专家预测法

由于未来事件的不确定性、影响因素的复杂性等原因，在很多情况下，很难用定量的方法进行预测；即使可以通过某些数量关系进行建模和计算，由于问题的复杂性往

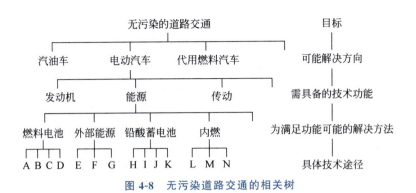

图 4-8 无污染道路交通的相关树

往超过模型引入的因素,定量预测也需要和定性预测结合起来。与经济预测、市场预测相比,技术预测的定量化方法更受到局限,尤其是对尚未应用的新技术、技术突破的预测是如此。因此,在技术预测中,定性方法应用得十分普遍,所采用的方法主要是向专家征询意见。

专家预测法主要有以下几种:其一,专家个人判断,即就某项技术征询该领域的专家个人的意见。其二,专家会议,即就某一技术问题采用专家会议讨论的方式进行预测。其三,头脑风暴法,该法也是专家会议的一种,不过组织和引导方式不同,强调提倡和引导专家敞开思路、展开想象。其四,德尔菲法,该方法吸收了前几种专家法的长处,避免了其缺点,被认为是技术预测中最有效的方法。以下仅介绍德尔菲法。

(一)德尔菲法概述

德尔菲法是美国兰德公司于20世纪40年代末开发的一种预测方法,于1964年首次用于技术预测。德尔菲法是匿名的反复函询的专家征询意见法,其基本程序如图4-9所示。

德尔菲法的主要特点如下。

1. **匿名性**

参加咨询的专家互不直接交流,通常也不知道除自己外还有谁参加,专家只与预测主持人联系。这样做的优点是:意见和观点不公开和发表它的人相联系;要改变观点时不用公开承认自己原来观点错误;可避免有特殊地位的人对其他专家的影响。

2. **反复性**

专家意见通过主持人整理后反馈给各专家,以交流各人的意见,在此基础上,专家可修改自己的意见、回答主持人提出的问题,如此进行多轮的反馈。这样可以使各种意见得到充分的发表和论证。

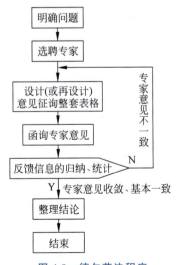

图 4-9 德尔菲法程序

3. **收敛性**

经过多轮反馈,专家意见就会趋于收敛与集中,对于和多数专家不一致的意见,经申述理由后,也会收敛和集中。

（二）专家的选择

选聘专家是德尔菲法最关键的步骤。在选聘专家时要注意和解决好以下问题。

1. 专家资格

这里说的专家是指在特定问题上有专门知识和经验的人。因此，所选专家不能以资格老、地位高为标准，应以对特定问题的熟悉程度、研究深度及创见性等标准来衡量，特别应注意选择年轻的专家。

2. 专家的选择范围和条件

（1）内部专家和外部专家：内部专家指对预测的问题而言，单位、行业、领域内的专家。一般顺序是：先选内部专家，这样可使选择工作易于进行；然后再选外部专家。外部专家的人选可用内部专家举荐、信息查询等方法进行。

（2）专家的结构：应有各种知识结构、学派、层次、专业、地域的专家。

（3）专家的意愿：专家应有时间和兴趣回答问题，因此，在专家初选后要将问题函告专家，取得同意后再发正式调查表。

3. 专家人数

专家人数过多过少都不恰当，人数过少则限制了代表性；人数太多则难以组织，工作量也大。人数的多少应以达到所需的可信度为宜，据研究，可信度在专家人数超过15人后，随人数增加可信度增加较少。一般说来，以10～50人为宜，对重大问题，也可达100人以上。

（三）征询意见的设计

专家征询意见的设计直接影响预测目标的实现和预测精度，应精心进行。设计征询意见表时，要注意以下问题。

（1）提问要清楚、准确：要避免含糊和模棱两可的语句。例如提问为："到某年计算机网络将普及到大型企业。"其中"普及"和"大型企业"界定含糊，应指明普及率（如90%以上）和企业规模标准（如指明资产或职工人数标准数值）。

（2）避免复合事件和一揽子预测语句：一个提问不能暗含两个问题，否则可能造成歧义。例如，对提问："工业应用核聚变方法从海水中得到氘生产电力将在某年开始运转。"专家可能回答为"不可能"，其意指"从海水中提取氘"不可能，还是"生产电力"不可能，并不清楚，原因在于提问中包含了两个命题。当提问是包含两个以上的命题的"一揽子"提问时，则使答者为难，也使分析者难以准确理解。

（3）避免因果型语句：如果提问中既有因又有果，则当专家表示不同意时就不清楚是对因的否定还是对果的否定。

（4）提问数量要加以限制：提问多少要根据问题复杂程度而定，但不宜过多、过散、过泛，否则会使回答者失去兴趣，结果反而影响质量。

（5）意见征询表要力求简化：语句不宜过长，回答方式要便于专家操作。

（6）组织者不要把自己的意见加入提问中：组织者常易犯引导专家意见的毛病，其结果违背了自己不介入的原则，会将预测导入自己设计的结果，失去了专家预测的意义。

（四）专家意见征询结果处理

在多轮意见的征询过程中，要对专家的意见进行统计分析处理，以便于下一轮的征询，或对预测结果的集中程度予以表达。

为了简便表示专家意见集中与分散程度，可用中位数和上、下四分点表示。例如，11 名专家对某问题的预测值序列如下：

$$1,\quad 1,\quad 3,\quad 4,\quad 6,\quad 7,\quad 8,\quad 8,\quad 9,\quad 11,\quad 13$$

　　　　　　　↑　　　　　　↑　　　　　　↑
　　　　　　　下　　　　　　中　　　　　　上
　　　　　　　四　　　　　　位　　　　　　四
　　　　　　　分　　　　　　数　　　　　　分
　　　　　　　点　　　　　　　　　　　　　点
　　　　　（25%处）　　（50%处）　　（25%处）

其中间值 7 为中位数，9 和 3 分别为上、下四分点。上、下四分点越接近中位数，则专家意见越集中。预测结果及其集中程度还可以用表格或图形表示，也可以用算术平均值、均方差、标准差等方法评价专家意见的集中程度和协调程度等，读者可参阅有关文献。

五、技术选择

技术选择是一种决策，这种决策不仅要就技术本身作出决策，而且要就所涉及的更高层次上的问题作出决策。就是说，技术选择是一个多层次决策问题。技术选择的决策层次性是由技术在企业经营中的功能决定的。企业经营需要各种手段，技术开发、生产制造、市场营销等都是手段。根据手段影响面的大小和影响时间的长短，可将经营手段分为战略性手段、战术性（或操作性）手段两类。技术的功能不仅体现在近期效果上，如改进产品可使销售增加，改进工艺可提高质量、降低成本；技术的功能还体现在为实现企业战略提供基本途径和保障上。因此技术选择往往要在战略层和战术层（操作层）上进行分析和决策。

战略层次的技术选择决策主要是就技术选择涉及的企业总体和长远发展问题作出决策。在作技术选择的战略层决策时，要对技术选择进行基本定位，包括行业定位、市场定位和技术定位三个方面。

(1) 行业定位：技术选择的行业定位是指所选择的技术用于什么行业或在什么行业选择技术。企业的技术选择行业定位有两种基本选择：一是企业现在所处的行业；一是新行业。

(2) 市场定位：技术选择的市场定位是指选择的技术用于什么市场。技术选择的市场定位有两种基本取向：其一是企业现在所处的市场；其二是新市场。

(3) 技术定位：技术选择的技术定位是指对技术类型、技术档次所作的基本选择。技术类型的基本选择主要是指产品技术和工艺技术两种类型的选择。

关于技术选择的行业定位和市场定位问题，将在后续章节讨论，这里先讨论技术选择的技术定位。

（一）技术定位的基本要素

1. 产品技术与工艺技术

产品技术与工艺技术是企业在开发、生产产品过程中都要使用的。这里所说的定位，是指企业技术发展重点的选择。

1）定位要素

① 技术发展阶段：从技术发展的规律来看，产品技术由引入、成长到成熟呈 S 形曲线特征。在引入和成长阶段，技术发展的重点是开发和完善产品的性能，工艺技术处于相对次要的地位；在成熟阶段，产品技术性能潜力已较小，工艺技术上升为重点地位。

② 技术机会：随着产品技术的发展，技术创新的重点由产品向工艺转移，创新频率一般表现为：产品创新频率由高转向低，随后工艺创新频率高，再后工艺创新频率降低。创新频率越高，提供的技术机会也越多。

③ 企业的技术创新战略：在领先与跟随模仿两种基本技术创新战略中，不同的战略所需配合的技术类型有差别。当选择领先战略时，对产品技术的要求更为突出；当选择跟随模仿战略时，对工艺技术的要求更为突出。

④ 企业的技术能力优势：由于企业技术积累的情况不同，不同的企业在产品技术与工艺技术方面的优势也会有区别。当企业擅长于产品的研究开发时，就具有产品技术优势；当企业擅长于工艺技术时，则具有工艺技术优势。

⑤ 竞争焦点：企业在市场上竞争的基本方式（产品差别化、价格差别化和服务差别化）中，常以某一种为焦点。当竞争焦点在细分市场、产品性能上时，产品技术更为重要。

2）定位选择

产品技术与工艺技术侧重点可有以下选择：①以产品技术为主；②以工艺技术为主；③产品与工艺技术并重；④作阶段性选择，在某一阶段以产品技术为主，在另一阶段以工艺技术为主。

产品与工艺技术定位涉及企业的竞争优势、资源配置、企业内部能力、外部环境，因而往往是牵涉全局的决策，需要在企业总体战略指导下进行综合分析，作出决策。

2. 渐进性技术与突破性技术

渐进性技术是指对现有技术的局部改进技术；突破性技术是指与现有技术相比，原理、基本性能和功能有重大进步的技术。

1）定位要素

① 技术机会：渐进性技术机会较多；突破性技术往往是建立在新的科学发现、重大技术发明基础上的，因而机会较少。

② 企业实力与优势技术能力：渐进性技术由于与原技术有较多的继承性，企业较易借助原有实力和技术能力基础；突破性技术的技术变化跨度大，要求企业有较强的技术转换及适应全新技术的能力；渐进性技术与突破性技术包含的风险有较大的差异，前者风险小，后者风险大。

③ 企业战略意图和战略选择取向：当企业意在夺取行业领导地位和取得市场领导地位时，宜尽快抓住技术突破的机会；若企业倾向于稳妥经营，则在率先采用突破性技术上取谨慎态度。

2) 定位选择

技术定位有以下几种选择：①在存在技术突破机会时，率先或尽早采用突破性技术，在无技术突破机会时，尽量采用技术进步跨度大的渐进技术。②以采用渐进性技术为主，在技术突破出现时，采取跟随策略，待领先企业技术成功时再采用，以减少技术风险。③渐进性技术与突破性技术兼顾，当可使二者不互相排斥时，同时采用，如建立不同的事业部；当互相排斥时，采取密切关注、尽早研究开发但不率先实施，而待其他企业证实了可行性与应用前景后迅速投入使用。第③种选择常是已处于技术和市场领导地位且以跟随战略为主导战略的企业易于接受的。

技术定位，特别是突破性技术的定位往往涉及企业实力、风险、企业战略偏好等带全局性的问题，需在企业总体战略和技术创新战略指导下进行综合权衡、选择。

（二）技术定位条件下的技术选择

1. 产品技术选择

产品技术选择是在行业和市场定位已经确定的情况下选择具体的产品技术，包括产品的具体用户对象（细分市场）、技术档次选择等。

进行产品技术选择时要考虑以下因素：

1) 产品细分市场的特点，用户的需求特点和支付能力。

2) 产品的可接受的定价水平，竞争态势及对价格的影响，产品生产所需投资，产品的寿命期。

3) 原材料及配件供应、配套技术获取和支持、生产能力、质量保证体系、营销网络等产品生产销售配套体系能力与可行性。

2. 工艺技术选择

工艺技术选择要考虑以下因素：

1) 企业人员素质、消化吸收能力、投资能力、管理能力。

2) 产品对工艺的要求、工艺的质量保证水平。

3) 市场需求量、本企业市场占有份额、企业可能的生产规模及投资、成本的综合影响。

工艺选择的一个基本技术经济问题是：在一次性投资大但运行成本低与一次性投资小但运行成本高之间进行选择。如图4-10所示，

横坐标表示产量 Q（生产规模），纵坐标表示收入 B、成本 C。C_1，C_2 代表两种工艺相应的成本曲线，C_1，C_2 在纵坐标上的截距 C_{10}，C_{20} 为固定成本，其主要成分为投资在成本中的分摊。C_1 和 C_2 反映了两种不同工艺的经济特性：工艺 1 投资较小，但运行成本高；工艺 2 投资较大，但运行成本低。当收入曲线 B 确定后，生产规模在 Q_1 与 Q_2 之间时，宜选工艺 1；当生产规模大于 Q_2 时，宜选工艺 2。

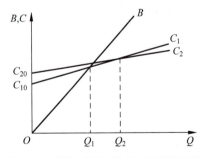

图 4-10　投资、收入、成本与产量的关系

3. 渐进性技术选择

渐进性技术选择主要考虑以下因素。

1）技术竞争能力、寿命：技术进步跨度小的技术竞争能力较弱，过时和被替代的威胁较大，寿命期较短；技术进步跨度大的技术则相反。

2）连续性与技术极限：当所选技术对现有技术的继承性较好时，可减少转换成本，消化吸收也较容易；当所选技术在将来被新技术替代时，若延续性好，也会减少未来的转换成本和消化吸收难度。技术性能改进一般存在极限，当接近技术极限时，技术继续改进的潜力已很小。

3）消化吸收能力与速度：若企业的消化吸收能力强，可消化技术进步跨度大的技术，消化吸收速度也较快。

4）经济效益：重点是财务效益，其主要影响因素是投资、生产规模、成本和价格。

4. 突破性技术选择

突破性技术选择主要考虑以下因素。

1）可接受性：企业研究开发能力、资源（资金、关键设备仪器、人才）可得性。

2）技术获取可能性与能力：自行研究开发、技术合作、引进等可能方式的可行性，企业通过以上方式获取技术的能力。

3）转换成本：现有资产保留与报废的比例，企业新产品自我替代的程度，供、产、销系统及技术系统和管理系统受损的程度。

4）经济效益：重点是战略经济效益，包括取得市场竞争优势的潜力、市场占有优势、应变能力、对改变企业地位的贡献等。

5）支撑体系：供、产、销系统，技术体系，管理体系对新技术的支持能力。

6）风险：可能出现的风险及企业抵御风险的能力。

第二节 产品技术路径图

拓展阅读

产品技术路径图就是一张从需求出发的技术路线图。如果未来存在巨大的风险或不确定性，就需要确定多条待选的技术路线。产品技术路径图方法从产品或服务等的需求出发，指明了此需求所代表的技术系统要求、产品或工艺绩效指标；进而分析要实现这些要求或指标有哪些可选择的技术；最后确定要采用哪种或哪些技术，图4-11是产品技术路径图的一种基本形式。

一、产品技术路径图的结构

产品技术路径图将三个重要因素紧紧联系在一起——市场或者说消费者需求、产品或服务、技术。这就要求参与者既要有能正确把握市场发展趋势的专家，又要有高水平的工程师和科学家。产品技术路径图是一种依靠众人的智慧，通过协调、研讨共同完成的工作。作为企业产品技术路径图活动的组织者，则应兼备两方面的知识，但他不可能也不需要对市场、产品和技术都有深入的研究。对他来说，最重要的任务是组织和协

第四章 企业技术创新的技术战略

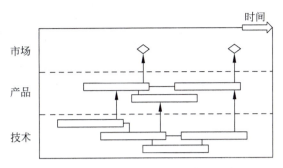

图 4-11 产品技术路径图的基本形式

资料来源：Robert Phaal, Clare J P Farrukh, David R Probert. Technology Roadmapping——A Planning Framework for Evolution and Revolution[J]. Technological Forecasting & Social Change, 2004, 71: 5-26.

调。因为产品技术路径图的参与者除本企业计划、研发、生产、营销等部门相关负责人外，更多的应该是外请专家，如高校、研发组织的科学家、工程师，企业上游供应部门的主管人员，消费者代表等。如何使这些专业差异巨大、所关心的问题各不相同的参与者很好地合作，得出收敛的意见，描绘出切实可行的技术路线，确实是一项复杂的组织工作。

二、产品技术路径图的工作过程

一个完整的产品技术路径图工作过程可以划分为下列三个阶段：准备工作；技术蓝图开发；将蓝图变为行动。每一阶段的活动由几个前后衔接的行动步骤组成。图 4-12 描绘了产品技术路径图的整个工作流程。

在产品技术路径图工作过程中，除了听取专家意见以外，往往要用到一些成熟的预测和决策方法，主要体现在下面几个环节。

（1）在技术蓝图开发的第一步——确定产品需求过程中，常会用到一种预测方法——情景描述法。在未来环境存在巨大不确定性的情况下，首先要作出各种可能的假设，要针对这多种可能需求，寻找相应的可行技术。例如汽车制造商在作小轿车的产品技术路径图时，可能会假设未来出现新一轮石油危机、出现新型替代燃料、出现高效节能技术、自动驾驶技术成熟、电动车电池出现重大突破等多种情况。

（2）在"选定应采用的具体技术及相应技术路线"这一环节，专家面对的多种技术可能各有特点。例如，采用较成熟的技术 A 可以很快将新产品推向市场；采用廉价的技术 B 可以节约大量的资金；采用技术 C 则可以使新产品的性能比原定的"需求"提高……这时，可以运用一些成熟的决策方法，依靠专家的智慧，选出能最优地实现"需求"的技术。

（3）在"将蓝图变为行动"的过程中，企业（或研发组织）或行业协会所面对的其实是一个传统的"项目管理"问题，"项目"的目标和约束条件都很明确，可以将抽象的技术路线图细化为一张工作流程图。

另外，技术发展的实际情况、市场需求的变动趋势与人们的预期总会有一定的出入，有时甚至完全偏离了原定的方向，因而在行动计划实施以后，要定期对技术蓝图进行评估和更新，及时调整技术路线。

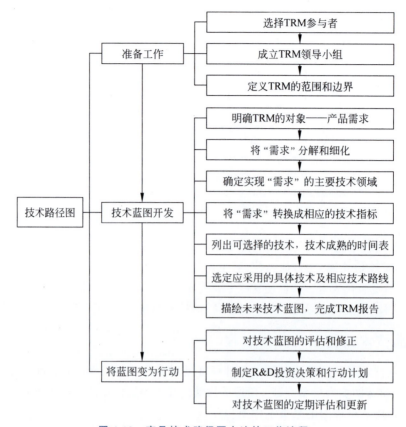

图 4-12 产品技术路径图方法的工作流程

注：Technology Roadmapping，技术路径图，缩写为 TRM。

资料来源：Marie L Garcia，Olin H Bray. Fundamentals of Technology Roadmapping. SAND97-0665，Strategic Business Development Department，Sandia National Laboratories. Albuquerque，NM，USA. April 1997. 转引自王瑞祥. 设计未来技术发展蓝图的有效方法——Technology Roadmapping[J]. 科技进步与对策，2002,(7)：117-119.

第三节 技 术 标 准

技术标准是对技术活动中需要统一协调的事物制定的技术准则，是根据不同时期的科技水平和实践经验，对具有普遍性和重复性的技术问题提出的解决方案。按作用范围大小，标准又可分为国际标准、国家标准、部颁标准和企业标准。随着 IT 技术的兴起，技术标准与专利结合，成为企业获取价值的重要手段之一。

一、技术标准与专利

20 世纪 90 年代以后，人类社会从工业社会演进到以知识产权为主的信息社会，竞争的核心开始围绕专利而展开。越来越多的标准化组织在制定标准中开始涉及专利权。专利在技术标准中的份额越来越高，从而使技术标准化的竞争集中表现为知识产权的竞争。

技术创新是获取专利技术的基础，而将专利技术有效地结合到技术标准中，也就掌握了市场的主动权。发达国家的企业都想方设法将自己的专利整合到标准中：美国高通公司控制了CDMA标准技术，垄断了芯片的生产；普惠打印机墨盒的技术标准中就有400多项专利；第三代移动通信的标准中，国外的27家公司申请了2 500多项专利。专利技术一旦整合到技术标准中，就能产生极其深远的影响力，毕竟单项专利影响的只是单个企业，而一项技术标准影响的则是整个产业。因此，各技术标准通常以专利技术为核心内容，根据发起人的不同分别由相关的政府机构、行业组织、企业联盟进行管理。

二、技术标准与价值获取[①]

尽管有很多企业和国家成功地设立了标准，但并不是每一个参与标准制定的企业都会从标准中获利。在VCD产业的发展中，我国制定并执行的超级VCD标准成了为数不多的由中国人制定的国际标准之一。但是我国企业并没有从超级VCD标准中获利，这涉及企业以什么方法从标准中获利的问题。

企业参与标准的制定，其动机是为了获取标准制定所创造的价值。获得标准制定所创造价值的方法主要有两种：第一种是靠独占性取胜，即通过企业对技术标准或技术细节的控制而获益；第二种是靠配套资产取胜，即开放必要的技术细节、界面和规格，依赖自己的制造能力和品牌等方面的优势来获取标准创造的价值。具体的获得标准创造价值的例子见表4-2。

表4-2 从标准中获取价值的部分方法

获利方法	具体手段	案 例
控制方法（基于独占性的竞争）	技术细节不对外开放	微软的视窗操作系统，技术细节不为人所知，微软靠对这种技术细节的所有通过出售产品来取得收益
	获得知识权	DVD联盟企业拥有与DVD技术相关的专利，可以向我国生产DVD的企业收费
开放方法（基于配套资产的竞争）	品牌优势	IBM设计了开放性的PC产品架构，促进了相关配套品的开发，使该架构成了计算业的主流并依赖于自己的品牌优势来获取价值
	与价值链上的其他企业结盟	索尼和菲利普等企业，与内容提供商时代华纳和竞争对手东芝等公司联合起来，推广新的DVD技术
	制造能力	在调制解调器标准战中，罗克韦尔公司利用其生产成本优势来获取价值

资料来源：谢伟.IT业标准竞争的动力学[J].科研管理，2006，27(2)：75.

---

① 摘自谢伟.IT业标准竞争的动力学[J].科研管理，2006，27(2)：72-78.

三、技术标准的形成机制[①]

拓展阅读

技术标准有三种形成或供应机制：一是政府主导机制，由政府或标准组织制定，这种机制形成的标准通常可称为"法定标准"。二是市场机制，即由市场竞争过程形成事实标准。三是组织机制，最常见的是企业联盟的形式，即由民间企业通过协商谈判设定，经过官方标准化组织的确认，最终也可以转化为法定标准。

在兼容性方面，法定标准优于事实标准，因为法定标准的设立过程相对公开，比较透明，主要建立在包含公共利益的基础上。而且政府主导标准的产生能迅速得到各方面的支持，有利于抢先获得市场的更大份额。但政府主导产生的标准往往难以适应技术的快速变化，可能会增加技术延误和采用错误技术的社会成本。事实标准通过市场化过程形成，一般为行业中占主导地位的企业制定，具有独占性和私有性，容易形成垄断。以市场竞争产生技术标准的优点在于，市场上围绕某种产品展开了充分的技术竞争和价格竞争，技术标准能适应市场和技术的动态变化；缺点是同一个市场上可能存在多种标准，容易引起过度竞争，造成一定的资源浪费。而通过组织机制形成自愿联盟标准，是当代信息通信产业较普遍的组织形式。它通过主要专利的交叉许可，建立以专利联盟为核心的企业战略联盟，获得一举多得的效果：既分担了标准形成的风险、减少了技术交易成本，又获得了标准扩散的联盟推动力。更为重要的是，企业战略联盟以一种制度方式有效化解了专利私有权和标准化公共利益的矛盾。由于是多个企业形成联盟共同提出标准，相对较多地平衡了各方的利益，具有强大的市场竞争力。在第二代移动通信的发展过程中，欧洲自愿联盟组织协商的 GSM 标准取得全球性成功，占有 75% 的市场份额；日本政府强制性的 PDC 标准已处于淘汰阶段；美国由市场机制形成的 CDMA 标准主要在美洲被采用，占有 13% 的全球市场份额。

四、企业技术标准策略

拓展阅读

1. 先行策略

先行者一般在网络规模上有先天优势，消费者加入先行者的网络可以比加入后来者的网络获得更大的网络外部收益，因此消费者对先行者产生一定的偏好，市场也随之会偏向先行者，而网络外溢性的作用会加速这种偏向作用，最终先行者的技术会成为事实上的市场标准。如在 PC 操作系统行业，微软占尽先机，在 DOS 操作系统成功之后，又不断地成功推出 Windows 操作系统。微软在 PC 操作系统上成为事实上的技术标准与它的先发优势有着重要的关系。

2. 加强用户规模的建设

用户规模对一种技术是否能成为标准具有举足轻重的作用，因为用户规模决定了

[①] 徐明华，史瑶瑶. 技术标准形成的影响因素分析及其对我国 ICT 产业标准战略的启示[J]. 科学学与科学技术管理，2007,(9): 5-9.

网络规模的大小,也直接影响了使用基于这种技术的产品的消费者的效用水平。扩大用户规模的具体策略有以下几种。

(1) 价格策略。以低价方式进入市场,扩大销售以建立庞大的用户规模。如微软的 MS-DOS 找到了当时最大的用户 IBM 之后,又以低价卖给其他硬件商,从而使之成为 PC 产业的标准。

(2) 在硬件/软件网络中构造用户规模的重要条件是这个网络技术产品的倡导者要具备一定的硬件生产能力。如在彩电系统标准的竞争中,CBS 公司之所以失败,原因之一就是没有彩电生产能力,CBS 的彩色电视节目黑白电视机无法接收,因此无法构筑用户规模。而 RCA 公司在当时是全美最大的电视生产厂商,其所制造的彩色电视信号可以在黑白电视机上接受,从而有利于构造用户规模。

(3) 以出租硬件的方式吸引消费者加入这个网络,以扩大用户规模。因为消费者在加入一个网络时,其对这个网络的未来命运,及可能获得的网络收益都是不确定的。如果转换成本很高,购买硬件后可能还发生一定的套牢成本,那么出租的方式既可以减少消费者的沉淀成本,又能够促使消费者加入技术产品的网络。

(4) 向用户承诺未来会有大量的价格便宜、种类繁多、性能优良的辅助产品可供选购。用户在购买一种网络的硬件产品时会对辅助软件产品的未来供给形成一定的预期,如果厂商能够采取有效的方法使消费者相信未来将有大量的辅助软件产品可供选购,那么消费者就能放心地购买这种硬件产品。作出这种承诺的方法有多种,如直接投资于具有沉淀成本性质的软件开发。由于投资本身具有沉淀成本的性质,因此在战略上具有承诺价值。另外,可以采用开发性标准鼓励其他软件开发商为这种硬件产品开发相应的辅助软件产品,以使软件产品的供给处于高度竞争的状态,使用户在未来可以获得价廉物美的软件。

3. 积极推动互补产品的发展

一个硬件厂商总希望互补产品供应商能慷慨地为自己的产品供应配套互补产品,而不为竞争对手供应互补产品,当然厂商自己也可以供应配套互补产品。但是,在互补产品种类众多的情况下,供应众多的互补产品,投资成本会非常高昂,单个厂商往往无力承担。吸引互补产品供应商供应互补产品的一种方法是,影响这些互补产品供应商对供应对象的选择。在网络外溢性明显的市场上,互补产品供应商总希望能给网络规模大的硬件产品供应互补产品,因此它们的供应决策取决于对不同硬件产品网络规模的预期。不同网络产品的生产商就应该想办法影响互补产品供应商对网络规模的预期,如对外公布自己的销售量和现有的互补产品供应商的规模。庞大的网络产品用户规模自然能吸引大量的互补产品供应商为自己供应互补产品。如微软的 Windows 操作系统占据了 90% 以上的世界市场,如此巨大的网络规模吸引了大量的应用软件开发商为它开发应用软件,目前为 Windows 开发的应用软件高达 7 万多种。而 IBM 的 OS/2 操作系统在最好时期也只占到 10% 左右的市场份额,与 Windows 的网络规模无法相比,应用软件开发商就没有动力为它开发辅助的应用软件,从而在网络效应的正反馈作用下网络规模进一步缩小。因此,IBM 不可能成为 PC 操作系统的市场标准,而 Windows 却成了事实上的市场标准。

4. 影响消费者预期

消费者可能会对某种技术或产品未来的网络规模、互补产品供应、更新等问题进行预测，只有在预期比较理想时，他们才会决定购买这种技术或产品。因此，要想使自己的技术在市场上取得主导地位，成为行业标准，就应该尽力影响消费者对自己或竞争对手的技术的预期。

在新产品投产之前，提前向消费者发布有关新产品的信息是影响消费者预期的惯用手法。提前宣布将要推出的产品可以减缓竞争对手用户规模的成长。如在1990年4月DR-DOS刚刚面市之时，微软就宣布要将MS-DOS升级到5.0版。尽管微软直到1991年才推出这一产品，但先前的声明可能已经降低了硬件商和其他消费者购买DR-DOS的积极性（行业批评家通常把这种为先发制人、阻止别人竞争而早早宣布将要推出的产品称为"朦胧件"）。提前宣布新产品也是其他厂商如IBM、Intel等公司影响消费者预期的重要手段。

影响消费者预期的最直接方式是结成技术标准战略联盟，并且对外宣布有关技术现在受欢迎的程度和未来的前景。加入战略联盟的成员越多，则消费者预期就越有利于这种技术。行业中的重要厂商加入战略联盟更具重要的意义，如计算机行业的IBM、微软，通信行业中的AT&T、诺基亚、爱立信等，因为消费者对这些重要厂商表现出很强的忠诚度，这些厂商在市场上的声誉足以向消费者表明有关技术对他们的重要性。

5. 鼓励其他厂商采用自己的标准

一种技术产品的生产商以优惠的条件吸引另一种技术产品的生产商采用自己的标准，很可能获得双赢的效果。当然在专利法和知识产权法的保护下，如果没有相当优惠的条件，一个拥有一种技术产品的厂商不可能接受另一个厂商的技术标准。低廉的专利许可费用就是有助于厂商之间合作的条件之一。

其他的优惠条件，如承诺共同开发技术，是使竞争者妥协的又一策略。随着技术进步，标准会不断改变，竞争者也希望在下一代技术标准竞争中有一席之地，因此共同研究开发可保证加入同一技术标准的厂商共同进步。在录像技术上，很多厂商选择JVC的VHS制式，而不选择Sony的Beta制式，主要原因就是索尼自认为这种技术性能优良，想进一步垄断下一代产品的开发，并凭借自己在消费电子领域的主导地位，最终垄断录像机市场，因此，它认为没有必要像JVC公司一样鼓励其他厂商使用VHS技术。而在没有其他厂商采用这种技术的条件下，Sony没法扩大Beta技术的用户规模；由于众多厂商均采用JVC的VHS技术，其用户规模迅速扩大，在网络效应所产生的正反馈作用下，JVC的VHS技术就很快地成了行业标准。

6. 争取政府支持

虽然在市场经济中政府的职能只是维护市场公平竞争的环境，政府作为国家的行政机关，一般不会介入市场活动，但是网络外溢性所产生的市场结果可能并不是社会最优的，市场竞争的结果可能会使市场锁定在一种比较低劣的技术标准上。此时，政府就有必要进行干预。事实表明，政府在决定技术标准方面有积极作用，企业则要积极争取政府的支持。

第四节 专利战略

一、企业专利战略概论

（一）企业专利战略定义

企业专利战略是指企业合法利用专利制度提供的条件和赋予的权利与责任，为取得市场竞争优势而进行的专利工作的总体性谋划。

这一定义界定了专利战略的行为规范、目的、对象和性质。

第一，企业专利战略要在专利制度的规范下进行，企业一方面可以利用专利制度规定的信息公开等便利条件和专利法赋予的法律保护权利，保障自身利益，扩大优势；另一方面又要承担法律规定的义务和责任，如合理使用他人专利、不侵犯他人权益等。

第二，企业制定和实施专利战略的目的是为了取得市场竞争优势。诚然，专利是保护发明创造的国际通用手段，在多数情况下，专利战略的直接对象是技术，但是，获得一项专利，便得到一方市场；企业通过专利竞争实现市场垄断和反垄断的目的。因此，根本的和最终目的仍然是经济利益，而实现经济利益的方式则是利用专利武器。

第三，概括地说，专利战略的对象是专利工作，具体说来，包括：专利信息、专利技术的开发、申请、引进、实施、运用、许可等一系列专利管管理工作。

第四，专利战略的性质是专利工作的总体性谋划，而不是局部的、具体的工作；也不是仅涉及近期的工作，而是包括近期和中长期工作在内的策划。

（二）企业专利战略结构要素

企业专利战略由战略主体、客体、目标、方案等要素构成。

1. 主体

专利战略的主体是战略制定和实施者。从广义上说，专利战略的主体可以是国家、行业、地区和企业。企业专利战略的主体是企业，不过，它与国家、行业、地区专利战略有紧密联系。

2. 客体

专利战略的客体是战略实施的对象。企业专利战略的对象是包括专利技术及专利管理在内的系统的专利工作。

3. 目标

专利战略的目标是打开市场、占领市场和取得市场竞争的优势。对具体的企业来说，专利战略则要明确目标市场是什么，以此为线索规划专利工作。

4. 方案

企业专利战略方案包含的内容主要有：

- 专利的申请策略；
- 专利技术引进与转化策略；
- 专利技术的实施与运用策略。

(三) 企业专利战略的作用

1. 了解技术发展动态和竞争态势

专利文献所公布的专利技术内容和权利要求披露了大量国际技术发展动态及竞争的领域,有利于了解技术动态和市场动态。

2. 指导专利工作

专利战略可以对专利技术的开发、引进及专利的申请、实施、许可等起指导作用,有利于企业专利工作与整体战略整合、协调,避免专利工作的盲目性。

3. 为竞争提供强有力的手段

专利战略作为企业整体战略的一个组成部分,可以利用专利独特的法律武器和有利条件为竞争提供特有的手段,从而使企业整体战略得以有效实施。

二、专利的申请策略

(一) 申请决策

专利的申请决策指的是对申请或不申请专利作出决策。

1. 申请

根据目的不同,有不同的相应申请策略:

- 以自用为目的的申请。申请专利是为了自行实施,在实施中取得垄断地位,多数专利申请属于此列。
- 以转让技术为目的的申请。申请专利的目的不在于自行实施,而是为了通过专利保护手段保障技术转让时的权益。许多研究机构常采取这种做法。
- 以削弱竞争对手优势为目的的申请。申请专利主要不是为了自用,甚至自己并不打算实施,但若竞争对手申请了专利则会使其处于竞争的有利地位,此时申请专利就会抑制和削弱对手的优势。
- 以干扰竞争对手视线为目的的申请。有时,为了不让竞争对手窥探本企业的发展意图,故意在主攻方向之外申请专利,以造成错觉,掩护主攻方向免遭对手袭击。

2. 不申请

当企业出于以下考虑时,可以不申请专利:

- 避免公开暴露战略意图。如果申请了一项专利,就意味着向全世界公布了该项技术信息。有时这样做会使企业战略意图过分暴露,为此,可不申请专利,而将开发的技术以专有技术的方式加以保密。
- 延长技术保密的时间。专利保护的时间是有限的,如果不申请专利,他人又难以破译其技术秘密,可不申请专利,以便该项技术可以长期保护而不受专利保护期的限制。
- 公开技术,使竞争对手专利无效。如果企业并不打算实施某项技术,若申请专利又会耗费一定财力;而当竞争对手申请了该项专利后则会使其处于竞争的有利地位,此时,可公开这项技术,使对手拟申请的专利技术失去申请保护的可能。

（二）申请内容

专利申请内容策略是关于专利申请的技术内容选择的策略。

1. 全部申请与部分申请

有时为防止他人利用专利说明书公开的技术内容进行仿冒，仅对技术的基本轮廓申请权利保护，而将技术核心内容或影响产品质量的关键技术作为技术秘密保留起来不予申请。

2. 系列申请与单项申请

一项技术往往需要相关技术配套才能有效发挥作用。在申请专利时，要就单项技术申请专利还是包含配套技术的系列技术全部申请专利作出选择。

选择时，考虑的因素主要有：(a)易于保密的程度，易于保密的技术，可不申请专利；(b)重要程度，对竞争作用较为次要的技术可不申请专利。(c)基本技术申请和外围技术申请，某一技术领域的基本技术或核心技术对企业该领域的发展和竞争地位起决定性作用，就该项技术取得专利权（一般属基本专利权），就等于占领了市场的制高点，掌握了主导权。因此，一般说来，对这类技术应当申请专利保护。外围技术是对基本技术的局部改进或为实施基本技术所需要的配套技术（往往是工艺技术）。外围技术可申请外围专利。取得外围专利权有利于与基本专利形成交叉许可的格局，使不掌握基本专利的企业也能取得部分主动权，因此，申请与不申请外围专利、申请哪些外围专利也是一项重要的决策。若企业既掌握基本技术，又掌握外围技术，则要对全部申请与部分申请作出选择。(d)在用技术申请与储备技术申请，企业常常不仅要对在用技术，即近期内将实施的技术申请专利，而且要对近期不拟采用、甚至将来是否采用也不明朗的技术，即储备性技术申请专利，以备将来拓展技术和市场领域、产品更新换代之用。企业需要对在用技术、储备技术是否申请专利以及申请什么内容作出决策。

（三）申请时间

在专利的申请时间上，有及时申请、提前申请和延迟申请几种策略。

1. 及时申请

及时申请策略是在技术开发完成后即行申请专利的策略。及时申请是最常用的策略。

2. 提前申请

按照专利法的规定，只要具有专利"三性"就可以申请专利，并不要求所申请的技术完全成熟。这就存在一种可能：在技术并未开发完成但基本轮廓已具备时即申请专利。这样做可以起到抢先占领阵地的作用。在技术竞争激烈、时间至关重要的时候，应尽可能早地申请专利。

3. 延迟申请

延迟申请策略是在某项技术开发完成后并不及时申请而推迟到某一时间再行申请的策略。由于专利保护期有限，过早申请专利会使实际实施保护期缩短。因此，在可能的情况下，应尽可能推迟申请。在以下情况下可考虑延迟申请：

- 市场前景不明朗，且无他人申请；

- 所申请保护的技术不成熟或配套技术不具备;
- 技术本身局限,保护范围较窄,待更进一步开发后可扩大保护范围;
- 过早保护会妨碍技术交流,不利于进一步开发。

(四)申请地域

专利申请的地域策略是对专利申请的国别选择的策略。

1. 本国申请

拟申请保护的技术应当首先在本国申请专利,从而取得本国市场竞争优势,并为同时获得外国专利或再申请外国专利提供条件。

2. 外国申请

在国外申请专利的关键在国别选择。国别选择的基本出发点是目标市场。若某项专利所保护的产品拟打入某国市场,那么就应在该国申请专利;若不打算进入某些国家市场,就没有必要在那些国家申请专利,以节约专利申请和维持费用。

(五)专利网规划

专利网是指企业在某一领域或若干领域所形成的在一国或多国的专利保护系统。专利网规划就是要对保护网的构筑进行全面的策划。

1. 领域保护网

领域保护网可在深度和广度两方面构筑。在深度上,若能在某一领域从基本专利到围绕基本专利的外围专利形成保护网,就可以为企业在该领域的垄断地位构成坚实的壁垒;在广度上,若能围绕基本专利的可能应用广泛地获得专利保护,则可以扩展保护范围,使保护网有更大的覆盖面。企业在进行领域保护网规划时,应分析和预测专利技术的可能应用范围,结合本企业的技术能力,有重点、有目的地进行专利技术开发和申请。

2. 区域保护网

区域保护网是专利保护在地理区域上的延伸系统。区域保护网应能覆盖以专利技术为条件的产品所到达和可能到达的国家。就是说,专利保护的区域应当和市场延伸的区域一致。企业在进行区域保护网规划时,应同时对拟开拓的市场进行预测和规划,做到"产品未到,专利先行",为产品的市场进入开辟道路,提供保障。

三、专利技术的引进与转让策略

(一)专利技术的引进

1. 专利技术引进的决策

拓展阅读

在专利技术的引进之前,要对是否引进、引进什么进行选择和决策。要从技术必要性、可行性和经济合理性等方面进行分析,对是引进某项专利技术还是绕开专利自行开发技术作出选择,在有多种专利技术可供选择时,要进行比较,以求以较小的代价获得较好的技术和经济效果。

2. 专利技术引进的策略

专利技术引进中要特别注意对专利技术的法律状态进行审查,避免上当和损失。

对以下几种情况应进行重点审查。
- 是否申请和授权。对技术出让方拟出让的自称专利技术要进行专利检索,审查其是否已申请专利,是否已授权,是否在我国申请,在哪些国家申请和获得授权。
- 是否过期、失效。对已申请和授权的专利,要审查其是否过期,是否维护。对已过期和因未维护等原因而失效的专利,则不应支付使用费。
- 专利权是否属于技术转让方。一般情况下,技术转让者就是专利权人,但是,也存在这种情况:技术转让者所转让技术的专利权不属于他,或者被转让的技术是多项技术的组合("打包"的技术),其中有些技术专利权不属于转让者,这后一种情况更有可能出现。因此,要弄清专利技术的来源,避免"付了转让费而又侵犯了专利权人权益"的情况发生。我国在技术引进中已多次发生这种情况,应引起警惕。

(二) 专利技术的转让

1. 专利技术的转让决策

企业要对是否出让专利技术、何时出让、出让给谁及许可范围作出决策。在作决策时,要重点考虑以下因素。
- 出让专利是否构成对自己的竞争威胁:若受让方在获得专利技术使用权后,市场将广泛扩展,会威胁本企业的地位和优势,则不能轻易出让。
- 出让的技术是否是已实施和待实施的专利技术:如果企业未实施,将来也不打算实施,转让后,也不会给受让者造成巨大优势,以致威胁本企业竞争地位,则可以转让。
- 专利的有效期:对于即将到期或剩余有效期限不长的专利技术,可实施转让,以收回部分开发费用。
- 出让的收入:对于本企业已实施的专利和不实施的专利要分别对转让的经济性进行分析,尽可能部分或全部收回专利技术的开发成本。

2. 专利技术的收买与转让策略

专利技术的转让和收买可根据不同的目的采取不同的相应策略。
- 为获得直接收入而转让专利:在多数情况下,专利技术转让是为了获得转让收入。此时,转让收费总额、付费方式等就成为主要考虑因素,要寻找愿付转让费最高、付款条件最优厚的受让对象。
- 为技术交换而转让专利:在有些情况下,企业出让专利技术的主要目的不是为了直接收入,而是为了与其他企业交换技术。当甲企业实施专利技术需要使用乙企业专利技术、而乙企业实施其专利技术又需要使用甲企业专利技术时,甲、乙企业可采用"交叉许可"方式,进行技术交换,其中一方只要向另一方支付使用费差额即可。
- 为获得垄断权而收买专利:将相关的专利全部买下来以达到独占市场或重新转让而获利的目的。在一定意义上,这是一种专利经营策略,经营者以较低的价格收购零散发明者的专利,然后进行组合(打包)或等待恰当的时机以高价售出,或者起诉侵权企业,获取高额赔偿。
- 为变被动为主动而回输专利:企业引进他人专利后,在消化的基础上加以改进、创新,将创新后的技术申请专利再卖给或转让给原专利输出企业。这种策略可使企业从技术和市场上的被动地位转变为主动地位。

四、专利技术的实施与利用策略

(一)专利技术的实施策略

1. 独立实施策略

这是一种企业独立实施自己的专利而不转让或不许可他人实施的策略。这样做有利于企业独占该技术领域和独占市场。对那些市场前景好的优秀专利技术可采用这种策略;在专利技术与专有技术配合良好、有利于保护成套技术形成独占垄断地位的情况下也可采用这种策略。

2. 合作实施策略

这是两个或数个企业或研究机构以合作、合资的方式实施专利的策略。采取这种策略可实现优势互补,缩短实施周期,形成规模优势。一些拥有专利技术的大专院校、科研机构因缺乏资金和经营能力而难以自己实施专利,而企业,尤其是中小企业又缺乏技术,但能提供资金、设备、场地,二者结合实施专利,可起到取长补短、相得益彰的效果。

(二)专利技术的利用策略

1. 避免侵权策略

若企业在某一领域内经营而又不愿付或付不起专利使用费,则可在一定范围内巧妙地采用专利技术而避免侵权。

- 采用无效或失效专利技术。若查实某专利技术在我国未申请或未获授权,则可在我国境内无偿使用。但产品若出口,则须查明该项专利在目标市场所在国是否获得授权。
- 若某项专利已到期或专利权已终止(如未维护),则可无偿使用。
- 等专利权失效后再利用。当专利使用费高昂时,特别是对有价值的基本专利,如果专利权快到期或即将终止,企业可先做好实施准备,待该专利失效后立即实施。
- 取消专利权策略。寻找专利漏洞、缺陷或不符合专利授权条件的证据,运用专利法规定的撤销或无效宣告程序,完全取消或部分取消专利权。为避免企业被指控专利侵权时常采用这种策略。
- 回避绕道策略。如果某项技术的他人专利权已不可动摇,则可避开专利保护的技术内容,寻找或开发与该专利不抵触的替代技术,绕过所保护的专利,以达到既保证本企业发展的技术需要,又避免专利侵权的目的。

2. 专利许可策略

当无法绕过他人专利,且其专利权不可动摇时,则应取得合法使用权后才能使用相应的专利技术,一般是通过谈判、进行合理付费后方可获得使用权。企业为了避免过多付费,必须对拟转让的专利技术进行详细了解,对实施的范围、期限进行合理规划。在可能的条件下,开发与被转让的专利技术相配套的技术并申请专利,造成交叉许可局面,以减少专利使用的付费。

五、专利池

专利池(patent pool)是两个或两个以上的专利权人达成协议,相互间交叉许可或向第三方许可其专利的联营性组织。在电子信息、生物技术、制药业等重要技术领域,出现了多个专利重叠交织形成的专利群,这类似生长茂盛、相互纠缠的灌木丛,因此被称为专利丛林(patent thickets)。专利池有利于消除障碍专利,促进技术发展,节省交易成本,减少专利纠纷和专利诉讼等。专利池是市场参与者穿越"专利丛林"的有效方式。当技术标准被视为互补性专利组合时,专利池可以有效减少交易费用,促进竞争。专利池创立前技术创新速度明显加快,专利池中专利的质量高于普通专利。当专利池中只包括障碍专利和互补专利时,专利权人和消费者都会从中获益。技术标准涉及的专利权人倾向于结成战略联盟,使这些企业之间的技术具有强相关性。[1]

一项标准或技术会涉及许多专利,但最终进入专利池的只能是其中的必要专利。在构建专利池之前一般都要进行专利评估,以确定哪些专利是可以放入专利池中的必要专利。为了保证评估结果的公正性和合理性,评估工作一般交由独立的第三方执行。例如,MPEG-2 的必要专利由专利池成员协议成立的独立的专利管理机构 MPEG-LA 负责组织专家评估。WCDMA 联盟必要专利的评估工作交由一个独立的第三方机构——国际专利评价协会(IPEC)执行。

专利池的对外专利许可一般遵守"FRAND(fair, reasonable and non-discriminatory)原则",即"公平、合理、非歧视原则"。公平原则要求专利池不得无故拒绝许可以限制新的厂商进入;合理原则要求许可条款特别是专利许可费率应当合理;非歧视原则要求专利池对任一被许可厂商应当一视同仁。专利池对外许可一般执行统一的收费标准,这也是非歧视原则的体现。为了确定合理的专利收费标准和专利池成员间的分配比例,专利池需要确定一套专利许可费收取和分配的计算方法。专利许可费率通常不超过专利产品售价的 5%。专利池成员间一般按照在专利池的专利数量比例分配。专利池对外许可,由一个专门的知识产权管理机构负责。管理机构不仅全权代表专利池统一对外许可,还负责处理有关专利纠纷谈判和诉讼事务。管理机构的设立一般采用两种方式:一种是由专利池另行成立专门负责知识产权管理的独立实体,专利池成员首先与该独立实体签署专利授权协议,再由该独立实体统一负责知识产权许可事务,例如,MPEG-2 专利池设立的 MPEG-LA,采用有限责任公司形式。另一种是不另设独立机构,而是由专利池委托其部分成员代表专利池负责知识产权管理,DVD 3C 就采用这种方式,该专利池委托其成员之一的飞利浦公司统一负责知识产权许可事务。

把进入专利池作为重要目标的企业,一方面需要在相关技术的前沿投入研究,另一

---

[1] 张米尔,朱媛.面向专利池的技术内聚性测度及应用研究[J].科研管理,2012,33(8):57-63.

方面要积极参与标准化组织或技术联盟。前沿研究可以较早地确认可行的技术方案，不仅获得专利，而且让专利技术的有效性获得实验验证。企业在进行技术研究的同时，也要关注该技术领域的发展，从专利技术系统的角度来进行分析，关注专利池形成的可能性以及自身和相关企业在专利池中的位置。

思 考 题

即测即练

1. 简论技术极限预测的意义，谈谈你对技术极限预测方法的见解。
2. 举例说明相关预测法应用。
3. 举例说明产品技术路径图的应用。
4. 简论从战略层次进行技术选择的必要性。
5. 如何在技术标准中通过专利获利？
6. 企业专利战略的结构要素是什么？
7. 简论专利技术申请策略。
8. 为避免损失，引进专利技术时，应注意什么？在利用专利技术时如何避免侵权？
9. 举例说明专利池的应用。

第五章 企业技术创新的市场战略

第一节 市场定位与市场策略

一、市场定位

（一）市场定位的基本要素

1. 市场供需结构

市场供需结构反映生产厂家对一类产品的供给量与消费者对该类产品的需求量之间的关系。当供过于求时，形成的是买方市场；当供不应求时，形成的是卖方市场。

拓展阅读

就市场供需结构而言，企业在进行市场定位时要注意以下四个方面的因素。

① 产品的市场位势，包括以下两层含义：其一，在某类产品处于卖方（买方）市场的条件下，企业选择的技术生产的产品是否仍处于卖方（买方）市场环境中；其二，潜在市场容量大小。

② 用户需求特性：用户对产品的功能特性、价格、服务的要求。

③ 企业经营能力：针对所选择技术的消化和创新能力、生产能力、投资能力、销售能力。

④ 竞争者态势：竞争者现有产品的特性、水平，竞争者的经营能力，竞争者对本企业推出新产品的可能反应。

2. 市场竞争结构

市场竞争结构包括充分竞争市场、垄断竞争市场、寡头垄断市场和完全垄断市场四类。

就市场竞争结构而言，在进行市场定位时要考虑以下三方面的因素：

① 产品差别程度；

② 市场集中度；

③ 新企业进入壁垒。

3. 产品属性

按产品的用途属性，可将市场划分为消费品市场和生产品市场两类，其中，生产品市场又可分为中间品和投资品两种。

对消费品来说，用户除考虑产品功能和内在质量外，对外观、销售服务特别关注，偏好对购买行为影响很大。

对生产品来说，用户对产品的功能更为敏感，对产品的规格、型号常有严格的要求。

就产品属性而言,企业在进行市场定位时要考虑以下因素:
① 企业对哪类用户和市场的了解更有优势;
② 企业原有的技术开发、生产、营销基础;
③ 企业开发新产品、新市场的能力。

(二) 市场定位及技术选择

1. 市场定位的选择

在存在已有市场和新市场机会的情况下,企业的市场定位的基本选择有:①面向原市场;②放弃原市场,进入新市场;③保留原市场,同时进入新市场,即同时面向原市场和新市场。

进行市场定位时,首先要就上述三个基本要素(市场供需结构、市场竞争结构和产品属性)进行分析,分析各种定位的可能性及利弊。然后要综合考虑企业各方面条件和对外部环境进行系统分析。市场定位是企业战略决策的重要组成部分,要在总体战略指导下进行通盘考虑。

2. 面向原市场的技术选择

面向原市场是指企业面对已进入的市场。面向原市场时,企业面临的环境是:对用户比较熟悉,对市场需求动向、用户消费偏好有较好的把握,已建立销售渠道,企业在用户中已建立一定信誉,对竞争对手基本情况已经掌握。

在原市场中,企业选择和采用新技术的目的是:巩固已取得的市场地位,抵御已进入同一市场的企业对自己市场的争夺和侵蚀;防范和反击潜在的新进入者的挑战;扩大市场领域,夺取他人市场。竞争的可能策略是价格差别化和产品差别化。

面向原市场的企业技术选择方向是:服务于低价策略的工艺技术改进与创新,以降低成本;服务于产品差别化的老产品改进、质量稳定与提高和新产品开发的产品技术和工艺技术的改进与创新。

企业选择技术时需重点考虑以下因素:用户需求动向(需求满足程度、需求变动情况与趋势等),已有和潜在竞争对手的动向,技术发展动向,本企业的能力,采用新技术可能的正负面影响(对产品性能、质量的影响,对成本增加或节约的影响等)。

3. 面向新市场的技术选择

面向新市场是指企业面对的是尚未进入的新市场。这一新市场可能是已存在的市场,也可能是正在或将要开拓的全新市场。

面向新市场时企业面临的环境是:对用户缺乏足够的了解,对市场需求动向、用户消费偏好尚未掌握,销售渠道尚未建立,企业在用户中尚未建立起信誉,与竞争对手尚未交锋,对其情况尚未充分掌握。因此,面向新市场有较大的不确定性。

面向新市场的企业选择和采用新技术的目标是:夺取他人已开辟和占领的市场,开辟潜在的细分市场,应付已占领市场竞争者的反击,防范潜在新进入者的竞争。进入新市场的基本策略有:价格差别化、产品差别化和服务差别化。

面向新市场的技术选择方向是:服务于价格差别化的降低成本的工艺技术,服务产品差别化的产品改进和创新技术,服务于技术支撑体系的配套技术、供给系统、销售网络、销售服务体系的技术改进。

企业选择技术时需考虑的因素主要有：技术机会（如新发明或新开发技术的应用），市场机会（如出现市场扩张势头，新需求产生），获取有竞争力的技术的成本，用户需求特性，企业开发、生产新产品的能力，与技术相关的配套资源水平，竞争者的实力与动向等。

（三）技术—市场矩阵中的市场定位

市场定位要考虑的要素有市场供需结构、市场竞争结构和产品属性等，这些在前面已作阐述，在这里来讨论同时考虑技术和市场两个维度情况下的市场定位问题。图5-1所示的技术—市场矩阵是市场定位选择的框架。根据该框架，企业可选择以下四种市场定位。

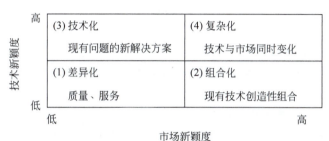

图 5-1 技术—市场矩阵

1. 差异化

技术与市场均已成熟，以渐进性创新创造细分市场，在价格和售后服务等方面创造差异。常规经营情况下采用此策略。例如空调、冰箱等成熟产品市场。

2. 组合化

现有技术新组合，创造新需求，挖掘潜在的新市场。企业在发现新的市场机会时，可采用此策略。例如苹果公司的 iPod，把已有的 MP3 技术和音乐网络销售技术等结合起来，创造了新的音乐消费需求，开拓了新市场。

3. 技术化

开发新技术满足成熟的市场需求，竞争的焦点是产品性能。企业在采取市场进攻战略时可采用此策略。例如 VCD 产品的出现，就是用新技术，替代了录像机技术，满足已有市场需求。

4. 复杂化

技术和市场均处于不确定性之中，存在新技术、新市场机会。这是企业战略转移的机会，也是受到重大挑战的时候，必须作出战略性选择。

二、市场策略

（一）市场地位策略：新进入企业和在位企业的策略

1. 新进入企业——市场进攻策略

（1）从低端市场发动进攻

从低端市场发动进攻是新进入企业常常奏效的策略。例如：美国小钢铁厂在20

世纪60年代中期具备技术上的可行性。由于电弧炉熔入了不稳定和可变的化学残渣，因此起初小钢铁厂生产的钢质量很差，只能用于混凝土加固的螺纹钢筋市场。钢筋的规格要求很低，这是一个理想的低端市场。由于具有20%的成本优势，小钢铁厂对与一体化联合钢铁厂争夺钢筋市场中获得的可观利润感到非常满意，而大联合钢铁厂因为在类似钢筋这些细分市场却获利甚微，甚至亏损，而逐渐放弃了与小钢铁厂的竞争。直到1979年，小钢铁厂最终成功地将一体化联合钢铁厂逐出钢筋市场。占领这个市场之后，小钢铁厂的技术水平得到提高，产品质量得到改进，逐步挺进质量更高的钢铁市场，例如角铁、厚钢条和钢丝。1984年，小钢铁厂就成功占领了这块市场①。

(2) 寻找新市场

新进入企业的另一个有效策略是寻找新市场。例如：佳能台式复印机是从寻找新市场进入的，因为这些用户以前并没有使用过或拥有过前一代产品的服务。佳能复印机让人们很方便地在办公室复印资料，而不是将原件拿到高速复印中心，由技术人员完成这个工作。当佳能公司使复印机变得如此方便时，人们复印资料就更多了，对复印机的需求量也随之加大。

2. 在位企业——市场防御策略

(1) 反击/收缩

当新进入企业对在位企业已无利可图的低端市场发起进攻时，在位企业有两种选择：一是反击新进入企业，通常采用创新途径或价格策略；二是向高端市场收缩。在一定条件下，后者也是一种可行的选择。例如：当美国小钢铁厂逐步从低端展开市场进攻时，美国大钢铁企业的策略就是逐步向高利润率的高端市场收缩，譬如，先是保住角铁、钢条和钢丝市场，然后是钢板市场，之后是特种钢市场。

(2) 新老市场并举

当现有市场放弃而新市场又有吸引力时，可采取新老市场并举的策略。例如：Motorola在CPU芯片技术领域，既保留CISC(复杂指令集)这一已有技术和市场，同时也进军RISC(精简指令集)这一新技术和市场，新老并举，并行发展。

(3) 转向新技术新市场

如果判断新技术、新市场具有战略意义，可能的策略是完成企业转型，转向新技术新市场。例如：浙江宁波杉杉股份有限公司，从服装企业发展成为新能源企业。1992年，杉杉股份以服装起家。1999年，杉杉进入锂离子电池负极材料产业。2015年布局电池储能集成能源系统服务等，全面进入新能源产业。

(二) 按市场竞争策略：最大化、细分化、成本最小化

1. 市场最大化策略

市场最大化策略追求最大的市场占有率，其在技术上的体现是，或以领先的技术抢先占领市场，巩固和扩大市场阵地，或以优势的(但不一定是领先的)技术辅以优势的配套资源开拓和扩大市场份额。

---

① Clayton M Christenson and Michael E Raynor. The Innovator's Solution: Creating and Sustaining Successful Growth[M]. Cambridge: Havard Business School Publishing Corporation, 2003.

2. 市场细分化策略

在主要市场已被占领的情况下,新进入企业往往采取这种策略,这种策略强调应用基本技术服务于特别的小块需求。因此这种策略常表现一种"填空"策略,其在技术上的体现是在制造技术上有较高的柔性,有较强的工程设计能力。

由于市场需求的多元化,市场细分不仅是可能的,而且是必要的。我国企业首先面对的是国内市场,国内市场和国际市场尽管同处于一个大市场背景之下,但国内市场往往有特殊要求,而我国企业或研究机构一般说来更了解国内需求,并且常常已作过较长时间的研究,具备了满足需求的基础和能力,这就为市场细分提供了条件。

市场细分策略特别适合于外国公司已在国内市场占据优势、我国企业处于劣势地位的行业,如计算机、通信、电子等高新技术产业。例如,进入 20 世纪 80 年代以来,外国公司看准中国巨大的计算机及信息产业潜在市场,大举向中国市场进军,IBM 等国外微机充斥我国市场。面对这种形势,我国计算机及信息产业研究机构和企业抓住用户需要汉字系统特点,首先开发出联想汉卡、四通电子打字机,继而开发出众多计算机汉字系统,在激烈的市场竞争中,争得了一席之地。

3. 成本最小化策略

这种策略利用规模经济和制造技术的优势,大力降低成本以取得价格竞争优势,其技术上的体现是优化产品设计,在生产系统采用优势制造技术,实现专业化,并降低管理费用。我国拥有丰富的人力资源,原材料、能源成本也比国外低,当我国企业掌握了先进技术以后,产品往往具有成本优势,在与国外产品的竞争中,有可能利用价格武器一搏高低。采取这种策略的关键是技术水平和产品质量已达到或接近国外同类产品的水平;经过消化吸收和创新,实现了产品的国产化,在生产工艺技术方面已达到先进水平并能结合我国实际进行改进创新;产品生产规模已达到经济规模。例如,我国格兰仕公司在微波炉领域达到规模经济,占领全球大部分制造份额,在国内市场的品牌份额也取得成功。

第二节 需求满足与需求创造

企业技术创新的根本目的是满足和创造用户需求。从技术战略的角度,企业可以利用已有技术或开发新技术来满足和创造用户需求;也可以为开发出的技术寻求应用,通过技术成果转化来满足和创造用户需求。从市场战略的角度,企业要明确需求的层次与类型,从需求满足、需求创造两个层面来确定技术创新的市场战略的相关内容。

一、需求的层次与类型

(一) 需求

用户需求受两大因素影响,一是购买欲望,二是支付能力。购买欲望拉动用户需求,支付能力制约用户需求,二者的平衡形成用户的有效需求。用户购买欲望和支付能力都会随时间动态变化,因此,用户有效需求是变化的。企业技术创新一方面可以适应用户需求变化,另一方面可以主动引导用户需求变化。企业技术创新要把握用户需求的变化。企业可以从需求实质、需求形态和需求范围等方面来认识用户需求的变化。

1. 需求实质

用户真正的需求是什么？如何定义用户需要解决的问题？这是企业首先要回答的问题。企业需要针对需求实质为用户提供确切的产品或服务。

在现实中，企业对用户需求往往受既有模式的示范、思维惯性的牵引或条件的约束做出判断，在此基础上为用户提供解决方案，而且常常被认为是理想方案，甚至也没人提出怀疑，但实际上未必是准确理解用户需求的方案。例如，用户要解决短距离通勤的问题，生产企业会把它定义成需要拥有一个合适的交通工具的问题。针对交通工具，企业提供自行车、电单车、平衡车、滑板等多种解决方案，用户根据自己的偏好进行选择，购买并拥有一种或多种交通工具。这似乎是天经地义的。终于有人发现，用户不是要解决拥有交通工具的问题，而是需要解决交通问题，如果方便租用交通工具，就不用通过购买拥有交通工具来解决。共享单车、共享电单车服务就是针对这个需求实质，解决了短距离通勤的问题。

2. 需求形态

用户需求的形态变化有两类，一类是从同一性到分散性和多样性，另一类是从大规模到碎片化。

用户需求从同一性、大规模到分散性和多样性的变化，是在需求实质不变的情况下，让用户更便利地解决问题。例如，用户要解决休闲娱乐，观看视频文艺作品问题。解决方案一开始具有同一性，就是看电视。现在，用户可以通过电视、电脑、iPAD、手机、智慧屏等来观看视频。视频收看这个需求的形态从同一性变化为分散性和多样性。同一个用户可以通过多种形态来观看视频文艺作品，观看的时间和空间都变得分散，不再是按照电视台的时间统一在电视机屏幕前收看。

用户需求从大规模到碎片化有两层含义，一是用户个人的需求从追求少量甚至单一标准产品的量到多样化品质的产品，例如每个用户需要更多样式的服装鞋帽等等；二是不同用户的需求由少品类、大规模转变为多品类、小规模，例如用户对汽车的需求多样化，企业需要提供多品类、多型号的汽车产品。用户需求从大规模到碎片化具有普遍性，碎片化的极致就是个性化，每个产品、每单服务满足的需求都有差异。

3. 需求范围

需求范围指用户需求的宽度，或者说广泛性，用户通过同样、同类或相似的解决方案来解决多种多样的问题。例如，用户对教育的需求可以解决学习深造、工作、发展、健康、修养、生活丰富完善等多方面的问题。因此，教育产品和服务可以针对需求范围进行多方面的拓展，例如英语教育机构可以从助力用户英语学习开始，拓展到职业英语、生活英语、英语交友、英语系列讲座、英语剧集等多个领域。当然也会出现针对需求范围内某个特定点的多个英语教育机构。需求范围一般会随着用户群体支付能力的提高而不断扩展，企业可以根据居民可支配收入的增加来满足需求范围的扩展。

（二）需求的层次

用户需求有些显而易见，有些难以捉摸，甚至用户自己也不知道自己的需求。根据用户需求的可见程度，可以把用户需求分为表层、浅层、中层、深层这四个层次。

第五章 企业技术创新的市场战略

表层需求是直接可见的,用户需要解决的问题非常明确。用户自己能表述问题的存在,一些问题是自己一直想解决的,另一些问题在经过交流之后可以确认需要解决的。从企业的角度来看,用户的表层需求可以分为两类,一类是需求明确、市场调查可得,企业现有能力能满足的,例如饮料口味的改进;另一类是需求明确但暂无力满足,例如一些困扰人类健康的致命疾病的治疗。

浅层需求直接不可见,但可透视。用户能够感知到问题的存在,但是可能无法明确表述,或者不能明确知道解决方案的方向,但是用户的问题可以通过深入调查、观察和洞察来明确,并提供创新的解决方案。例如,货车司机作为用户只知道经常遇到回程空载的问题,通常通过在物流园等待货物来解决回程空载,而这常常低效率、耗时长。运力调配平台企业通过跟随货车司机、蹲点物流园等方法透视到货车司机的需求。

中层需求直接不可见,但可探视。用户一般都有针对问题的解决方案,但解决方案本身带有一些缺陷,有些用户容忍这些缺陷的存在,有些用户甚至不能感知到缺陷。企业可以通过共情、观察特殊用户等探视需求,提供克服这些缺陷的创新解决方案。例如扫地机器人的推出,为家庭室内地面的清洁提供创新的问题解决方案,解决传统扫把簸箕组合工具的费力费时的缺陷。

深层需求直接不可见,但可想象。用户可能感知不到问题的存在,或者不认为这是需要解决的问题,不解决这些问题,用户的生活和工作看起来正常。创新者可以想象,给用户解决了这些问题之后,用户的生活和工作质量能上一个台阶,甚至发生质的飞跃,但在拥有这样的解决方案之前,用户自己都不知道,看不见这样的需求。例如对于智能手机的需求,直接不可见,是创新者为用户想象出来的需求。智能手机迅速普及之后,人们的生活和工作发生了巨大的改变。

(三)需求的类型

根据需求的必要程度,用户需求可以分为两类:刚性需求和美好需求。刚性需求是用户拥有生活和工作的必需品的欲望,需求弹性比较小,甚至为零,基本不会随支付能力的下降而减少。例如用户需要食盐,每天都需要补充普通食盐,这是生理需求决定的。美好需求是用户拥有提升生活和工作品质的非必需品的愿望,需求弹性比较大,随着支付能力的上升而增加。例如同样是食盐,喜马拉雅的玫瑰岩盐价格可以是普通食盐的100倍,这里面很大一部分是用户为自己对美好生活的理解买单,满足自己的美需。

刚需和美需是可以相互转化的。企业尤其要注意美需到刚需的转化,把美需转化成刚需,可以创造出一个大市场。用户一开始可能把对某个产品和服务的需求定义为美需,让自己的生活更美好。随着使用习惯的形成,美需就可能变成刚需。例如偶尔使用小包装香水的美需用户,可能成为香水的刚需用户,每天都要使用。轿车、智能手机等产品都经历过从美需变成刚需的过程。企业技术创新如果能将针对美需的创新转化成刚需,就会获得极大的成功。

二、需求满足与创新

企业可以针对需求满足来进行技术创新,找准需求满足的方向,确定需求满足的途径。

（一）需求满足的方向

企业技术创新满足需求的方向可以有：从有到优、由浅入深、由少到多和由同到异。

满足用户需求从有到优是企业技术创新的一个重要方向，沿着产品主要技术性能提升。例如个人电脑的性能升级，一方面沿着微处理器的速度提升方向不断优化，另一方面沿着显示屏的尺寸优化。

满足用户需求由浅入深，通过企业技术创新挖掘深层次的用户需求。以酸奶为例，浅层需求是营养，深层需求是健康，营养健康同时达到就可以满足深层次需求。有一种酸奶新品除了生牛乳、益生菌、益生元、膳食纤维外，无任何添加剂等其他成分，充分调节肠道菌群平衡，改善肠道微生态，能够以高存活率通过胃液、定殖肠道，改善肠道环境。

满足用户需求由少到多，通过企业技术创新扩大用户需求。以电子商务为例，用户通过手机可以触达更多的商品，更多潜在需求转化为有效需求，用户购买的频次、品种和数量都有可能增加。

满足用户需求由同到异，通过企业技术创新更准确地满足用户的个性化需求。以服装为例，除了饰物和花型等可以做到每个用户不一样之外，企业可以通过用户上传体型数据，为每个用户量身定制，满足用户的个性化需求，真正实现由同而异的用户需求。

（二）需求满足的途径

企业技术创新满足需求的途径可以有：需求捕捉、需求扩展和需求刺激。

企业可以进行需求捕捉，通过技术创新来满足用户已经明确表达出来的需求。需求捕捉的一个方法是信息捕捉，通过对用户需求信息的捕捉和理解来进行创新。除了问卷调查、用户访谈之外，用户真实需求信息的捕捉非常重要。例如干净、整洁满足预算有限的出差职员需求的中端连锁酒店，就是由进行酒店预订业务的企业发现的，有大量消费者希望在出差预算范围之内住上这样的酒店，于是该企业通过用户需求信息捕捉来推出了新型连锁酒店。需求捕捉的另一个方法是行为捕捉，通过用户行为来确定用户的真实需求，并依靠技术创新予以满足。例如有企业的用户服务部门发现，用户使用普通洗衣机来洗地瓜，造成洗衣机排水系统堵塞。该企业从这个用户行为中捕捉到洗菜的需求，并推出可以兼用于洗菜的洗衣机这个新产品来满足这类用户的需求。

需求扩展，就是企业针对用户已有需求基础上的延伸和扩展需求，提供新的解决方案。延伸需求是企业围绕已有需求实质核心的形式变化或补充扩展。例如在线翻译企业创新推出随身携带的翻译机，音乐销售渠道企业创新推出在线市场，喜爱某一风格的用户可以找到所有小众的长尾歌曲，笔记本电脑企业推出鼠标、音箱等周边新产品。需求范围扩展是企业拓宽解决方案的范围，通过技术创新给用户提供范围更广的产品和服务。例如，制造系统产品的企业，给用户提供终生维护的产品服务，成为制造服务企业。

需求刺激，是企业以用户关心的产品性能、时尚等要素的提升改进来刺激用户的购买欲望。产品性能刺激需求,就是通过技术创新按照一定的节奏进行明显的性能提升,让用户进行产品升级,例如个人电脑的性能不断提升,用户每隔一段时间就更新个人电脑。产品时尚刺激,就是通过赋予产品的时间特性、很强的群体认同特性的创新,来提升用户的购买欲望,例如每年的时装特点都不一样,有很多追逐时尚的用户,不是按照产品功能失效的标准来置换衣服,而是跟上时尚。有些产品创新兼具性能刺激和时尚刺激,例如消费电子产品,智能手机更是其中的典型代表。

三、需求创造与创新

技术创新是企业创造需求的重要战略。企业可以把握需求创造的方向,灵活运用需求创造的途径。

拓展阅读

(一)需求创造的方向

企业通过技术创新创造需求的方向可以有:从无到有和由此及彼。

从无到有是企业通过技术创新创造需求的基本方向。技术创新可以针对用户的老问题或新问题,提供全新的解决方案。从无到有会出乎用户意料之外,为用户带来惊喜,从而创造全新的市场。例如,电视机、收音机、汽车、复印机、个人电脑、MP3、智能手机等都是从无到有创造了需求。

由此及彼是企业通过技术创新创造需求的巧妙方向。技术创新可以借鉴其他领域的类似问题的解决方案,为其他领域的用户提供全新解决方案。例如,出租车的乘客-司机匹配平台,由针对乘客出行服务的市场推及针对货物移动服务的市场,创新推出货物-货车司机匹配平台。

(二)需求创造的途径

企业技术创新创造需求的途径可以有:需求培育、需求转化、需求迁移、需求引导和需求唤醒。

需求培育,是企业培育用户对新产品和新服务的使用习惯,让用户喜欢用新的解决方案来满足需求。需求培育包括偏好培育和忠诚培育两个方面。偏好培育就是让用户建立起对新解决方案的偏好,例如推出电动剃须刀创新的企业,让用户爱上方便实用的电动剃须刀,放弃已经习惯使用的手动剃须刀。忠诚培育不仅让用户喜欢上新产品和新服务,而且还让用户建立对自己企业的品牌忠诚,例如推出智能手机的创新企业,不仅让用户爱上智能手机,而且在后续手机的换代中,忠诚于自己的品牌。

需求转化,企业在技术创新中从相关主体、创新对象等多个方面发现转化,通过创新来创造需求。例如,家具制造商通过创新,把家具安装工作变得简单易行,让家具安装工作的主体由服务人员转化为用户自己,创造出一个全新的、有用户参与感的家具需求。航空零件制造商把工作对象由航空零件转化为高尔夫球头,推出高尔夫新产品。

需求迁移,企业把技术创新的应用场景向其他领域迁移,针对每一个不同的应用场景推出相应的新产品或新服务。例如,把用于电视台、电影等拍摄场景的摄像机迁移到家用摄像机领域,创造家庭对于摄像机的需求;把录放机由室内的播放场景迁移到个人随身携带和聆听音乐,创造了个人对于随身听的需求。

需求引导,企业让用户接受一些技术创新的发展趋势,让需求按照技术实现的预测方向发展。例如,工业 4.0 及其相关概念出来之后,很多企业引导用户对个性化产品的需求,例如服装、家电、定制衣柜等。

需求唤醒,企业让用户意识到潜在需求,迅速接受企业提供的、自己都没想到的解决方案。数码相机替代传统胶片相机,唤醒用户对于随时随地留影的需求。电子表的精确、方便和廉价唤醒人们对于电子产品的偏好。复印机的方便、高速和精准复制,用高效率唤醒需求。录音机对于语音的复制、播放,用效用唤醒需求。智能手机的海量APP,用功能唤醒需求。

第三节　追赶市场与领先市场

一、追赶市场

追赶市场与领先市场是相对而言的,领先市场率先在孕育期和成长期采用某项技术,追赶市场是在该技术成熟期甚至之后再采用的经济体的市场。追赶市场的特征有:与领先市场的人均收入有差距、用户需求存在时间落差、对技术的成熟度要求高。

跟领先市场相比,落后市场的人均收入有差距,这种差距会随着追赶市场的发展缩小,例如从领先市场的 1/10 到 1/2。人均收入的差距会直接影响用户的支付能力,从而影响到有效需求。在领先市场已经发展成熟的技术,产品成本一般会有大幅度下降,落后市场的一部分相对高收入的用户具备支付能力之后,该技术就会开始在落后市场重新展开一个采用周期。这个采用周期会发展比较快,因为有领先市场的示范效应,用户会迅速接受新技术。

跟领先市场相比,追赶市场的用户需求存在时间落差。这种需求落差除了上述的人均收入差距之外,还会有用户对新技术的接受程度、跟新技术产品的相关配套不足、用户群体对新技术不敏感等因素的影响。

跟领先市场相比,追赶市场的用户对技术的成熟度要求高。用户有非常强的意愿规避不成熟技术带来的风险,希望确定地获得成熟技术带来的效用,能够有效地提高生活和工作质量,做到物有所值。

我国改革开放之后 30 多年经济高速增长的关键因素就是需求旺盛,是一个典型的追赶市场。大量成熟技术在我国获得采用,采用速度通常都很快,市场的发展甚至表现为"井喷"。不论是家用电器、固定电话、手机,还是汽车,在我国市场都是如此。这些产品在领先市场示范、追赶市场模仿、用户支付能力提升的加持下,满足用户的"补课"性需求,形成一个又一个的市场"井喷",让这些产业的发展和我国经济的发展形成良性互动。

二、从追赶市场到领先市场

最近 10 年以来,我国在很多产业的井喷式"补课"结束,出现了需求的新常态。这是我国面临的挑战：一方面产能过剩，另一方面需求不足。这是我国从追赶市场向领先市场转型的体现。追赶市场的需求解决的是有无问题，从无到有的需求满足容易形成井喷和快速发展。而向领先市场转型的过程中，需求解决的是从有到优的问题，从有到优的需求满足和需求创造呈渐进增长态势。追赶市场的需求开始主要解决的是对有形物的需求，容易井喷，制造能力的快速扩张就能满足需求。而向领先市场转型的过程中，需求解决的是对无形物的需求，呈渐进发展态势，用户在精神层面的需求提升。这个转型过程中，我国的需求从整体上出现增速下降。而需求在我国经济发展过程中的作用又将发挥重要的作用，所以，我国企业在依靠技术创新扩展和创造需求方面，需要有新的战略。

从追赶市场到领先市场的发展过程中，我国国内市场的追赶市场特征会越来越少，将形成国内国外市场的新平衡局面。国内国外市场的新平衡包括时间平衡、性能平衡、价格平衡等，新平衡相对于旧平衡，国内国外市场更为匀质，从有差异的旧平衡走向无差异的新平衡。从时间平衡来看，国内市场原来滞后于国外发达国家的市场，这一方面为我国企业带来了从国内市场后发追赶的机会，另一方面也造成国内市场落后于国外发达国家市场的局面，难以支持新产品和新服务的率先采用。新平衡将带来国内市场和国外市场在时间上的同步，甚至在某些产品和服务领域形成在时间上的超前。从性能平衡来看，一方面是主流市场性能指标的匀质化，另一方面是针对国内市场的特定性能不再只是一种适应性改进，而是可能成为对国外市场的示范和先导。从价格平衡来看，一方面是进口物品的国内国外的价格匀质化，另一方面是出口物品的国内国外价格匀质化。时间平衡、性能平衡、价格平衡的匀质化是相互关联、相互促进的，为我国企业技术创新带来新的机遇。

三、领先市场

领先市场为率先采用某项技术并建立全球产业竞争优势的经济体的市场。领先市场具有以下特征：领先市场是新技术的率先采用者；领先市场率先实现了新技术的经济体内扩散和国际扩散；领先市场会在全球范围内形成产业竞争优势。

具体地说，在领先市场：用户追求技术性能，认可新技术的价值；用户兼具高支付能力和高支付意愿，具有关键规模；用户容忍新技术的缺点；新技术使用需要的配套体系低障碍。

领先市场的用户群体对高技术性能和新技术有信仰。从这种意义来说，领先市场用户、外部资金提供者和创新者具有一致的信念，高技术性能和新技术能给工作和生活质量提升带来价值。领先市场用户甚至会成为产品和工艺技术换代的推动者和深度参与者，提供用户知识支持。领先市场用户处于需求前沿，高技术性能和新技术能够解决其迫切问题。领先用户市场所在经济体的科学技术教育水平相对高，普遍认同技术的价值。因此，领先市场一般存在于发达经济体和新兴经济体之中。

领先市场的用户既具有高支付能力，也具有高支付意愿。而且，这个用户群体具有关键规模。高支付能力和高支付意愿带来高技术性能和新技术的高利润率，规模带来销售收入和利润的关键规模，这个规模大到足以让创新企业收回高额的研究开发费用以及设备等固定资产的投入。技术创新的目标用户将从高支付能力和高支付意愿群体逐步向规模更大的中支付能力群体迈进,最后扩散至低支付能力群体。技术创新在领先市场的高溢价特性,会为之后的高溢出特性提供基础。

领先市场的用户容忍新技术的缺点,用放大镜看其优点,用缩小镜看其缺点。新技术的应用过程中,不论是技术本身还是其配套体系,都会给用户带来不便之处,但新用户会容忍这些缺点。英特尔的集成电路存储器在取代磁芯存储器之初,集成电路的周边电路非常复杂,设计和制造都很麻烦,而且还会有可靠性的问题,集成电路会有一部分单元失效,失效之后又需要用周边电路来补充,但领先用户都容忍了这些优点。APPLE Ⅱ型电脑推出之初,市场上可用的软件非常少,但用户都给与了容忍。在应用中提升和改进是所有技术的共同特性,率先采用的领先用户面对的困难和缺点更多。

领先市场的配套体系障碍较低,方便换代技术或新技术的采用。障碍低可能是以下两种情况之一:一是新建配套体系不用考虑原来已经存在的基础设施,没有沉没成本的阻碍;二是原有配套体系能基本实现无缝连接,需要新建或改造的比例较低。汽车产业发展之初,欧洲有著名的红旗法案,让汽车只能成为富人家的玩具,就是因为原有马车配套体系的阻力非常大。美国不存在马车配套体系,因此汽车产业就能后来居上,是真正的汽车这个创新的领先市场。韩国在第二代移动通信发展之初,选择了高通公司的CDMA技术体系,起源于美国的CDMA技术,以韩国为领先市场,推动了三星公司在移动通信领域进入全球领导者行列,韩国在建立统一的CDMA市场方面,显然没有美国市场原有配套体系的羁绊。对于原有技术范式的产品或工艺超前换代,原有配套体系越强,越有利于领先市场的形成。对于新技术范式的颠覆性创新,原有配套体系中需要去除的东西越少,越有利于领先市场的形成。

四、领先市场的技术创新战略

(一) 我国企业要重新认识国内市场,在国内发现技术创新的领先市场

随着我国成长为全球第二大经济体,再加上我国产业门类相对齐全,我国各行各业都进入技术升级、高质量成长的新轨道。无论是企业用户还是个人消费者,对新技术、超前换代产品等都有了更高的接受程度。创新企业可以重新定位国内市场的作用,从低端到高端的逆成长,要转变成为从高端到低端的顺成长。随着国内高端市场在全球的引领地位的确立,国内高端市场的需求偏好,不仅会在国内向低端进发,也会向全球的各级市场扩散。电动汽车领域的这种趋势已经初现端倪,创新企业提供的高端产品正在形成领先市场的内核。随着我国电动汽车的普及,其配套体系会快速完善,加快领先市场的形成。移动支付、云计算等领域,我国都有可能成为培育产业领导者的领先市场。电子制造业的核心器件领域,如半导体、显示面板等领域,也要看到我国以领先市场培育新的产业领导者的机会。随着国内市场对国内创新企业的信心提高,创新企业和领先市场之间就能形成相互认可的正反馈循环,国内市场对我国企业创新的重要作用将进入一个全新的发展阶段。

(二) 企业要在技术发展前沿与国内市场形成互动

新技术孕育阶段,市场的快速反馈和对技术性能可接受程度的检验,对于新技术发

第五章　企业技术创新的市场战略

展特别关键。我国企业将有更多机会在技术发展前沿努力,这些努力需要跟市场形成良性互动。国内市场在支撑企业进行技术发展前沿工作的作用将会增强。良好互动情景的形成是企业和市场共同努力的结果。一方面,我国企业会更多地在全球技术发展前沿做贡献。另一方面,市场中会形成支持企业发展前沿技术的用户群体。这样的国内市场具有领先市场的特征:有一批具有技术发烧友特征的用户,对于新技术的应用有强烈兴趣并大力支持;用户容忍新技术带来的一些缺点和不足;用户对新技术应用过程中可能发生的不靠谱和失效习以为常;这些用户具有较高的货币或时间支付能力,或者说对价格和时间付出不敏感。企业在技术前沿发展时,可以从领先市场的特性出发,在国内市场中找到互动点,用市场力量来促进技术前沿发展。

(三) 应对领先市场战略中的静默期

时间是领先市场技术创新的战略变量,即使是对创新企业友好的领先市场用户,有时也会面临相当长的静默期。静默期的存在对创新企业的现金流以及各利益相关方的信心都会带来负面效应。创新企业不仅要在现金流和利益共同体的信息传递方面发挥积极作用,还要积极推动静默期的用户反馈和创新迭代。反馈和迭代是静默期中的正能量,不仅对企业渡过静默期有重要作用,对于静默期之后的快速成长期少出错、不出错,都具有积极意义。特斯拉在长达10年的静默期里,在金融市场有力支持的前提下,积极获得了领先市场用户的反馈,为其之后的快速成长做好了准备。

第四节　技术—市场二维创新战略

一、技术—市场二维创新战略类型

上一章讨论了技术战略,本章前文讨论了市场战略,把技术和市场两个维度结合起来,就形成技术—市场二维创新战略。如图5-2所示,根据技术轨道和市场轨道是否发生变迁,创新战略可以分为四类:技术轨道和市场轨道都没有发生变化,沿着原有技术轨道和市场轨道进行渐进创新,称为渐进性创新战略;技术轨道发生变化、市场轨道没有发生变化的,由于技术替代或者技术跳跃的出现,形成了技术轨道变迁,称为破坏性创新战略,也可以称为替代性创新战略;技术轨道不变、市场轨道发生变化的,形成了市场轨道变迁,称为颠覆性创新战略;技术轨道和市场轨道都发生变化的,称为突破性创新战略,创造全新技术或技术体系,并且创造新需求,这是革命性变革。关于渐进性创新战略,这里不再赘述。

破坏性创新战略的基础是技术原理的根本变化,例如从化学原理变为电子原理、机械原理变为电子原理、模拟电路变为数字电路等等。技术原理的变化表现为技术更替,也可以称为技术跳跃。变化了的技术原理仍然满足原有的市场需求,其用户群体以及要解决的问题沿着原有轨道继续前进。市场轨道稳定给原有领先者带来的挑战是产品自噬现象,即创新产品的每单位销售会带来原有产品的同样单位下降,原有领先者的决策和运行体系会更倾向于支持原有产品,这给破坏性创新战略的制定和执行都带来阻碍,往往无法逾越。原有产品领先者不是不了解新技术原理,甚至在新技术的研发上还

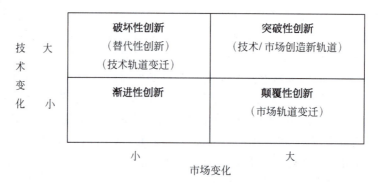

图 5-2 技术—市场二维创新战略类型

处于先发位置,但是对原有产品满足用户需求的自信以及对基于新技术原理的创新产品的发展速度的判断失误,再加上运行体系的惰性,原有领先者往往会失去推行破坏性创新战略的最佳时机,甚至在破坏性创新完成对原有产品的替代之后,被动应对,失去领先位置甚至彻底离开这个产业。数码相机和电子手表是两个典型的破坏性创新。数码相机替代传统胶片相机,数码相机基于电子成像原理,传统胶片相机基于光化学成像原理,柯达公司率先突破数码相机的技术原理,并推出数码相机产品,但是没有成功采用破坏性创新战略,错失数码相机的发展机遇,并在传统胶片相机退出市场之后走向破产。电子手表替代机械手表,电子手表基于石英振荡器原理,机械手表基于钟摆机械原理,日本精工等企业成功实施破坏性创新战略,在电子手表取代大部分机械手表之后,成为手表产业的新领导者,而机械手表的原有领先者、一些瑞士企业则丧失手表产业的领导地位。

颠覆性创新战略的基础是市场轨道的变化,未来的市场需求来自于另一个市场,这个市场的需求跟原有市场有差异,但是满足这个新市场需求的技术原理并没有发生变化,原有产业领先者完全掌握满足新市场需求的技术原理,能够提供的技术性能甚至大大超过新市场的需求,但是原有产业领先者一般都不会采用颠覆性创新战略,而是会维持针对原有市场的创新战略,并因此会被采用颠覆性创新战略的企业取代其领先地位。也就是说,颠覆性创新的基本技术、核心技术是已有的,是因为开辟了新市场,一般是低端市场,而取得了立足地位,继而逐渐蚕食中高端市场,最后将原创的、占有高端市场者颠覆而取胜。录像机原创由美国企业推出,占领了高端市场——工业用市场,质高价高,清晰度高,价格高达5万美元一台。日本企业采用颠覆性创新战略,采用的是美国企业的核心技术,无基本技术原创,但开拓了低端市场——家用市场,技术性能低于美国企业,清晰度低,但市场空间大。日本企业在占领家用市场后,向高端进军取胜,最后美国企业被迫彻底退出录像机行业。日本企业采取的是典型的颠覆性创新战略。颠覆性创新战略的一条重要路径是从低端起步,站稳脚跟后逐渐向高端发展,最后将高端、原创者颠覆。

突破性创新战略是基于新的技术原理创造全新的市场需求,既开辟新的技术轨道,又创造新的市场轨道。实施突破性创新战略是完全从无到有的过程,是从"0"到"1"的革命性突破。施乐公司创造复印机产业是采取突破性创新战略的典型例子。突破性创新战略面临的风险高,有些企业会望而却步。当时 Chester Carlson 发明了全新的"静电复印术"(利用静电把色粉印在纸上),开发出了样机,先后找到 IBM、柯达、GE 等大企业寻求合作,均被拒绝,其中 IBM 还专门委托一家当时著名咨询公司 ADL 公司帮助做深入市场分析,其核心结论为:"尽管它可能是令人惊奇的专业复印设备,但是 914 型号复印机在办公复印设备市场上没有前途。"可见,全新技术、全新市场的不确定性非常高。在 Chester Carlson 已经完成技术性能确认的前提下,市场不确定性无法解决。Chester Carlson 和 Joe Wilson 成立的施乐公司,成功创造出高效率复印机市场,在后续 20 年的年平均复合成长率为 41%,突破性创新战略取得成功。

对于后发企业来说,采取渐进性创新战略超过产业领先者的可能性不大,因为拥有优势的产业领先者采取渐进性创新战略的意愿和能力都很强,后发企业没有机会。后发企业采取突破性创新战略超过产业领先者,其难度比破坏性创新战略和颠覆性创新战略要大,一方面是后发企业自身实施突破性创新战略的风险高,无论是技术轨道还是市场轨道都需要探索,二是产业领先者也会关注突破性创新的机会,也可能会采取突破性创新战略,拥有资源优势的产业领先者的进入会给后发企业带来竞争压力。原有产业领先者在破坏性创新中会高估原有技术继续发展的潜力,在颠覆性创新中会忽视新兴市场的发展潜力,对于技术轨道变迁单独发生或市场轨道变迁单独发生不敏感、没有防范,后发企业采取这两种战略,既可以利用原有产业领先者的战略惰性,又可以利用已有的技术资源或市场资源,后发企业有可为的空间,也有可为的能力。因此,后发企业在破坏性创新战略和颠覆性创新战略大有可为。下文详细论述破坏性创新战略和颠覆性创新战略的相关问题。

二、破坏性创新战略的技术跳跃及其对策

技术发展的一般过程是:基于某种基本原理的技术从孕育、成长到走向成熟,形成一条发展轨迹。由于科学发现、技术发明,又会出现一种基于新原理的新技术,它将替代原来的技术。因此从长时间看,技术发展包含着技术成长和技术替代过程。技术替代破坏了技术发展的连续性,产生了"技术跳跃"。当技术替代是根源于科技突破或产生重大的市场效应时,这种替代就构成了变革。

在相当多的技术变革中,原先的领先者都让位于新的领先者,大批的领先者衰落甚至消亡,代之以新起者。例如,处于电子元件真空管制造商世界前 10 名的企业,在 20 世纪 50 年代中期开始的晶体管代替真空管的技术跳跃中,无一幸免地败落下来,如今在世界巨大的半导体市场中,这些企业已微不足道。这一现象的重大经济意义是:技术跳跃的管理在技术创新管理、特别是技术创新战略管理中具有极其重要的意义。

技术跳跃管理的首要问题是:对领先者来说,是什么阻碍了企业的觉醒和行动?如何对付技术跳跃带来的挑战?对落后者来说,如何抓住技术跳跃提供的机会?

(一)妨碍企业觉察和接受技术跳跃的障碍

技术跳跃尽管是一种突变,但并不是在一夜之间发生的,有的替代过程要持续多年,技术替代的信息必然会传达到企业,企业也有足够的时间作出反应,问题在于企业对所得到的信息如何理解。以下情况阻碍了企业对技术跳跃信息的觉察和理解。

1. 技术上的近视

当一项新技术出现时,由于不成熟,会有很多缺陷,应用面也很小,在与原有技术的竞争中一时还未取得优势,企业往往看不到它的发展潜力,所作的反应往往不是加入新技术开发行列,而是站在与新技术对立的地位极力完善原有技术,以保持原有的优势。例如,生产真空管的美国西尔万尼公司,在晶体管出现10年后的20世纪60年代后期还在宣传真空管的优势和晶体管的劣势,并为真空管改进付出了极大的努力,结果只能是衰落。当蒸汽船进入航海业时,原来的帆船制造商不是转入蒸汽船开发、生产,而是进一步改进帆船设计,使船体阻力更小、使用的帆更多、使用的水手更少,以此对抗蒸汽船的竞争。但是这种努力只是稍稍延缓了帆船的航海寿命,终究逃脱不了被淘汰的结局。

2. 对市场信号的错误判断

技术的成熟伴随着市场的成熟,市场越成熟,细分市场定义就越狭窄。企业关注的是自己所处的市场,当销售停止增长而新产品尚未进入其市场时,企业往往将此信号判断为市场成熟的标志,因而用正常的市场营销策略加以处理。岂不知,新产品的替代正在另一个战场展开,间接替代已经开始。企业之所以觉察不到,是因为把新产品当作与本企业所占领的细分市场不相干的"市场补缺"产品。例如,当电子表走向市场时,仅作为低档商品,出现在玩具店等场合,钟表王国瑞士厂商把它看成与自己在珠宝店出售的手表不相干的"玩意"而不屑一顾,等到电子表大举进军瑞士表传统市场时,瑞士厂商方才省悟,但为时已晚,惨重的代价已不可避免。

3. 对潜在的市场失去警觉

有些企业的决策过分依赖市场研究,只在市场研究线索明朗后才对新技术进行投资。这种做法尽管有稳妥、风险小的优点,但往往会失去占领新技术市场的"先机"。对新技术需求的潜在性、市场的可创造性决定了创新产品在一开始不可能有一个明晰定义的市场边界。崇尚创新的索尼公司创始人盛田昭夫曾说过:"无法为一个尚不存在的产品做市场研究。"索尼的创新意识是基于"将来会卖出的",而不是"当前市场可能需要的"。只有超前的市场意识才有利于觉察技术跳跃的潜在市场。

4. 企业的文化障碍

孤立地看待技术,把技术看成是与意识、文化不相关的"纯技术",是一种错误观念。长期在某一行业经营的企业,必定围绕其技术组织生产、经营活动,不可避免地用技术体系、管理体系、组织措施、有形的教育、无形的影响来保障企业活动的目标,从而形成企业特有的文化。因此,技术会深深地植根于企业文化之中,企业文化也有力地保证了技术的实施和效率。但是,当这种文化形成以后,就具有相当大的稳定性,要改变它是不容易的。

技术跳跃会受到原有技术"文化偏好"的阻挡,会有意无意地袒护原有技术、贬低新技术。企业的管理人员、工程技术人员和其他职工曾经为创造和实施某种技术付出了巨大的努力和心血,产生了深厚的感情,现在要放弃这种技术,是一种痛苦的抉择。况且,技术的更替必然伴随知识、技能的更新,原有技术骨干或被新人代替,或要重新学习,都将付出代价,其利益变动障碍和心理阻力也是不可忽视的障碍。试想,将一个以制造帆船而闻名的企业改造成为一个蒸汽船制造企业,这个企业面临的岂止是一种技术的更新,简直就是一场脱胎换骨的"革命"。

需要指出,企业文化在技术跳跃中起着头等重要的作用,观念和文化阻力是最可怕的阻力。一个立志于创新的企业,必须建立富于创新意识的文化。

(二) 妨碍企业实施技术跳跃的障碍——转换成本

阻碍企业实施技术跳跃的主要是经济因素。技术跳跃是从一种技术转向另一种技术的活动,这种技术转换的代价称为技术转换成本。

技术跳跃的转换成本主要有以下表现。

(1) 有形资产提前报废损失:技术转换可能导致尚未到达使用寿命的机器设备、厂房设施等提前报废,使专用原材料、配件报废。

(2) 停产、减产损失:技术跳跃和改造可能导致生产过程中断,造成停产、减产损失。

(3) 企业产品的自我替代损失:技术跳跃过程是新旧产品交替过程,企业推出新产品可能导致原有产品销量下降或价格下跌。

(4) 职工的结构性过剩:技术跳跃可能导致原有工程技术人员和技术工人技能的过时,从而使部分职工不能适应新技术的需求。

(5) 技术配套体系失效:技术跳跃可能使已建立的配套协作网络、资源供给网络、信息网络、产品销售网络等失效。

(6) 技术体系和管理体系的失效:技术跳跃带来的技术、知识、技能更新,产品和工艺的变更,营销系统和组织结构的改变,可能导致原有技术体系和管理体系的失效。

概括地说,技术跳跃的转换成本主要是有形和无形资产的损失。造成损失的原因是资产的专用性。为了提高技术运用的效率和企业经营效益,企业必须构筑起效率高的专用性有形和无形资产。这种有形和无形资产存量越大、专用性越强,则技术转换成本越高,从而构成对技术跳跃的阻力也越大。企业在做技术跳跃投资决策时必然要考虑转换成本。

(三) 企业的技术跳跃对策

针对上述障碍和技术跳跃管理的需要,可采取以下对策。

1. 密切监视技术发展动态

企业要密切注视本行业技术和相关技术的发展动态,尤其要重视可能对本企业产生威胁的技术动态。在技术预测中,除了用常规方法预测技术以外,还要注意对技术替代迹象的检测。

2. 进行超前的技术准备

尽管研究开发的投资很大而且风险很高,但相对于生产投资来说,还是相当小的。国外有人估计,研究开发、中试放大和规模化生产三者的投资比为1:10:100,估计我国的这三者的比例不会有如此之大,但趋势是相同的。在企业的风险投资决策中,与其付出规模化生产投资失误代价,不如付出研究开发风险代价。如果企业在新技术出现苗头,甚至从基本假设开始进行技术试探,那么当新技术替代旧技术成为不可避免时,企业已有了充分的技术准备,将在竞争中处于主动地位。为此,企业必须进行必要的基础性研究,至少可以与大学、研究所合作,以获得新技术的基础知识,同时,对研究开发人员、工程技术人员及技术工人也要进行必要的知识更新教育和新技能培训。

3. 重视对潜在市场的分析

技术跳跃的市场分析有别于常规的市场分析。常规的市场分析强调已有的市场需求信息,注重近期分析,这些对技术跳跃的市场预测是不适用的。新技术的市场往往是创造出来的。例如晶体管的出现替代了电子真空管,但据估计,晶体管的应用有50%是用于那些由于发明了晶体管才可能出现的产品中。因此,技术跳跃的市场分析,一部分靠捕捉信息加以研究和预测,一部分还要靠"创造性的想象",要发挥企业家、技术专家的才智和想象力,对未来作出判断。

4. 建立适当的决策机制

企业最终决定技术选择、决定是否向新技术转移资源的决策者是以总经理为首的最高决策层。由于技术的专业性太强,本身又太复杂,总经理往往没有足够的精力过问。最有资格协助总经理进行技术决策的是主管研究开发的副总经理或总工程师。但是,很少有企业把他们当作重大决策的"内阁成员",这也使他们主要陷入具体技术管理事务之中,而不能从战略的高度思考问题。为此,企业要赋予技术副总经理或总工程师重大技术决策的权力和责任,并让他们参与最高决策。

5. 树立创新观念,塑造创新文化

决策来源于判断,判断依赖于信息,搜寻信息、作出判断受观念和意识的影响很大。人们在一定观念的引导下,会极力收集相关的信息,而在无意识的情况下,即使信息擦肩而过,也会失之交臂,更不用说对信息的分析判断还会受观念和意识的深刻影响。要在技术跳跃中立于不败之地,树立创新意识具有头等重要的意义。为此,企业要有意识地在管理部门和职工中树立创新观念,并逐步使其渗透到企业文化中去。

(四) 技术后进者对技术跳跃时机的利用

拓展阅读

当技术发生变革时,原来的领先者和新介入者几乎处于同一起跑线上,谁先觉醒,谁先行动,谁就可能取得竞争的主动权。

尽管技术跳跃的机会对现有的领先者和后进者是相同的,但领先者在机会利用上处于不利的地位。这是因为:第一,领先者在现有技术和市场上占领先和主导地位,所投入的资源量大,形成的专用资产存量大,技术跳跃的转换成本高,技术跳跃的代价大,决策十分艰难。第二,领先者深深陷入上一轮技术跳跃的成功之中,需要慢慢消化成功的果实,在胜利喜悦的陶醉中构筑了意识上、情感上、文化上保护原有技术而拒绝新技术的氛围。

相对于领先者而言,后进者转换成本的包袱和文化障碍阻力要小得多,在新技术应用的竞争中,后进者具有"后发优势"。理解这一优势,对后进者至关重要,后进者可以用较小的代价,跳过技术发展的某些阶段,抓住新出现的技术机会,在新一轮技术竞赛(实质是经济竞赛)中夺取胜利。我国正处于技术更新的高潮中,在转换成本上处于有利的地位,这为我国赶超先进国提供了难得的机遇,如果利用得好,会是一笔巨大的"财富"。然而,后进者也有另一种选择:跟在领先者后面缓慢地爬行,结果不但不能逃脱

第五章 企业技术创新的市场战略

每一轮技术跳跃的转换成本代价,而且落入永远赶不上的陷阱之中,这种危险也是存在的。

三、颠覆性创新战略[①]

(一)颠覆性创新战略的主流市场和边缘市场

拓展阅读

有些原来在产业内领先的公司,对创新的投入很多,非常注意倾听产业内主流用户的声音,根据用户的需求,在用户要求的性能指标上进行持续创新。相反,有些不在产业内占据领先地位的公司,不采纳产业内主流用户的意见,投资研发利润率较低、性能较差的产品,并且大举进军边缘市场(往往是小型新兴市场),而不是主流市场,反而迅速成长为产业内的领先者,昔日的领先者不再领先。主流市场与边缘市场,事关产业内领先地位的颠覆和被颠覆。

主流市场和边缘市场的技术性能要求不一样,新兴的边缘市场关心的主要性能跟主流市场不一样。图 5-3 描述了这种情形。新技术 2 用于新兴的边缘市场 B,这里的性能指标与原市场的应用 A 不一样。实际上,在边缘市场 B 中,技术 2(新技术)性能更优异,并在那里获得一定程度的商业成熟度。随着技术 2 的进步,到某一点时,技术 2 就会在满足主流市场 A(定义)和要求的性能方面超过技术 1(旧技术)。当这种现象发生时,技术 2 就侵入主流市场,迅速替代技术 1。

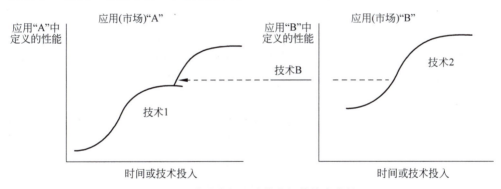

图 5-3 主流市场和边缘市场的技术成长

资料来源:Christensen,Clayton M. Exploring the Limits of the Technology S-curve[J]. Production and Operations Management,1992,1(4).

因此,面临主要的技术变革时,针对主流市场和边缘市场分别进行技术创新非常关键。在这里,管理者从技术和市场两个维度来评价技术创新比较重要。如果用技术 1 应用于已有主流市场 A 的性能指标来评价技术 2 的性能,他们往往错过新技术 2,因为它与已有市场关注的优点不相关或在这些方面劣于已有技术 1。他们需要用原有领先企业不熟悉的新市场或边缘市场 B 的新用途要求的新性能指标来评价技术 2。当技术

[①] 改编摘抄自[美]克莱顿·克里斯坦森.创新者的窘境[M].胡建桥,译.全新修订版.北京:中信出版社出版,2014.

2的性能提高速度高于已有市场需求的增长速度时,技术2在边缘市场B达到商业规模之后,能够快速向主流市场A渗透。这个技术替代过程比传统S形曲线理论概括的技术替代过程要复杂。传统S曲线理论忽视了关键的边缘市场和主流市场的区分,只集中于技术维度的变化。

(二) 颠覆性创新战略的实施策略

1. 做好企业技术创新资源配置

企业技术创新资源配置的最终决定者是用户和投资者。资源配置无法达到用户和投资者要求的企业将难以为继。产业中原有的领先企业实际上是深谙此道的,并且建立了成熟的系统来摒弃得不到用户认可的理念。因此,这些领先企业发现,在主流用户产生相关需求之前,企业很难投入足够的资源来针对边缘市场进行技术创新——不被它们的主流用户所接受的低利润率机会。但当主流用户开始接受边缘市场的技术性能时,企业技术创新战略再开始转向边缘市场,一切为时已晚。

产业中原有的领先企业可以采取一种策略来处理好主流市场和边缘市场的技术创新资源配置:企业管理者设立一个独立的机构,专门面向边缘市场,针对其需要的技术性能创新,独立开展新业务。这种机构不受主流市场用户的力量所制约,能够自由地接触不同类型的用户群体,即不同于主流市场的边缘市场的用户。换言之,当企业管理者按照用户和投资者的要求来进行技术创新资源配置,而不是选择性忽视一些有潜力的边缘市场,这些企业就可能在主流市场和边缘市场的技术创新中都获得成功。

2. 把握边缘市场的先发优势

边缘市场有迅速发展壮大的机会。相对于后来进入边缘市场的企业,最早进入这些边缘市场的企业拥有显著的"先发"优势。随着这些"先发"企业取得成功并逐渐发展壮大,其他企业进入边缘市场的难度也变得越来越大,这些小市场在未来可能发展为大市场。

对于产业中原有的领先企业来说,其规模可能成为先发进入边缘市场的障碍。这些领先企业都有相当大的规模,而且为了维持股价,以及为了给员工创造扩大其职责范围的内部机遇,需要进一步发展壮大。一个市值为4 000万元的企业只需要获得800万元的收入,就能在随后一年实现20%的增长率;但一个市值为40亿元的企业就需要获得8亿元的新增销售收入,才能达到20%的增长率。通常,边缘市场作为新市场,一开始并不会具有如此大的规模。因此,当一个企业发展得越大,边缘市场所发挥的企业增长引擎的作用就会越弱。企业针对边缘市场进行技术创新的动力不足。

产业中原有的领先企业很可能会采取等待战略,也就是等到边缘市场的规模发展得足够大时再进入。这通常不是一个成功的战略。大型企业能够在边缘市场中成功地抢占有利的市场地位,是因为它们将进入边缘市场的职责,交给了与目标市场的规模恰好匹配的独立小型机构。小型机构通常能够更好地利用边缘市场上出现的发展机遇。这些边缘市场有朝一日可能会发展壮大,但正式和非正式的资源分配流程,使得大型企业很难将足够的技术创新资源集中到边缘市场。

3. 用好基于发现的规则,而不是基于数据分析的ROA原则

翔实的市场研究数据和良好的规划,以及之后的按计划执行流程,基于数据分析的

ROA 原则为决策依据,有利于企业进行技术创新。在针对主流市场进行创新时,遵循这些方法将使企业受益。这些合理的方法能够行之有效地处理主流市场,因为企业需要面对的市场规模和增长率一般都是已知的,技术进步的轨道有迹可循,而且主流用户的需求通常都非常清晰明了。

但在处理边缘市场的技术创新时,基于数据分析的 ROA 分析不再有效。专家对边缘市场未来发展规模的预测常常是错误的。对于那些在进入市场之前,需要得到市场规模和财务收益率的量化数据,才能做出投资决策的企业来说,企业通常会在面对边缘市场的技术创新时变得束手无策,或是犯下严重的错误。企业要求获得市场数据,并根据财务预测做出判断,但不论是市场数据还是收入或成本等财务预测,实际上都不存在。利用管理主流市场时发展的规划和市场营销手段,来应对边缘市场的技术创新,是完全不适用的。

正确开发边缘市场的正确战略是无法预知的。这项法则被称为"基于发现的规划",它建议管理者假定预测是错误的,而不是正确的,而且他们选择采取的战略也可能是错误的。基于这种假设来进行技术创新战略决策将迫使管理者制订计划,学习他们需要了解的内容。

4. 建立合适的技术创新流程和价值观

企业技术创新的能力主要表现在两个方面:一方面是它的流程,也就是人们将劳动力、资源、原材料、信息、现金和技术投入转化为更高价值的产出的方法;另一方面体现在企业的价值观层面,这些价值观正是企业管理人员和普通员工在做出优先决策时所遵循的原则。企业的流程和价值观则相对固定,例如,能够有效管理微型计算机设计的流程,就不适用于台式个人电脑设计的管理。

推动员工优先发展高利润率产品项目的价值标准,就不会促使他们将低利润率产品的开发置于优先发展的位置。同样的流程和价值观,在某种情景下构成某个企业的能力,但在另一种情景下则决定了这个企业的局限性。企业在为边缘市场进行创新时,要建立将低利润率产品的开发置于优先发展的流程和价值观,重视新兴的、规模尚小的边缘市场的创新。这与主流市场的流程和价值观是不一样的,甚至是相矛盾的。

5. 关注用户价值的动态演化

针对边缘市场的技术创新最初只能应用于远离主流市场的小型市场,但它们日后将逐渐进入主流市场,而且其性能将足以与主流市场的成熟产品一争高下。这种情况之所以发生,是因为产品技术进步的步伐,超过了主流用户要求或者能够消化的性能改善幅度。因此在目前,主要特色和相关功能几乎与市场需求完全匹配的产品,通常会遵循一个既定的性能改善轨道,假以时日,这些产品的性能将超出主流市场的实际需求。而当前性能表现严重滞后于主流市场用户预期的产品,则可能在日后变得极具竞争力。

当两种或两种以上竞争性产品的性能改善幅度超出市场需求时,用户将不再能够根据产品的性能来更好地做出购买选择。用户价值会发生动态演化,选择产品的基础通常是从功能性演变至可靠性,然后再发展到便捷性,最后发展到价格。产品性能过度满足市场需求,是推动产品生命周期发生转变的主要机制。

许多企业为了保持领先地位,会努力开发具有更大竞争力的产品,但这些企业没有意识到，随着它们竞相参与更高性能、更高利润率市场的竞争，它们追逐高端市场、提高产品性能的速度，已经超出了老客户的实际需求。在此过程中，这些企业创造了一个低价产品的竞争真空，针对边缘市场进行创新的竞争对手正好可以乘虚而入。只有那些认真分析了主流用户如何使用自己旗下产品及其发展趋势的企业才能认识到，它们所在市场的用户价值即将发生改变。

（三）我国企业颠覆性创新战略的对策

1. 利用我国多层次的大市场进行颠覆性创新

我国市场空间大、层次丰富，有利于培育颠覆性创新。采用全球先进技术，从我国某个层次的市场开始起步的创新，以市场容易接受的价格切入，逐步进入国内多个层级的市场，直至进入全球市场。平衡车领域的纳恩博（Ninebot）就是利用我国多层次的大市场成功实施颠覆性创新。平衡车鼻祖是美国赛格威（Segway），其产品卖到6 000美元以上，10年时间也没超过10万台。2015年，我国的纳恩博（Ninebot）收购了美国赛格威（Segway），推出1 999元、功能更简单、体积更小、重量更轻的平衡车，很快出货量超过了1 000万辆，5年之后就成为出货量全球第一的平衡车公司。做减法是颠覆性创新的有效策略。纳恩博平衡车的开发过程中，开发团队最常问自己的问题是"还能做什么减法？"做减法、做极致性价比的这个目标，实现得很好：当团队开始思考"九号平衡车"下一款的时候，讨论了一天一夜，竟然发现没有什么可以再简化的了。纳恩博最早期的平衡车只锁定明星、极客等追求前卫时尚的小众群体，定位是大玩具，后来发展到场地巡查、儿童游玩出行等细分市场，然后成为短途出行的解决方案，不仅在国内进入了多个层级的市场，而且产品已经覆盖全球100多个国家和地区。

2. 从颠覆性创新的角度实施全球创新战略

放眼全球市场，有志于成为领先跨国企业的公司，可以从颠覆性创新的角度来确定和实施全球创新战略。全球市场的层次比我国市场还要丰富，如果能够从全球市场中确定一个新兴边缘市场切入，然后再向更多市场渗透，在技术进步之后实现颠覆，成为新的全球领先企业。例如在功能手机时代，我国一些小型手机企业已经针对非洲市场做了颠覆性创新的尝试。发展到智能手机时代之后，我国的传音手机针对非洲市场，推出了功能简化、价格低廉，同时又拥有黑皮肤拍照美颜、音乐播放等非洲用户特别喜爱的特性的手机，成为全球智能手机的主要厂家之一。随着我国企业技术能力的提升，以及一带一路国家的发展，我们企业不仅能针对发达国家的市场提供产品，也有更多机会实施颠覆性创新战略，从一些相对低收入的经济体的市场切入，再进入更多市场，发展成为全球领先企业中的新势力。

3. 跟踪监测全球的科技前沿

全球科技发展日新月异，我国企业不仅要关注已经在发达国家高端市场应用的技术，从中发现颠覆性创新的机会，而且要关注一些更前沿的新兴领域，缩小与国外领先市场的时间差距，让颠覆性创新来得更早，特别是在一些能够发挥我国人力资源优势的领域。我国的汉字激光照排机的创新，就是做出了一个当时看起来大胆、但是事后证明是正确的技术选择。当时没有按照常规战略，选择成熟技术路径来跟随和追赶，而是采用颠覆性创新战略，针对最新的前沿技术，利用数学和计算机人才优势，通过软件解决了汉字的字形表达的函数描述。这种字形表达技术不仅很快成为汉字照排领域的领先者,也能够用于之前用点阵字库表达的字母文字,并且优于点阵技术,实现颠覆。随着我国发展水平的提高,在科技前沿实施颠覆性创新战略会有更多机会。

4. 充分利用数字技术的颠覆性特征

数字技术正在进入更多生产和生活领域,数字技术有潜力给各个领域带来效率和便利,而这正是颠覆性创新最为常见的特性。我国企业可以从颠覆性创新战略的角度抓住数字技术发展的历史机遇。例如在消费级无人机领域,我国企业把无人机技术和数字摄影技术结合起来,通过无人机在空中实时传输图像,首先在消费无人机领域成为领先者,然后进入传统的无人机商业应用市场,实现颠覆性创新。甚至在挖掘机、盾构机等领域,我国都有企业在利用数字技术来实施颠覆性创新战略。数字经济的发展方兴未艾,无论是从全国视野、还是从全球视野,我国企业都有很多利用数字技术进行颠覆性创新战略的机会。

思 考 题

即测即练

1. 举例说明企业技术创新的市场定位。
2. 举例说明新进入企业的市场进攻策略。
3. 阐述需求满足与技术创新的关系。
4. 阐述需求创造与技术创新的关系。
5. 请结合我国某个产业的发展,简论追赶市场的特征。
6. 请结合我国企业实例,说明在领先市场中的技术创新战略。
7. 请结合我国企业实例,说明我国企业如何实施破坏性创新战略。
8. 请结合我国企业实例,说明我国企业如何实施颠覆性创新战略。
9. 请举例说明技术—市场二维创新战略的类型。

第六章
企业技术创新的协同战略[①]

第一节 技术创新的关联特性

一项技术创新往往是涉及多种因素的复杂过程,而不是一个孤立的项目。这就要求技术创新管理不仅要处理好创新项目本身的问题,而且要关照和处理好相关联的问题。技术创新关联涉及各种相互作用的过程关联、要素关联和产业关联。

一、过程关联

企业技术创新的研发、设计、生产和营销四个环节是相互关联的,各环节之间存在信息的流动和知识的传递,一些企业甚至采用人员轮换和流转来加强这些环节之间的连接。处理过程关联的常见做法是采用"扔过墙"的方式简单处理各环节衔接,这种方法在很多情况下是不可取的。

由于竞争的激烈,企业为了加快技术创新的速度、提高创新的质量,常常采用平行或网络模式来进行技术创新,这使过程关联更为突出。

(一)平行模式

研发、设计、生产和营销四个环节平行交叉作业,不仅内部各职能部门高度平行交叉,还包括与上游供货商和下游客户的相互支持和协作,以便使技术创新项目成果能更好、更早地满足用户的需求。

(二)网络模式

不仅在内部更好地实现各职能部门的平行作业和一体化,而且广泛地同供货企业和其他战略伙伴在技术创新上进行广泛的协作和外包;不仅充分利用本企业的创新能力与优势,而且通过建立广泛的战略伙伴关系,动员它们的资源,凭借它们的创新能力,更加灵活地进行持续不断的创新,以尽快、更好地满足用户的需求。

二、要素关联

企业技术创新需要技术、资金和人才三大要素的支撑,这三者之间是相互支持、相互制约的。

(一)相互支持

要素之间相互促进,在合理配置与组织之下,技术、资金和人才之间有正反馈作用,实现共同提高、共同发展。

[①] 本书的"协同"是指跨越组织实施创新的协同。

（二）相互制约

某个要素的落后会牵制要素整体的发挥，制约创新水平，这就是所谓的"木桶短板"效应。单一要素的突破也不会带来创新水平的提高。例如，只有资金，如果技术和人才跟不上，也不可能有创新水平的提高，而是要通过一个渐进积累过程，才能实现技术、人才和资金的协同发展。

要素关联的存在使技术创新能力和水平的提高成为一个长期努力的过程。

三、产业关联

企业技术创新常常不是单个企业自身所能完成的活动，而存在产业内的关联、产业链条上下游的关联、其他相关产业的关联。

- 供给：在原材料、配套件、能源、关键设备及配件等方面，存在关联，供给不足会制约创新。
- 协作：技术供应、独立设计提供商、委托加工等协作体系对创新的支持或制约。
- 产业链：产业链条的上、下游支撑对创新起支持或制约的作用。
- 互补产品：互补产品的供给情况会影响创新的成功，甚至影响创新的方向，例如燃油价格的快速上升影响了汽车产业的创新方向。

产业关联的一个意义是，一个国家或地区创新能力的建立需要本地完整的产业支持体系和产业链支持，多个企业、多个产品和多项技术会形成相互支持、相互依赖的关系，进而影响创新活动的稳定性和方向性。所以，我国的自主创新和发展不仅要依靠本行业的努力，而且需要相关行业的支持。中国产业和企业的创新往往不是受制于本行业而是受制于相关产业，例如，平板电视受制于材料业、汽车业电子受制于电子信息业等等。

四、生产商—用户关联

生产商和用户关联的表现是：一方面，二者通过供给与需求相联系，用户需求是生产商创新的起点，用户还常常参与创新过程；另一方面，在用户之间可能还存在关联关系，从而产生用户网络和规模经济效应，网络型产品表现尤为明显。用户参与创新过程在本书其他部分讲述，这里重点阐释用户网络和规模经济。

（一）用户网络

用户网络就是用户之间形成的网络。用户网络的形成会带来网络外部性，即一个用户的效用取决于其他用户的数量。譬如，如果世界上只有一部电话，那么它什么用处也没有，但如果每个家庭都有一部电话，人们之间的联系就方便多了，理论上能够做到每个家庭可以跟任何其他一个家庭直接联系。

用户网络的形成中存在正反馈机制：某一网络的用户增加，就会引起更多的用户加入；某一网络的用户减少，引起更多的用户撤出。换句话说，就是强者更强，弱者更弱。

（二）需求方规模经济

众所周知，供给方存在规模经济，即单位产品成本随产量增加而下降。实际上，需求方也存在规模经济,即随着用户规模的增加,用户的单位支出价值上升。用户规模(installed base)是指某个产品的使用人数,有时也称为用户保有量。例如,用户规模的增加会提高潜在用户接触产品的概率,能够比较容易自己获得使用经验或从周围人群获得使用经验,从而降低学习成本。

用户网络价值的示意图见图 6-1。网络价值以用户数量的平方的速度增长:

$$V = n(n-1) = n^2 - n$$

式中,V——网络价值;
n——用户数量。

需求方规模经济带来的影响如下:

- 良性循环与恶性循环:创新产品处于上升势头,接受的用户越来越多,用户价值上升速度快,会使新用户更快增加,形成良性循环;如果创新产品的口碑变差,离开的用户越来越多,那么用户价值就会快速下降,不仅使新增用户迅速减少,也会促使更多的用户离开,形成恶性循环。

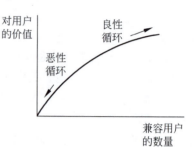

图 6-1　用户规模与网络价值

- "预期"产生的影响:由于正反馈效应和网络正外部性的存在,用户的"预期"会有极大影响。用户的积极"预期"会提高产品的预期价值,从而加快用户规模的增加;消极"预期"的影响则刚好相反。

第二节　技术创新生态系统

一、配套资源

拓展阅读

配套资源,又称互补性资产,它是指使某项技术得以有效实施的配套技术、原材料及能源等供给系统、制造系统、营销及售后服务系统等项资源。例如,对个人计算机而言,计算机的创新者设计了具有优越性能的计算机,但要把计算机推向市场,还必须获得以下配套资源:系统软件和操作软件、芯片供应(或自行组织生产)、生产所需的通用或专用设备、分销网络、售后维修服务等。就一项创新来说,尽管创新的基本技术很重要,没有这项技术就谈不上相应的产品,但若得不到配套资源的支持,这项创新也就不能最终获得成功。

配套资源之所以又称为互补性资产,是因为配套资源与基本技术之间存在互补性。按资产的专用性程度可将配套资源分为通用性、专门性和互为专门性三类。通用性资产是指不是按某项技术的要求专门建造的、可在市场上获得的资产。例如,与 PC 机配套的监视器已经标准化,某种型号的 PC 机并不需要定制专门的监视器。专门性资产是指为某项技术定制的资产,但只具有单向依赖性。例如,PC 机厂商为推销其产品,将组建分布广泛的代理商系统,这些代理商就是该 PC 机厂商的专门性资产,但代理商本身原来和现在也在经销其他计算机及辅助设备。在这种情况下,该厂商对代理商具有依赖性,但代理商对该厂商来说无依赖性。互为专门性资产是指与基本技术形成相互依赖关系的配套资产。例如,佳能复印机专门修理点只修佳能复印机,这样,佳能复印机依赖这些修理点提供售后服务,而这些修理点的存在又依赖于佳能复印机的销售。

配套资源在技术创新的前期阶段尽管也是重要的,但常常不如后期阶段(即主导设计形成后)那样重要。因为在前期,竞争的焦点在新产品的设计上,生产量较小,配套资源以通用性为主;但在主导设计出现后,竞争焦点转向价格,配套资源日益显得重要。为取得规模化生产和销售的低成本效益,资产专门化是基本途径。专门性(及互为专门性)资产的基本特点是不可逆转性,资产一旦建立,如果创新失败,则会遭受巨大损失,投资风险很大。在很多情况下,控制配套资源是取得创新效益的关键。在创新技术只能得到弱保护的情况下,谁在配套资源方面占优,谁就会取得优势竞争地位。

配套资源有两个方面,一是生产配套系统,二是使用配套系统。有的产品生产配套系统的供应链复杂,有的使用配套系统复杂,有的二者皆复杂。如洗衣机,生产配套系统和使用配套系统都简单。飞机制造供应链很长,生产配套系统复杂,使用对系统的要求并不太复杂(虽然有导航、机场系统),通信(设备及终端)生产配套系统和使用配套系统都复杂。

二、从配套资源到技术创新生态系统

(一)配套资源要素之间的互动

配套资源的要素之间,包括生产配套系统要素之间、使用配套系统要素之间以及生产配套系统和使用配套系统要素之间,存在关联和互动。这些要素之间的互动,促进了技术创新生态系统的形成。

生产配套系统要素之间在性能、规模和成本等方面都存在互动,在技术创新发展的过程中相互促进。性能的互动体现为重要零部件的创新呈现为交错进步,零部件甲的进步,让零部件乙、丙成为系统性能进步的瓶颈,然后零部件丙的进步,让零部件甲、乙成为瓶颈,但这个过程中系统性能总是往前进步的。例如,电动汽车的电池、电控和电机三者之间的关系就是如此。个人电脑的CPU、操作系统和显示屏幕之间的关系也是如此。生产系统要素之间的规模、成本也一样,随着产品系统的规模上升和成本下降,重要零部件的规模和成本都会出现梯次升级。随着产品系统创新的发展,技术性能提升、规模扩大和成本下降也是相互促进的,这正是生产配套系统要素之间良性互动形成的结果。

使用配套系统要素之间沿着完整、便利和多样性发展进行互动。例如,电动汽车的使用配套系统,个人充电桩和公共充电桩的分布要相对完整;充电要便利,主要是体现在充电速度快;停车、充电、换电、汽车维修维护等方面多样性发展。使用配套系统中的充电站、停车位、换电站、维修点等要素的发展是相互促进,例如,停车场中的停车位和公共充电桩相互促进的,给电动车的停车位越多,公共充电桩也就越多,反过来也一样。停车位和公共充电桩比较多的地方,维修维护、换电等服务点也相应会增加。智能手机的一个重要使用配套系统是应用软件的多样性、可获得性和安全性,应用商店平台、应用软件、手机服务店这些要素围绕应用软件的发展服务,形成良性互动,让智能手机的使用配套系统迅速完善。

生产配套系统和使用配套系统要素之间也存在互动,促进技术创新的发展。生产配套系统中的关键要素发展会推动使用配套系统的进步,例如,电动车的电池要素让电动车续航里程增加、充电速度更快,这会提升使用配套系统的便利性。使用配套系统的发展也会推动生产配套系统的进步,例如,智能手机应用软件的数量和复杂程度增加,会推动智能手机的计算芯片供应商不断提升运算性能,这两个要素之间会相互促进。

配套资源要素之间的互动,随着要素增加呈现几何级数增长。要素、要素之间的关系、要素背后的众多主体以及主体之间的关系会形成一个复杂的系统,这个系统在技术创新发展壮大的过程中,不断成长,有如自然界中的一个生态体系,因此形成技术创新生态系统。

(二) 企业技术创新生态系统的主体

企业技术创新生态系统连接了用户、用户服务提供商、渠道商、互补品提供商、制造外包商、研发外包商、零部件和材料供应商、员工、竞争对手、基础设施提供者和政府等。这些主体共同促进创新的产品系统、生产配套系统和使用配套系统的发展,决定了技术创新生态系统的活力。

用户在企业技术创新生态系统中注入活力、做出选择、提供反馈。用户需求是技术创新的重要拉动力量,用户支付为技术创新系统提供资金保障。用户对不同产品或服务的选择是技术创新生态系统中的重要保留力量,用户选择决定了生态系统中哪些变异被保留,哪些变异被抛弃。用户关于问题的知识、对解决方案有效性和不足的知识,是技术创新生态系统中的重要反馈。

用户服务提供商离用户比较近,在用户选择、用户反馈中发挥重要的连接作用,甚至是用户需求的激发者,提升用户在企业技术创新生态系统中的参与度和活力。用户服务提供商在技术创新中也可能发挥信息捕捉、用户解读、技术和用户对接等方面发挥积极作用。

渠道商在技术创新生态系统中连接企业和用户,是产品系统从企业到达用户的重要通道,尤其是在创新技术采用的早期多数和晚期多数期间,渠道是生态系统成长速度的重要依靠,在快速发展时期甚至会成为系统瓶颈。创新企业和渠道商之间在推动创新系统成长方面具有一致性,在利益分配方面会存在分歧。创新企业和渠道商在生态系统中的发展是同步的。

互补品提供商是使用配套系统的重要参与者,创新产品系统的采用和互补品提供商的发展是相互促进的。从推动技术创新发展的角度来说,企业和互补品提供商的努力方向是一致的。但在发展互补品的过程中,尤其是当创新处于市场静默期时,互补品发展的投入具有相当大的风险,此时创新企业如何给互补品提供商提供动力非常关键。创新企业和互补品提供商在创新生态系统发展过程的异步发展要在时间、空间、利益等多个维度协同。

制造外包商、研发外包商、零部件和材料供应商是企业在创新过程中的直接支持者。企业跟这些主体在知识流动中的交互对技术创新系统的发展非常关键。创新企业会主导和推动这些主体之间的互动,甚至会为了创新的发展培养一些新的主体进入,以此来增强技术创新生态系统的活力。

员工是企业技术创新的执行主体,为技术创新生态系统的发展注入知识、设计结构、提供互动机会,发现创新生态系统成长的机会,识别创新生态系统发展过程中的瓶颈并找到解决方案。员工在技术创新中具备生态系统的思维,为每一个参与主体都能在创新生态系统中有一个合适的位置,与系统实现共同成长。

竞争对手在企业技术创新生态系统中具有变异、推动、注入活力等多方面的作用。竞争对手为技术创新引入变异,给创新生态系统的发展带来更多选择的可能,这为生态系统的发展、找到正确的方向提供更多可能。竞争对手跟企业在发展壮大技术创新生态系统方面具有一致性,生态系统的扩大对双方发展都有利,会投入资源推动生态系统的发展。竞争对手注入活力,也会为参与生态系统的其他主体提供更多选择和发展机会。

基础设施提供者主要是为使用配套系统提供支撑,或者直接作为使用配套系统的一个组成部分。基础设施提供者可以是盈利的企业,也可以是其他非盈利机构。例如,对于汽车来说,交通道路、停车场都是重要的基础设施。基础设施提供者的超前投入,能够为企业技术创新生态系统的快速成长准备条件。基础设施提供者如果有被技术创新淘汰的投资,沉没成本大,就不会成为技术创新生态系统的支持者,甚至会成为阻碍者。企业技术创新生态系统就需要新成长起来的基础设施提供者。

政府在企业技术创新生态系统中可以为其他各个参与主体提供规则、选择性补贴、发展方向建议等多个方面的作用,以各种形式、不同程度参与企业技术创新生态系统的发展。

上述主体是企业技术创新生态系统参与者的一般描述,不同特点的技术创新会在参与主体的多样性和数量方面有差异。

(三)企业技术创新生态系统的动态演进

企业技术创新生态系统是一个动态发展的有机系统,系统内各个组成部分具有共生关系,在发展过程中共同进化。

共生关系是企业技术创新生态系统的重要特征,系统各个组成部分都是系统整体的必要组成部分,而且具有相互依赖、相互支持的关系。系统各个要素之间,强要补弱。某个部分的弱点会成为制约整个系统发展的阻碍。生态系统中的主导力量会成为补弱的主力,让生态系统克服成长的障碍。

共同进化指的是,企业技术创新生态系统各个组成部分之间是共同发展、彼此成就的。系统各个要素之间会存在正反馈,一个要素的成长会推动其他要素的成长。其他要素的成长反过来又会推动这个要素的成长。生态系统中的正反馈机制会让系统整体呈现出 S 型生长曲线的发展趋势。

三、企业技术创新生态系统中的质能流

跟生态系统中的质能流一样,企业技术创新生态系统的活力来自于质能流,具体包括物质流、知识流和资金流。

物质流体现为企业技术创新生态系统中的有形物质流动,例如原材料、零部件、系

统整体等物质形态的时间和空间变化。物质流具有一定的方向性,向靠近用户的方向流动。物质流相对容易观察和感知,生态系统中的主体需要决定物质流的强度。物质流强度通常都不能事先准确设定,是生态系统发展过程中各个部分相互适应的结果。

知识流在企业技术创新生态系统中的各个组成部分之间存在,知识流动的方向和强度都很多样化。知识流会在系统内形成多个小环流,也会在系统内部形成大环流。知识流的活跃程度是创新生态系统活力的重要体现,影响到整个生态系统的创新性。创新生态系统的主导者对知识流的关注和贡献很重要。

资金流是企业技术创新生态系统的生命线。创新生态系统中的物质流、知识流跟资金流紧密联系在一起。创新生态系统中物质流、知识流的贡献者会得到资金流的反哺,创新生态系统中物质流、知识流的受益者会以各种形式助力资金流的良性循环。

物质流、知识流和资金流在企业技术创新生态系统中紧密交织,形成一个多维立体空间。物质流、知识流和资金流良性循环的形成是企业技术创新生态系统健康发展的重要标志。

第三节 构建技术创新生态系统的战略对策

一、开放式创新

开放式创新是指企业在技术创新过程中,同时利用内部和外部相互补充的创新资源实现创新,企业内部技术的商业化可以在内部进行,也可以开放到外部实现,在创新链的各个阶段与多种合作伙伴多角度合作。[①] 如图 6-2 所示,开放式创新打开了企业的边界,让技术创新过程从内部项目的漏斗,变成了技术创新的筛子,项目和知识可以来自于企业外部,内部项目也可以在外部以多种形式实现商业化,完成技术创新的过程。相对于局限在企业内部的封闭式创新,跨越企业边界的开放式创新是企业技术创新生态系统构建的开始。企业技术创新生态系统中或多或少都会有开放式创新作为组成部分。有些企业技术创新生态系统以开放式创新作为主要特点,也可以称为开放式技术创新生态系统。

开放式创新中,企业可以同时利用内部和外部有价值的知识来加快内部创新,并且利用外部的创新来拓展已有技术的市场。知识链和资金链都跨越了企业边界。开放式创新让企业不再排斥来自外部的创新构想、技术知识和专家。开放式创新也让企业内部的冗余知识不再束之高阁,随着时间的推移而贬值归零。开放式创新给了企业员工分享商业化价值的新途径,提升企业创新活力。

开放式创新的实施可以分为知识外溢、知识内吸和知识网络三类。知识外溢包括技术许可/出售、内部风险投资、企业分拆、支持员工创业和开放源代码等。知识内吸包括技术并购、开放问题平台和搜索前哨/代表等。知识网络包括协作网络、战略联盟和

---

① Chesbrough H. Open Innovation, The New Imperative for Creating and Profiting from Technology[M]. Harvard Business School Press, 2003.

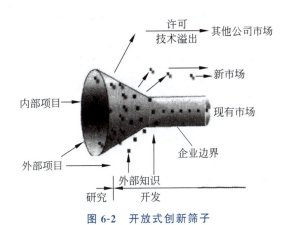

图 6-2 开放式创新筛子

资料来源：Chesbrough H. Open Innovation, The New Imperative for Creating and Profiting from Technology[M]. Harvard Business School Press, 2003.

创新网络等。

技术许可/出售是企业把自己的技术以收费或免费的形式授权给其他企业使用，甚至把技术完全转让给其他企业。企业冗余的技术可以用来技术许可/出售。让更多的企业进入技术创新生态系统，提供相似甚至同样的产品，特别是在遇到另一种技术竞争的时候，企业可以用特别的许可费甚至零许可费来增加采用本企业技术的产品供给，这是从生态系统的角度来考虑的创新竞争战略。

内部风险投资是企业对员工用内部技术成立新公司进行投资。新成立的公司一般会采用不同于所在企业的新型管理机制，有利于企业抓住新兴市场的创新机会。这些新成立的公司也可以成为企业技术创新生态系统中生产配套系统，或使用配套系统的一部分，有利于企业技术创新生态系统的发展壮大。

企业分拆是把一些业务分离成独立运作的公司。企业分拆有利于两个有关联，但是又不那么紧密，尤其是用户群体有区分的业务发展。企业技术创新生态系统能够以群落的方式发展壮大，做到既能共用一些资源，又能更好地发展相对独立的创新系统。

支持员工创业，企业激发员工利用企业资源完善企业技术创新生态系统。特别是一些生产配套系统庞大、存在优化空间，又有相关冗余技术的企业，更加适合用这种形式来促进开放式创新，完善技术创新系统。

开放源代码是以软件技术为依托的公司进行开放式创新的一种形式。通过开放源代码的形式，既可以让更多主体受益于公司的技术，也有利于公司在开放源代码的社区有效利用其他主体的技术能力。随着各种源代码社区的大力发展，越来越多的公司，包括行业内领先公司，进入了开放源代码的行列。

技术并购是企业以完善技术创新生态系统为目的进行并购。很多规模大、成立时间比较长的企业以这种形式获得规模小的新创企业的技术，以此来克服内部创新的不足，是从创新系统完善和持续更新的角度来进行的开放式创新。在技术发展快或者新旧技术交替的产业，技术并购更为活跃和有效。

开放问题平台是企业建立专门的互联网平台，发布企业要解决的技术问题、征集解决方案,或者征集跟企业相关的问题、技术进展和解决方案,这样可以利用外部专家的知识,跨越企业自有知识的局限。

搜索前哨/代表是企业在科学技术知识密集区域建立研究或技术情报机构,或者只是简单地派出驻扎当地的技术人员。搜索前哨/代表的主要职责不是解决企业的技术问题,而是了解与本企业相关的科学技术发展前沿。

协作网络是企业为解决特定的技术问题,以技术合作的形式组成多个机构参加的网络。企业为协作网络注入资源、提出挑战,参与机构贡献知识,共同解决问题,创造出新知识。参与机构可以是盈利机构,也可以是大学、科研院所等非盈利机构。协作网络以问题为依托存在,生命周期取决于问题解决的过程。

战略联盟是企业跟竞争对手、生产配套系统提供商、使用配套系统提供商为实现某个技术创新的突破或者让技术创新生态系统突破临界规模,签署战略合作协议,形成一定期限内的合作联盟。随着技术创新系统的复杂程度提高,涉及的技术复杂度、生产的配套系统和使用配套系统的复杂度提高,战略联盟越来越多。战略联盟是企业以构造技术创新生态系统为目标来进行的开放式创新。

创新网络是企业在技术创新过程中的长期合作伙伴形成的多主体协作组织。对于企业来说,创新网络是技术创新生态系统的组成部分,是开放式创新发展到一定程度的产物。创新网络的形成是企业技术创新长期积淀的结果。

二、平台创新

平台是创新链、产业链不同环节和主体的连接枢纽,发挥整合创新链、产业链的中枢性作用。连接不同企业的平台分为交易平台和创新平台两类。电子商务的网购平台是典型的交易平台,网购平台连接了供应商、用户和销售配送商。创新平台将用户需求、创意开发、设计、制造、配送连接在一起,如海尔的 HOPE 平台。还有企业内创业平台,企业为员工创新创业提供场地、资金、技术支持、供应和销售支持。

交易平台的主要功能是供给方和需求方的匹配,让匹配更有效、更快捷和低成本。随着交易平台的交易数据积累、用户评价和用户之间的交流等互动方式的实现,供给方可以利用交易平台上的数据和内容来进行创新,而且成为交易平台的一个服务内容。通过交易平台,供给方可以进行 A、B 方案测试等,为创新的低成本快速迭代提供了新途径。一些新进入某个产品领域的企业,也可以通过交易平台上的数据和用户生成内容形成创新构想。交易平台也能为企业开发新产品采购原材料、特别是一些用量少的特殊原材料提供了便利。交易平台也能聚集专业设计等知识供应商,为企业解决创新中遇到的问题提供解决方案。因此,交易平台是有利于企业进行创新,可以成为创新过程的有力支撑。

创新平台的主要功能是为企业创新提供服务。企业可以根据需要加入创新平台或者部分创新活动在平台完成。常见的有设计方案或设计师聚合平台,一些服饰、配饰、首饰等可以在平台上找设计师完成,或者是在设计师完成上传平台的一些方案中选择。有些设计平台也会让用户参与到设计方案的评价之中,由用户投票产生方案投入生产制造。随着产业互联网的发展,一些行业龙头企业采取平台创新战略,通过成立产业互联平台,吸引供应商、用户、配套产品提供商等在平台上通过互动进行创新。

企业内创业平台可以释放员工的创新活力,促进员工的创业精神。员工可以在内创业平台上找到实现自身价值的新形式。企业内创业平台为员工进行创新提供各种资源支撑,创新过程的实现会更顺利。

三、创新链的政府整合

创新链是各个创新环节形成的链条。从创新过程来说,创新链主要是研发、生产、营销形成的链条。从创新主体来说,创新链主要是以供应商、制造商、用户等形成的链条。产业链是创新链的依托,创新链是产业链形成和发展的重要条件。产业链的形成、发展、稳定依靠创新链的整合。开放式创新是从企业边界的视角来探索构建技术创新生态系统的战略。创新链的整合是从创新环节和主体连接的视角来探索构建技术创新生态系统的战略。创新链的整合可以分为政府整合、市场整合和企业整合三类。

创新链的政府整合包括两种形式:以研发为依托整合,建立联合研发平台;以地域为依托整合,建立高新技术工业园区、大学科技园、孵化器等。

政府主导建立联合研发平台,国家重点实验室、国家工程技术中心、国家技术创新中心等都强调企业与高校、科研院所根据企业技术创新的需要,共同建立。侧重应用基础研究的研发平台以高等院校为依托,侧重产品技术开发的研发平台以企业为依托,但是都强调对创新链的整合。这种形式的主要优点是,能够通过科技资源,特别是大型仪器试验装备和科技创新人才的共享,降低技术创新的成本,促进知识的共享和传递,加强创新链的整合。大型科学仪器设备开放平台、互联网应用创新开放平台联盟、技术创新示范工程等都会促进创新链的整合。技术创新示范项目是指一个包含特定技术的项目,在现实环境中以全规模或接近全规模,通过检验和展示。这种示范应用能够推进创新链的整合速度,从而促进创新。

政府建立高新技术工业园区、大学科技园等,让创新主体之间在地理上聚集,为创新链整合创造便利和机会,推进创新链的整合。各级政府主管部门可以根据本地区发展高新技术产业的需要,提出发展高新技术工业园区的建设规划,发布高新技术项目招商引资指南,倡导高校、科研院所、企业联合起来成为任务主体共同投标,合作组建高新技术工业园区的高新技术企业。政府主管部门通过政策导向,为高新技术工业园区营造一个局部优化的内外环境条件,吸引产学研合作方带项目来园区发展创业,以利于加速高新技术商品化,形成创新链的整合。共建大学科技园是指由政府主管部门根据本地区发展高技术的需要,以名校为依托,整合高校与地方资源,采取校地共建、一园多校的大学科技园模式,建立研发平台和产业化基地以促进研发和科技成果的转化,形成创新链的整合。孵化器指一个集中的空间,能够在企业创办初期,提供资金、管理等多种便利,旨在对高新技术成果、科技型企业和创业企业进行孵化,以推动合作和交流,使企业"做大",在创新链发展初期即形成整合。孵化器拥有 5 大要素:共享空间、共享服务、孵化企业、企业孵化器管理人员、扶植企业的优惠政策。企业孵化器为新创企业提供良好的创业环境和条件,帮助创业者把发明和成果尽快形成商品进入市场,提供综合服务,帮助新兴的小企业迅速长大形成规模,促进创新链的发展壮大。

四、创新链的市场整合

创新链的市场整合是在市场机制的作用下,创新链、产业链不同环节和主体以自组织的方式结合在一起。例如,网购配送不是企业自建配送车队、人员,而是快递公司通过市场配置主动接单。当汽车整车企业开发出新车,需要相应的零部件做改动甚至重新设计时,零部件制造商会主动配合。

创新链的市场整合是创新链的主要整合模式。创新链的市场整合按照市场规则进行,参与主体之间是平等互利的关系。创新链的市场整合多发生在一些相对稳定的产业环境之中,主体之间具有稳定的创新链连接,各个环节的输入输出可预期、可定义,甚至可以标准化。创新链的市场整合会形成创新生态系统。

五、创新链的企业整合

拓展阅读

创新链的企业整合以企业为依托,由创新主导企业牵头完成创新链的整合,包括三种形式:以企业为主导的产学研合作,以企业为用户的创新链整合,产业联盟。

以企业为主导的产学研合作包括研—产接力型、研—产合作型、研—产一体化型等。研—产接力型是指由大学、院所完成研发后由企业将成果产业化,即研发和转化分段接力进行。研—产接力型主要以技术转让方式进行。研—产合作型包括联合攻关、共建科研基地、研发机构进入企业等形式。共建科研基地模式是指企业与科研机构、大学分别投入一定比例的资金、人力或设备共同建立联合研发机构、联合实验室和工程技术中心等科研基地。研发机构进入企业是指独立研究、设计机构并入企业,进入企业的独立研究、设计单位与企业合二为一,失去自己独立的法人资格,成为企业的一员,与企业共同形成新的法人实体。研—产一体化是指研发和成果转化由一个行为主体实施,一种方式是科研院所办企业,另一种是科研院所转型为企业。科研院所或者高校通过开办企业的方式,通过组织创新将自身技术研究成果转化为产品。研究院所转型为企业,保留其研究功能,又是企业,一般以自身科技成果产业化为基本经营模式。

以企业为用户的创新链整合,适用于以下三种情况中的任何一种:创新链瓶颈在用户端、用户在产业链和价值链中处于关键地位、用户的市场地位高。以企业为用户的创新链整合包括两种形式:大企业用户主导;大型建设工程主导。大企业用户主导中,企业作为用户可以提供技术支持,参与产品设计,分享工艺技术知识,邀请有实力的新材料和零部件供应商加入等,对创新链进行整合。大企业用户可以是创新链的发起者、创新目标的提出者,创新过程的组织者、参与者、保障者和决策者,创新成果的首次应用者及大规模商业化的推动者,是创新联合体的核心主体。大型建设工程的组织者,包括业主和建设承包商,能够把创新链上的各个主体组织起来,围绕大型建设工程展开创新,例如三峡和高铁。

产业联盟是指出于确保合作各方的市场优势,寻求新的规模、标准、机能或定位,应对共同的竞争者或将业务推向新领域等目的,企业间结成的互相协作和资源整合的一种合作模式。联盟成员一般是某一行业内的企业或是同一产业链各个组成部分的跨行业企业。联盟成员间一般没有资本关联,各企业地位平等,独立运作,主要在技术创新方案设计、试验室研制、产业化等阶段通过不同方式整合创新链。产业联盟能在某一领域形成较大的合力和影响力,不但能为成员企业带来新的客户、市场和信息,也有助于企业专注于自身核心业务的开拓。产业联盟使企业间的资源进行水平式双向或多向流动,进而提高合作方的创新能力。产业链联盟可以通过合作较快地促进创新链的演进与形成,通过构建多渠道、多层次、多角度网络式联盟,实现由小范围联盟向网络化的产业链联盟转变。

六、构建技术创新生态系统的步骤[①]

企业构建技术创新生态系统可以参照这四个步骤展开:(1)围绕价值理念,识别关键驱动因素,形成技术创新生态系统;(2)在技术创新生态系统中,建立价值创造、价值分享机制;(3)吸引支持、辅助驱动因素加入技术创新生态系统;(4)不断根据环境变化,审视价值理念是否改变和关键驱动因素是否改变,根据变动情况,重组或重构技术创新生态系统。

(一)围绕价值理念,识别关键驱动因素,形成技术创新生态系统

企业的价值理念,就是简单的、概括的、令人震撼的、使人充满想象,并憧憬其使用价值的诉求口号。例如华为公司提出的"万物互联的智能世界"。关键驱动因素,就是指对于价值理念的实现而言,能够促使这种价值理念得以实现的关键影响力量,包括关键驱动主体和关键驱动手段(技术、组织、管理等)。价值理念和关键驱动因素是理解技术创新生态系统的核心,也是形成技术创新生态系统的关键。

与强调企业独立抓住创新机会和开发内部能力相比,企业技术创新系统强调共同的价值理念和实现此理念的关键驱动因素,形成企业之间的系统联结。当令人震撼的、使人充满想象,并憧憬其使用价值的诉求口号提出时,会吸引众多成员参与,来从事实现此价值理念。多角色的参与和对价值理念的共同兴趣,极其自然地构成了技术创新生态系统赖以形成的基础条件。由于各成员中没有某一个企业能够独自实现此价值理念,因而成员之间必须相互关联和合作,这自然而然形成技术创新生态系统中各成员(子系统、子系统中成员)之间的内在相互作用。整体性、相互作用成为技术创新生态系统形成的基本特征。

(二)在技术创新生态系统中,建立价值创造、价值分享机制

通过价值理念和关键驱动因素,吸引了许多成员,形成了一个群体。能否"留住"这些成员,并建立紧密关系,是技术创新生态系统维持必须解决的问题。在技术创新生态系统内部,因为成员之间有共同的价值理念,为了实现它,各成员必然进行分工和通过相互作用进行价值联结。这其中既有核心价值创造成员、又有辅助价值推动成员,既有

[①] 改写自:范保群,王毅.战略管理新趋势:基于技术创新生态系统的竞争战略[J].商业经济与管理,2006,(3):3-10.

骨干成员、又有附属成员。能够建立价值创造、价值分享机制的技术创新生态系统将得以维持，没有此机制的，瓦解衰退。

（三）吸引支持、辅助驱动因素加入技术创新生态系统

技术创新生态系统要获得发展，必须具备开放环境，不断接纳系统成员和与外界进行交换。具备领导力的主体（往往也是关键驱动因素）把利益各方结合为网络，一个或多个这样的主体形成系统"关键种"（骨干企业）。如果没有支持驱动因素、辅助驱动因素的进入，实现价值理念往往费时长、见效慢，而且系统难以形成规模扩张。

（四）不断根据环境变化，审视价值理念是否改变和关键驱动因素是否改变，根据变动情况，重组或重构技术创新生态系统

为应对动态不确定的环境变化，技术创新生态系统中形成"共同进化"机制，每个成员在自我改善与改造的同时，都必须对系统中其他成员加以注意并积极配合，同时其他成员也应该进行自我投资并努力实现改造的目标。其中骨干或核心成员的作用更加关键。尤其是关注价值理念是否改变和关键驱动因素是否改变，并以自己在技术创新生态系统的号召作用，来重组甚至重构系统。

第四节　技术—市场—产业三维创新战略

技术—市场—产业三维创新战略有四种组合类型（如图6-3所示）：第一种为技术—产业组合，技术变、产业变；第二种为市场—产业组合，市场变、产业变；第三种为技术—市场—产业三者组合，三者同时变；第四种为技术—市场组合，技术变、市场变。第四种已在第五章讨论过，本章主要讨论前三种类型，这三种类型的关键都是在产业维的变化。

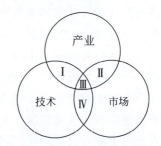

图 6-3　技术—市场—产业三维创新战略类型

一、技术—产业创新战略

技术—产业创新战略是针对已经存在的市场需求，采用新技术、建构新产业形态。新技术开启新的技术轨道，可以是技术结构变化带来的构架创新，也可以是全新技术原理出现带来的技术替代。新技术的出现为满足已有市场需求准备了技术条件。如果市场需求的规模足够大，技术变化会要求新产业形态来解决供应链和配套产品的问题，新产业形态的发展成为关键点，是创新战略设计和实施的重点所在。

IBM进入个人电脑产业采用的是典型的技术—产业创新战略。IBM采用构架创新，设计了个人电脑的总线结构，各个部件之间采用标准接口，实现了技术分解，个人电脑技术模块化，CPU、输入、输出、软件技术等都成为独立的技术模块。IBM开放了总线结构，符合标准接口的部件都可以即插即用，而且从产品开发时就定下了市场机制下的产业分工、配套市场化，而不是自己控制的战略，让技术模块基础上的产品模块化得以实施，既包括硬件，也包括软件。IBM把定义个人电脑技术性能的CPU和操作系统

分别给了英特尔和微软,这成就了英特尔和微软在个人电脑产业的核心地位,甚至个人电脑的架构都打上它们的烙印,被称为 WIN-TEL 架构。与之一致,各种应用软件供应商都可以直接安装在操作系统上运行。电脑主板、硬盘、软盘驱动力、键盘、鼠标、显示器等零部件都有专业化提供商。IBM 建立了全新的产业生态,对以苹果为代表的传统模式实现了致命的破坏。IBM 用产品技术性能低于苹果的构架创新、依靠产业生态的建立赢得了个人电脑产业,技术—产业创新战略成功实施的关键在于新产业形态的设计和实现。

我国企业以 VCD 取代录像机采用的是技术—产业创新战略。市场需求是存在的,就是发达国家由家用录像机满足的影音市场,以电视机作为显示器。20 世纪 90 年代初,出现了数字音视频解码芯片技术,这是新的数字技术,我国企业发现数字音视频解码芯片输出的图像可以达到家用录像机的同等分辨率,完全可以满足我国家庭的影音播放需求,这是全新技术,我国企业完成了整机设计,境外半导体企业提供解码芯片。我国企业和境外芯片企业密切合作,不断优化整机性能,我国企业创新的一些用于改善光盘数据读取和音视频输出的外围电路,经常被整合进入解码芯片,这既可以在提升性能的同时降低成本,还可以让整机设计更简单,更多整机企业能够快速进入 VCD 产业,很快就发展成为一个大规模的产业,这是 VCD 的技术创新对于产业结构改变带来的积极影响。产业创新的另一个方面是解决产业配套,VCD 播放机需要节目源,就是家庭需要种类丰富、价格便宜的光盘。这个配套问题同样需要规模。VCD 播放机的规模扩展和光盘供给的规模扩展之间实现了正反馈。解码芯片、整机企业、VCD 盘片生产企业、VCD 内容供应商形成全新的产业形态,这是我国 VCD 技术—产业创新战略成功的关键。

二、市场—产业创新战略

市场—产业创新战略是采用已有技术,针对新市场、建构新产业形态。新市场开启新的市场轨道,可以是性能需求特性变化带来的差异化市场演进,也可以是更加关注降低成本带来的低端市场演进,还可以是二者的结合。新市场的出现为已有技术的扩展应用准备了市场条件。如果新市场的规模足够大,会要求构建新产业形态来解决供应链和配套产品的问题,新产业形态的发展是关键点,是创新战略设计和实施的重点。

小米以手机为中心的周边产品体系的培育,以新国货为发展重点,采取的是市场—产业创新战略。小米发现,我国消费者出国旅游时喜欢满载而归,机场免税店的电饭煲、马桶盖等都会被一扫而空,这说明我国消费者产品升级的需求涌现。这些技术都是存在的,市场是新出现的。小米手机自身的价值定位就是为消费者以可接受的价格提供高品质商品,这个价值定位跟我国消费需求升级完全匹配。小米周边产品体系不是自己去做,而是通过产业配套来解决问题,在产业配套中用投资、线上线下销售平台和米系列品牌等新方法来实现。小米先从手机配套产品开始,充电宝、手机保护壳、贴膜、贴纸、自拍杆、防尘塞、手机支架、路由器等。后来扩展到智能硬件,小米手环、耳机、蓝牙音箱等。然后形成系列家居产品,小米无人机、九号平衡车、小米电饭煲、小米空气净化器、小米净水器等家庭大件。此外,小米生态链还有血压计、摄像机、运动相机、体重秤、Wi-Fi 放大器、智能家庭组合、智能灯等产品。消费者可以购买一套小米智能硬件产品,满足客厅、卧室以及厨房的需要,同时还有手上戴的,以及脚下骑的。小米通过构建新产业形态实现了市场—产业创新战略。

三、技术—市场—产业创新战略

技术—市场—产业创新战略是针对新的市场需求,采用新技术、建构新产业形态。新市场来自于需求创造,新技术一般是全新技术原理出现带来的技术替代。新技术的出现为创造新的市场需求提供技术条件。如果新市场的规模足够大,技术变化会要求新产业形态来解决供应链和配套产品的问题,新产业形态的发展成为战略成功的关键,是创新战略设计和实施的重点所在。

移动通信是技术、市场和产业的全新创造。大唐电信集团推出 TD-SCDMA 第三代移动通信标准并成功实现产业化的过程,采用的是技术—市场—产业创新战略。1998 年大唐电信集团代表我国向国际电信组织提交 TD-SCDMA 标准议案。大唐电信集团首先要完成新技术的验证,2001—2004 年进行了系统研究,主要以技术产品研发为主。之后,大唐电信集团通过内部资源整合和组织结构调整,成立了大唐移动公司,专门负责 TD-SCDMA 的产品技术研发和准备工作。包括配套体系在内的新产业形态从一开始就受到重视,以大唐为首成立了 TD 产业联盟。2002 年 10 月 30 日,由大唐牵头,包括大唐、华立、中兴、华为、普天、CEC、联想、南方高科 8 家企业组成的 TD-SCDMA 产业联盟建立。随着 TD 产业化的发展,越来越多的企业加入 TD 产业联盟。产业联盟的成立,使得 TD-SCDMA 产业形成了整体配合、协同并进的局面,同时也深化了 TD 产业的国际合作,产业发展得以驶入快车道。在大唐的全力推动下,经过四年的发展,TD 产业联盟就形成了以中国企业为主导、国外企业广泛参与的多层次产业合作格局,建立了从系统到终端、从芯片到核心软件、从配套设备到测试仪表的完整移动通信产业链,而且产业链的每个环节都形成了多厂商供货的局面。在 TD-SCDMA 基站、终端、芯片、测试仪表、核心网等各个领域,大唐与北电、飞利浦、三星、西门子、意法半导体等跨国公司进行了合资、联合开发、技术许可等多种形式的合作。跨国公司的进入,进一步全方位推动了 TD-SCDMA 产业的开发进程和国际化程度,也为 TD-SCDMA 技术和产品进入国际市场奠定了基础。2009 年 1 月 7 日下午,工业和信息化部在内部举办小型牌照发放仪式,向重组后的中国移动、中国电信和中国联通发放三张 3G 牌照,其中中国移动获得 TD-SCDMA 牌照,2013 年 2 月,TD 用户就超过了 1 亿。TD-SCDMA 为终端用户带来了数据通信的新特性,彩信、手机阅读、新闻订阅等为用户带来休闲的新方式。大唐电信集团 TD-SCDMA 第三代移动通信实施技术—市场—产业创新战略的过程中,难点就落在新产业形态上。从这种意义上说,创新战略的产业挑战对于企业来说是关键,特别是那些想改变产业形态或者创造全新产业的企业。

思 考 题

即测即练

1. 简述技术创新的关联特性,并探讨关联特性的决定因素。
2. 举例说明技术创新的生产配套系统。

3. 举例说明技术创新的使用配套系统。
4. 简述技术创新配套资源要素之间的互动对技术创新的影响
5. 请结合企业实践,阐述企业技术创新生态系统的主体及其关系。
6. 请举例说明通过开放式创新如何构建企业技术创新生态系统。
7. 请结合实例,分别说明创新链的政府整合、市场整合和企业整合。
8. 请举例说明技术—产业创新战略。
9. 请举例说明市场—产业创新战略。
10. 请举例说明技术—市场—产业创新战略。

第三篇

技术创新过程

第七章　创意开发

第八章　技术创新项目决策

第九章　新产品开发

第七章 创意开发

第一节 创意开发基础

一、创意开发的内涵

创意开发是一种社会生产活动。可以从两个维度——个人—组织、结果—过程来分析创意开发。创意开发应当包含以下内容：在个人层面上，创意开发指开拓个人创造力以及提高个人产生创造性想法的能力；在组织层面上，创意开发指提升组织创造性解决问题的能力以及如何产生创造性的解决方案；从结果上来看，创意开发指产生解决问题的创造性方案；从过程上来看，创意开发指创造性解决问题的过程管理。

二、创意开发源泉与过程

（一）创意开发的源泉

创意开发需要激发个人灵感，而灵感的源泉来自于人类社会生活的全部，观察法一直是人类创意的主要源泉，而科学实验则是人类有目的地探求创意开发而进行的活动。观察法和科学实验是创意开发课题选择的两个重要来源。

1. 观察法

观察法是指人们在自然条件下通过感官或借助一定的科研仪器，有目的、有计划、有系统地考察各种现象并对其进行分析的一种科研活动。观察法按照观察是否借助仪器分为直接观察法和间接观察法；根据观察过程的严密程度，分为结构式观察和非结构式观察。

2. 科学实验

所谓科学实验，就是根据研究目的，运用一定的物质手段，通过干预和控制科研对象而观察和探索科研对象有关规律和机制的一种研究方法。任何实验都具有实验者、实验手段和实验对象3个基本因素。但不同的实验要素各有不同的特征，因而可以划分为不同的实验类型。比如，根据揭示实验对象质和量的不同特征，可以分为定性实验、定量实验、结构分析实验等类型；根据实验者的直接目的的不同，可分为探索性实验、验证性实验、测定实验、析因实验、对照实验、中间实验等；此外，还可以根据实验对象是原型还是模型，可分为原型实验和模拟实验等类型。

（二）创意开发过程

创意开发过程指创意开发者在创意开发中,运用创造思想技能时所表现的行为[1]。创意开发过程会因人、因事而异,常无固定的模式,但创造的发生,需先分析问题,产生明确的概念及认知,继而运用各种心智能力去发展解决问题的方案,而后验证其有效性,并付诸实施,此一连串心智上的连续运作,即为创意开发过程[2]。由此可见,创意开发过程实际上可以在两个层面上来讨论:问题解决过程的层面和创意开发过程中思维变化层面,即创造性思维层面,或者说,创意开发过程实际上是问题过程模式和思维过程模式二者交织的结果。

1. 问题过程模式

在创意开发过程中,从问题的提出到问题的解决,不可能一蹴而就,总要经过一系列促进问题解决和逐渐趋于问题解决的中间步骤。这些中间步骤的存在,就使整个创造过程具有不同的发展阶段。

关于以问题为中心的模式,国内外学者进行了广泛的研究,通常认为,创造性解决问题模式一般分为四个阶段:

准备阶段,解决问题者认识了问题的特点,并试图用一些可用的术语来表达;

孕育阶段,针对问题收集一定的资料,但问题尚未得到解决,处于内部孕育状态;

明朗阶段,对问题重新予以注意,突然想出了一个解决问题的办法;

验证阶段,对提出的解决方法做详细的验证。

2. 思维过程的模式

创意开发过程在一定程度上可以说就是对客观事物的认识过程和改造过程。一般认为创意开发活动的思维过程包括四大阶段,即发现问题、了解情况、深入思考和实践验证。一项创意开发活动可以包括这个全过程,也可以只在其中的一个或一个以上的阶段进行工作并取得成果。

（1）发现问题

创意开发活动开始于发现问题。人们在对客观事物的认识上产生了矛盾也就是出现了问题,必须解决这个矛盾或问题,提高认识,掌握事物发展运动的规律,才能使事物按照人们的意图向前发展。为了解决这个矛盾才需要进行科学研究。所以科学研究的第一步就是善于认清矛盾,或者说善于发现问题。

（2）了解情况

创意开发者有了问题之后,就必然想对这一问题作深入的了解,了解关于这个问题的各方面的情况、来龙去脉及它的多方面联系,为的是要把这一问题的有关现象或事实弄清楚。

（3）深入思考

深入思考是在掌握的上述丰富资料的基础上进行的。感性的东西并不能自发地变成理性的东西,仅是掌握材料还不能上升到理论。

---

[1] Hong-Sen Yan. Creative Design of Mechanical Device[M]. Springer-Verlag Singapore Pte. Ltd. ,1998.

[2] Hill D. Design Engineering of Biomaterials for Medical Devices[M]. John Wiley and Sons,1998.

（4）实践验证

在上述第三阶段产生的假说或初步理论、结论是否可靠，或可靠度有多大，还必须付诸实践加以检验。一项创造成果是否真有价值以及价值有多大，也只有从实践检验的效果中来确定。

三、思路扩展法

思路扩展法包括类比创意开发法、移植创意开发法、模仿创意开发法、组合创意开发法、逆向创意开发法、转移创意开发法等。

（一）类比创意开发法

根据类比的对象、方式等的不同，类比创意开发法大致有如下几种类型（如图7-1所示），也就是在运用这种方法的时候可以参考的思考途径。

（1）直接类比：根据原型启发，直接将一类事物的现象或者规律搬到另一类事物上去。

（2）拟人类比：把自己或他人同问题对象进行类比。

（3）因果类比：把两事件的起因和结果联系起来进行类比。

（4）荒诞类比：把荒诞的创造性思维和实现愿望联系在一起进行类比。

（5）对称类比：利用自然界许多事物都存在着对称性的关系进行类比。

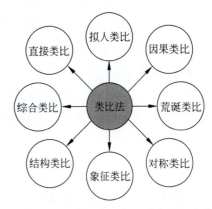

图7-1 类比创意开发法的8种主要思考途径

（6）象征类比：把表面看来不同而实际上有联系的要素结合起来进行类比。

（7）结构类比：利用结构上的某些相似性把已知事物和未知事物进行类比。

（8）综合类比：把两件事物进行全面的、综合的类比。

（二）移植创意开发法

1. 原理性移植

这是指把科学原理或技术原理移植到某一新领域的方法。例如，反馈原理最早应用在电子线路中，但把这一原理移植到生物、机器等领域后，便创立了适合一般系统的控制理论。

2. 方法性移植

这是指把某一领域的技术方法有意识地移植到另一领域而形成创造的方法。例如，20世纪60年代中期，美国一位数学家把经典数学、统计理论的研究方法移植到对模糊现象的研究中，便创立了一门新的数学分支——模糊数学。

3. 结构性移植

这是指把某一领域的独特结构移植到另一领域而形成具有新结构的事物。例如，蜂窝是一种强度相当高，但是只需耗用很少材料的结构，把这一结构移植到飞机设计和制造工艺上,就可以减轻飞机的重量而提高其强度;同样,将蜂窝结构移植到房屋建筑上,可制造出形状如同蜂窝的砖,使用这样的建材可以减轻墙体重量,同时还具有隔音、保暖的好处。

4. 功能性移植

这是指把某一种技术所具有的独特技术功能以某种形式移植到另一领域。例如,超导技术具有增强磁场、增大电流且无热耗的独特功能,就可以移植到许多领域。将超导技术的功能移植到计算机领域,就可以研制成无功耗的超导计算机;移植到交通领域可研制磁悬浮列车;移植到航海领域可制成超导轮船;移植到医疗领域可制成高性能的核磁共振扫描仪等。

5. 材料移植

通过材料的替换达到改变性能、节约材料、降低成本的目的。例如,随着现代科技的发展,人们发现陶瓷材料的应用价值越来越高,陶瓷也能取暖,用陶瓷作暖风机耗电量只有普通空调机的 1/3。所以说材料的移植将会带来新的功能和使用价值。

(三) 模仿创意开发法

1. 功能性模仿

功能性模仿是指从某一功能的要求出发来模仿类似的已知事物。比如,从方便、小巧这样的功能特征来看,既然有了"傻瓜"相机,为什么不可以有"傻瓜"汽车呢? 2023年2月,北京经济技术开发区,"整车无人"自动驾驶车辆上路测试。

2. 结构性模仿

结构性模仿是指从结构上模仿已有的事物的结构特点并为己所用。例如,双层公交车的构思来自对双层居室的模仿。结构性模仿是任何人都易于产生的最简单的模仿。

3. 形态性模仿

形态性模仿是指对已知事物的形状或物态进行模仿而形成新事物的方法。例如,军人穿的迷彩服,就是对大自然色彩的模仿;淋浴的喷头中喷出的水柱是对雨天的模仿;而人造喷泉、微型盆景,直至影视中的绘声绘色的拟音,可以说都是形态性模仿创造。

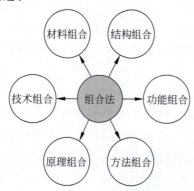

图 7-2 组合创意开发的 6 种基本方式

(四) 组合创意开发法

组合创意开发的类型十分纷繁,几乎覆盖了我们人类生活的各个领域。下面是几种基本的组合类型(如图 7-2 所示)。

材料组合:如在航空航天领域颇有应用前景的复合材料就是典型的材料组合创意开发的产物。结构组合:如在生物工程技术中已经达到实用化的细胞融合技术就是典型的结构组合创意开发。发明的"多用电工镊子"就属功能组合。方法组合:比如,为提高洗衣机的洗涤效率,各种方法都可以同时组合在一起用,如冲刷方法、揉搓方法、挤压方法、喷淋方法等。原理组合:喷气发动机就是喷气推进原理与燃气轮机原理相结合的产物。技术组合:激光照排出版系统,则可以看作是计算机技术、激光成像原理及印刷出版技术的多元技术组合。

(五) 逆向创意开发法

逆向创意开发法是一种与原有事物、思路故意唱反调的思维方法。例如,为了制服盐碱地,将其改造成可以耕种的良田,传统的做法是挖沟排水,让土地变干。但效果一直不佳。后来有人从逆向思维的方法考虑,干脆反其道而行之,变排水为蓄水,并在大面积盐碱地上建成许多蓄水池用来养鱼养虾,不仅年年有水产品出售,而且,由于鱼虾的粪便及腐殖质的作用,几年后,池塘底就沉积了一层可耕种的良性土壤。

(六) 转移创意开发法

转移创意开发法就是转换解决问题的重点途径的方法,也就是一种另谋它途的思考方法。创造性思维的灵活性、变通性,在这种技法中可以得到很好的体现。例如,某人久病不愈,中医、西医看遍了,也不见效果,他一定会想到试试偏方,这就是一种转移的思考方法。如果孩子犯了错误,用强制打骂的方法教育无效,聪明的家长都会换一条途径教育之,如启发、暗示、诱导等。

第二节　分析能力促进方法

一、问题分析法

(一) 问题的要素和类型

在现实生活中,问题是多种多样的,不论是从内容到形式都是千差万别的。认知心理学认为,人们可以把问题表征为三种状态,即起始状态、目标状态以及中间状态。当起始状态和目标状态已知,但是如何从起始状态达到目标状态的路径是未知的时候,就存在了一个问题(problem)。也就是说,问题就是期望与现实之间的差距。

一般而言,问题具有以下三要素。

1. 给定

所谓问题的"给定",是指一组已经明确知道的关于问题的条件的描述,就是问题的初始状态。

2. 目标

所谓问题的"目标",是指关于构成问题的结论的明确的描述,即问题要求的答案或者目标状态。

3. 差距

所谓问题的"差距",是指问题的"给定"与"目标"之间直接或间接的距离,必须通过一定的思维活动才能找到答案而达到"目标"。

任何一个问题,都是由"给定""目标"和"差距"三个成分有机地结合在一起的。

根据问题的"初始状态""目标状态"和"从初始状态到目标状态的解决途径的差异"

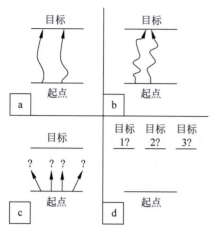

图 7-3　四种类型的问题

这三者不同的结合性质,将问题分成以下四种具体类型(如图 7-3 所示)。

图 7-3a 表示问题的初始状态和目标状态都明确,而且到达目标的各种途径是相同的。

图 7-3b 表示问题的初始状态和目标状态都明确,但是有两条以上不同效率的达到目标的途径。

图 7-3c 表示问题的初始状态和目标状态都明确,但是不知道如何达到目标。这是人们遇到新颖性问题时常有的问题状态。

图 7-3d 表示问题只有初始状态明确,目标状态和差距都不明确。

图 7-3a、图 7-3b 和图 7-3c 指的都是明确的问题,是目的已经明确的问题,明确的目通常指明了如何正确地解决问题的明确手段。图 7-3d 则属于模糊问题,是目的还不明确的问题,现实中模糊问题可能更加常见。

(二) 发现问题

发现问题是解决问题的第一个阶段,也是创意开发的起点。因此首先要做的工作是找到问题的所在,紧接着就要确立需要实现的目标,再来寻得问题的解决方法。采用系统搜索的方法可以帮助辨识问题或者是使问题凸显出来。而目前采用的比较成熟的方法是 SWOT 分析方法。

SWOT 分析是一种结构化的分析工具,包含的四个方面分别是优势(strengths)、弱点(weakness)、机会(opportunities)和威胁(threats)。通过 SWOT 分析,将四个方面的特征加以详细说明,同时将其彼此间的关联关系也梳理清楚。

以一个生产制造类的企业为例,进行 SWOT 分析可以由产品经理和主要的员工一起组成一个讨论小组,利用下面列出的目录来激发创意。

首先从自己的角度出发(如表 7-1 所示)分析自己的优势和劣势。

表 7-1　优势与劣势分析

关键因素	优　势	优势详细阐述	劣　势	劣势详细阐述
产品设计				
产品质量				
产品特征				
市场规模				
市场信息				
市场覆盖范围				
分销范围				
分销质量				
产品包装				
沟通战略				

续表

关键因素	优 势	优势详细阐述	劣 势	劣势详细阐述
销售推广业务				
广告业务				
销售				
产品成本				
产品获利能力				
产品寿命周期				
新产品开发				

然后再从顾客的角度(如表 7-2 所示)来检查企业的机会与威胁。

表 7-2　机会与挑战 SWOT 分析

关键因素	机 会	机会详细阐述	威 胁	威胁详细阐述
服务功能				
替换产品/竞争				
竞争者				
营销信息				
经营成本				
经营者素质				
生产能力开发				
沟通系统				
促销媒介				

(三) 定义问题

定义问题的方法有两种：二次定义技术与要素分析技术。

二次定义技术旨在利用对问题的再次定义来尽量避开对问题的固有成见和思维束缚,力图获得不同于首次问题描述的可能定义。采用二次定义技术通常需要用发散性的思考方式才能够达到预想的效果,其好处在于通常能够获得对问题的更独特的解决和处理方法。

要素分析技术需要操作者对问题的重要因素、属性加以分析,通过不同维度的分析达到从整体到局部的思考。同二次定义技术相比,要素分析技术有助于缩小选择的范围和整合与问题相关的信息,也有助于获取新的信息。

二、需求分析法

社会上各种不断增长的需求,是进行创意开发的推动力。采用需求分析法时,创意开发者首先设法把需要满足的需求全部列出来,在罗列这些需求时常常会发现许多以前所未知的需求。常用的分析需求的方法有需求分析核查表法、组成表法、问题分析法、差异分析法、相关品牌的总体轮廓法。

(一) 从"需求"上动脑筋——应需开发法

把理论、原理、观念形态的东西应用于实际就能成为一种方法。需要是推动创造发明的社会动力,把这个原理付诸实施,就可以成为创意新产品的方法,这种方法被称为"应需开发法",即依据社会的某种需要来开发产品。

应需开发法的关键是要发现需求,同时捕捉新的需求。常用以下方法。

1. 寻求不同个性和爱好的不同需求

由于用户本身就具有的多样性和多变性,因此对同一产品和服务就会有不同需求,并且这些需求也时刻在变化着。

2. 寻求不同地区和民族的不同需求

地区、民族不同,生活习惯和爱好也不同。比如,湖南人爱吃辣的,什么菜里面都放些辣椒;而江苏人却喜欢吃甜食,连肉包子里也要放糖。

3. 寻找不同层次的人的不同需求

从年龄上看,人有老、中、青、少、幼、婴儿等的区别;从经济收入看,人有极其富裕、富裕、小康、温饱、贫困、特困的差异。不同年龄和不同经济收入的人,需求的差异存在着巨大的差异,在根据市场需求进行产品的创意和开发时,一定不要忽略这一巨大的差异性市场带来的商机。

4. 寻求特殊人群的特殊需求

这里指的是对盲人、聋哑人、其他各种有身体残疾的人士的特殊需求,与国外市场相比,我国满足特殊需求的落后状况与之形成鲜明的对照。如日本根据盲人行走的需要,开发了一种"导盲车",像一辆用手推的童车一样,由电脑、红外线进行导盲。

5. 追求健康和安全的需求

由于生活条件的逐步改善,人们对自身的健康和安全越来越关心,这方面的需求也随之越来越多。

6. 寻求省时、省力、方便的需求

发明、创新往往是满足"懒人"的需要。因为人们总是爱好"懒惰"的,总是要求产品越省力、越省时间、越方便简单越好。寻求这种方便的需求能开发或革新许多新产品,比如:我们通常使用的电吹风都是手握式的,而日本开发的电吹风却是固定式的,它们或定位在墙上,或放置在桌上。使用的时候只需调整吹风管的角度,对准需要吹的头发即可,这里省掉了手向上一直握住电吹风的麻烦(手臂举着容易疲劳)。

7. 寻求满足人们心理上的需求

人们购买商品,不仅是买商品的功能,有时还为了满足心理上的需要。如某一家企业曾经改变了水桶一贯圆形的老面孔,开发了一种鸡心形的塑料水桶,一套大小四只,叠在一起。因是这一重要的改变满足了人们心理上的需求,获得了一个"心心相印"的好口彩,当时凡是新结婚的夫妇一定会购买这种水桶,且当礼品赠送,故上市后销路不错。

8. 寻求社会需求的雏形

社会上的不少产品在正式投产前,实际上在民间早已存在了,这是正式产品的雏形,它反映了社会上的某种需求。在这些产品未成为商品前,一些民间的能工巧匠根据自己的需要,早已制成使用了。因此,只要找到这种雏形,就是找到了某种社会需求,只需对这种雏形稍加改进,往往就可开发出一种社会上需要的商品。

(二)从"用户"中获得智慧——用户法

尽可能满足用户的需求,这不仅是企业的职责,同时也是推动企业创新产品、改善经营管理的原动力。国外不少有远见的企业家认为"要让用户(意见)渗透到企业的每个角落和缝隙中去",因为用户能看到企业管理者看不到的东西、设计人员想不到的东西,故而能够对企业的发展和成功起巨大的推动作用。

据美国麻省理工学院冯·希伯尔的研究发现:在 11 项首创发明中,主意都来自用户;在 66 项重大发明中,85%的主意来自用户;在 83 项次要发明中,有 2/3 的主意来自用户。可见用户的主意确是企业发明、创新的源泉。所以可以这么说:顾客的抱怨、批评,可能是一种最宝贵的财富。

因此,利用好用户的意见反馈,可以让企业积极把握用户的需求,为用户量身定做适合的产品,推动产品创新,从而保持企业的领先地位。

三、属性分析法

(一)列举法

这项技术常常被用来激发与推出新产品有关的创意和构思[①]。

列举法的操作步骤如下(见图 7-4)。

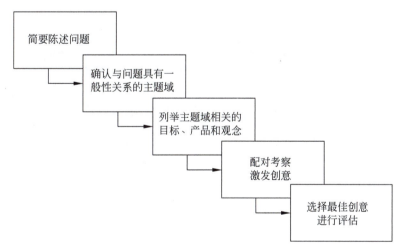

图 7-4 列举法操作步骤

(1)用简洁的词语来对初始问题加以陈述。
(2)确认与问题具有一般性关系的主题域。
(3)列出所有与主题域相关的目标、产品及观念,并将其逐一编号记录下来。
(4)采用自由关联的方法,对上述所列出的项目进行配对考察,激发新的创意。

---

① Whiting C S. Creative Thinking[M]. New York: Van Nostrand Reinhold, 1958.

(5) 选择最佳创意作为进一步评估的对象。

(二) 属性罗列法

作为一种创造性解决问题的技术,属性罗列法是由Crawford首先提出的[①]。

属性罗列开始的时候集中在对要解决的初始问题的物理方面的属性进行改进,然后是其他的属性,比如对现有产品进行功能上的分析,将现有产品的功能、作用或使用方法列出来讨论如何改进,同时希望能发现没有意识到的功效或开发人员未能预计到的功效缺损。每项功能列出来之后,提出相同的两个问题:"为什么要这样"和"如何能够改进一下",通过这样的问题来激发创意和新概念(如图7-5所示)。

图7-5 属性罗列法的操作步骤

(三) 成分细述法

这种方法是列举法的发展,同时还有一些形态分析法的特点,在某种意义上讲是两种方法的结合[②]。通过这种方法可以探究各种各样的问题,但其最大用处在于改进产品。

成分细述法操作步骤如下(见图7-6)。

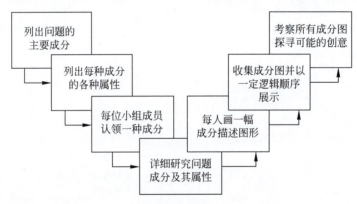

图7-6 成分细述法

(1) 小组以团队形式开始活动,要求小组成员列出问题的主要成分。

(2) 由小组来确认每一种成分的属性,并将其列举出来。

(3) 交给小组每个成员一种不同的问题成分。

(4) 小组成员对该问题的成分及其属性进行研究。研究过程要求精心细致,不放过每个细节。

---

① Crawford R P. The Techniques of Creative Thinking[M]. Englewood Cliffs, NJ: Prentice Hall, 1954.

② Wakin E. Component Detailing[C]. Presentation at the 31st Annual Creative Problem Solving Institute. Buffalo, NY, 1985.

(5) 对所分派的问题成分,每个小组成员画一幅尽可能包括大量细节的成分图。

(6) 把每个成员的成分图收集起来予以展示,以便所有成员都能一目了然。需注意应以逻辑顺序将每一幅图加以展示。

(7) 对每一幅图进行仔细考察,以求观念创新。

第三节　集体协作创造方法

一、TRIZ 方法

TRIZ 是苏联发明家 Genrich. S. Altshuller 提出的,其拼写是由"发明问题的解决理论"(Theory of Inventive Problem Solving)俄语的单词首字母(Teoriya Resheniya Izobretatelskikh Zadatch)组成,在欧美国家也缩写为 TIPS。TRIZ 的主要目的是研究人类进行发明创造、解决技术难题过程中所遵循的科学原理和法则,并将之归纳总结,形成能指导新产品开发的理论方法体系。目前国际普遍认可的定义是:TRIZ 是基于知识的、面向人的解决发明问题的系统化方法学。

TRIZ 流程图如图 7-7 所示。

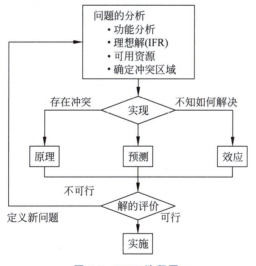

图 7-7　TRIZ 流程图

该图不仅描述了各种工具之间的关系,也描述了产品创新中的问题。应用 TRIZ 的第一步是对给定的问题进行分析。如果发现存在冲突,则应用原理去解决;如果问题明确,但不知道如何解决,则应用效应去解决;第三种选择是对创新的技术系统进行进化过程的预测。之后是评价,最后是实现。该过程可采用传统手工方法实现,也可采用计算机软件辅助实现。

1. 分析

分析是 TRIZ 的工具之一,包括产品的功能分析、理想解(ideal final result,IFR)的确定、可用资源分析和冲突区域的确定。功能分析的目的是从完成功能的角度,而不是从技术的角度分析系统、子系统、部件。该过程包括裁剪(trimming)的程序,即研究每一个功能是否必需,如果必需,考察系统中的其他元件是否可完成其功能。

理想解是采用与技术及实现无关的语言对需要创新的原因进行描述,创新的重要进展往往在该阶段由对问题深入的理解所取得。确认哪些使系统不能处于理想化的元件是使创新成功的关键。

可用资源分析是要确定可用物品、能源、信息及功能等。这些可用资源与系统中的某些元件组合将改善系统的性能。

冲突区域的确定是要理解出现冲突的区域。区域既可指时间,又可指空间。假如在分析阶段问题的解已经找到,可以移到实现阶段。假如问题的解没有找到,而该问题的解需要最大限度的创新,基于知识的三种工具——原理、预测和效应都可采用。在很多的 TRIZ 应用实例中,三种工具要同时采用。流程图表明了采用三种工具的条件。

2. 原理

原理是获得冲突解所应遵循的一般规律。前文已经提到有技术与物理两种冲突,技术冲突是指传统设计中所说的矛盾,即由于系统本身某一部分的影响,所需要的状态不能达到;物理冲突指一个物体有相反的需求。TRIZ 引导设计者挑选能解决特定冲突的原理,其前提是要按标准参数确定冲突。有 39 条通用工程参数和 40 条创造性发明原理可供应用。

3. 预测

预测又称为技术预报。TRIZ 确定了 8 种技术系统进化的模式。当模式确定后,系统、子系统及部件的设计应向高一级的方向发展。

4. 效应

效应指应用本领域,特别是其他领域的有关定律解决设计中的问题。如采用数学、化学、生物及电子等领域中的原理,解决设计中的创新问题。

5. 评价

该阶段将所求出的解与理想解进行比较,确信所做的改进不仅满足了用户需求,而且推进了产品创新。TRIZ 中的特性传递(feature transfer)法可用于将多个解进行组合,以改进系统的品质。

二、创造力模板法

创造力模板指在创意开发的过程中那些看得见、可以衡量的并且很容易学习的规则或模式,通过对模板的学习和把握可以理解产品以往变化的规则,也可以预见到紧接着的下一个变化。

创造力模板理论的基本概念如下。

1. 空间

空间是指操作的领域。模板在以下两个空间中进行操作。

(1) 组件空间,包括静态的物体——使产品形成一个整体的基本的组件部分,或者对产品有直接影响的固定的外部元素。

(2) 属性空间,包括产品的变量或者它的能够变化的组件。

第七章 创意开发

以椅子为例,椅子的椅腿和座位是组件;椅子的颜色或者高度则是属性。创造力模板方法仅仅考虑那些含有实际信息的属性;抽象的概念,诸如美感等,则是在后一阶段,即开发阶段考虑的对象。

2. 特征

一个产品的特征是指它的组件和属性,特征可以是内部的或者外部的。

(1) 内部特征:指处在制造厂商控制之下的组件或属性;

(2) 外部特征:指不处在制造厂商控制之下的组件或者属性。

同样以椅子为例,在组件空间中椅腿和座位是它的两个内部特征,在属性空间中颜色和高度是它的两个内部特征。产品本身所有的特征都是内部特征。

3. 链接

一个链接描述两个特征之间的关系,并且遵循以下的规则。

(1) 一个链接必须能产生直接影响。

只有当一个组件的变化直接成为另外一个组件的参数发生变化的原因时,一个链接才可以存在于两个组件之间。

只有当属性之间存在一个直接的依赖关系时,一个链接才可以存在于两个属性之间。

(2) 一个链接必须表现为一个功能的分配。两个特征间的链接影响必须由制造厂商来指派。

(3) 一个链接必须具备一致性。

链接仅仅存在于同一个空间中的特征之间——组件仅仅可以链接到其他的组件,属性也仅仅链接到其他的属性。

仍以椅子为例研究椅子的座位和椅腿之间的链接。二者间有两个链接,都存在于椅子的组件空间:一个链接是椅腿对座位的支持,椅腿的任何改变,都会对座位有直接影响;座位同时也被链接到椅腿,它把椅腿在空间上聚拢在一起(见图 7-8)。

4. 组态

一个产品的组态被定义为产品的链接和特征的完全集合。由于每一个产品都是不同的,因此每个产品组态都是独特的。

当用有向图把组态绘制成图表的时候,组态理解起来很简单。图 7-9 描绘的是一张普通椅子的组态图。特征用圆圈来表示,链接用箭头来表示,箭头的方向代表了功能分配的方向。

一旦组态明确下来,它的边界就变得固定了。既然所有的链接和特征已经被设定,如果没有使用一些方式来改变它,则不可能有其他的可供选择的产品组态。

同时也要注意到组态既依赖于产品的结构(内部特征),也依赖于使用的环境(外部特征)。

5. 操作

一个产品的组态就像产品基本信息的"快照"。为了创建新产品,必须明确产品过去版本和未来版本之间的动态变化。创造力模板的操作就是定义产品的早期组态和随后的产品组态之间的系统变化。这些系统变化被称为操作。

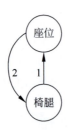

图 7-8

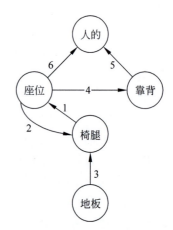

图 7-9 一张普通椅子的组态(有向图)

链接1：椅腿支撑座位，并且让座位保持在设计的高度。
链接2：座位把椅腿在空间上聚拢在一起。

在模板的结构背后有 6 个基本的操作。这些是模板沿着组态边界进行操作的方法。

操作是创造力模板与其他的分类法区别开的重要元素。下面是 6 种具体的操作（见图 7-10）。

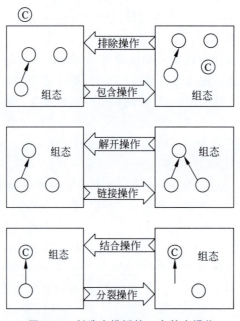

图 7-10 创造力模板的 6 个基本操作

（1）包含和排除操作

包含和排除操作沿着组态边界输入和输出内部和外部特征。包含操作向组态中引入一个外部组件；排除操作引出一个被解开的组件，不是内部组件就是外部组件，脱离组态边界。

（2）链接和解开操作

这两个操作作用于两个特征间的链接。链接操作连接两个非链接的特征；解开操作排除一个链接。

（3）分裂和结合操作

分裂操作从链接中移走一个特征（内部组件），但是链接的功能被保留（功能被悬挂）；结合操作加入一个（新）的特征到一个分裂的链接。

值得注意的是，分裂操作创造出一个过渡的组态，可能看上去不符合逻辑，并且不切实际。在抽象的方案中这个矛盾是一个临时性的组态。然而，链接的功能仍然保留着，并且通过一个替代的组件来执行其功能。

在椅子组态的例子中，在椅腿—座位的链接上能够实施分裂操作，一旦椅腿被拿走，将没有什么东西来支撑座位了。但是在我们的组态里，座位仍然继续保持在相同的高度上，当然，这个创意是不合逻辑的并且是想象的。

然而，在这一点上，被移走的组件（椅腿）将被一个外部组件，诸如一面墙或者一张桌子所替代，这些也能够完成想得到的功能。这个新的组件通过一个结合操作被安装到座位下。关于这一点会经常在创造力模板中用到。

三、QFD 方法

质量功能展开法（quality function deployment，QFD）是一种很好地将功能和需求结合起来的分析方法。将用户需求和产品功能结合起来分析，可以更直接地找到问题、确定改进对象和目标。

QFD 方法的主要内容如下。

(1) 调查用户对产品的使用要求；
(2) 将用户的要求进行分解，并对各项进行重要度评价；
(3) 分析产品的功能，并用分解指标表示；
(4) 比较本企业产品（分析对象）与竞争者产品的性能，找出差距；
(5) 确定性能改进目标；
(6) 寻找改进性能的措施；
(7) 评价拟采取措施对性能改进的作用；
(8) 分析拟采取及已采取措施间的相互影响；
(9) 对拟采取措施进行评价；调整措施，制订改进方案。

以下用一个具体例子——汽车车门改进说明该方法。

(1) 调查用户对小轿车车门的要求及其性能分析（对应以上步骤之 1、2）

经调查，用户对车门有操作、使用及外观方面的要求，对这些要求，逐层分解成更具体的性能要求，如图 7-11 所示，并将其列于图 7-12"质量屋"的左侧；对各项具体性能要求重要性作出评价，列于图中的"相对重要性"栏内。

(2) 分析本企业产品（车门）与竞争者 A、B 的车门，就各性能作出比较评价，见

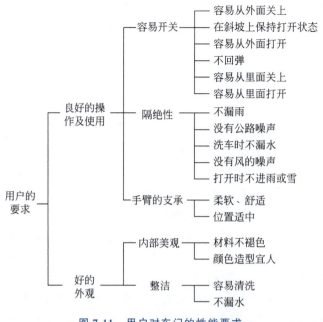

图 7-11　用户对车门的性能要求

图 7-12 右侧"顾客的评价"。

（3）分析车门的性能，分解这些性能，用工程指标表示，见图 7-12 上部"工程特性"部分；逐一用工程单位表示各指标，列出本企业及竞争者车门的指标值，见图下部"指标衡量"部分。

（4）以"工程特性"调整作为改进措施，见图 7-12 "工程特性"各指标下端的"＋"、"－"号；"＋"表示加强，"－"表示减少。

（5）评价工程特性调整与用户性能要求的影响，它们之间的关系存在强（弱）、正（负）相关关系。例如，减少"关门的能量"，很有利于车门"容易从外面关上"（强正相关）。

（6）对拟采取措施（工程特性调整）之间的影响作出分析，见图 7-12 顶部，它们之间的关系存在强（弱）、正（负）相关关系。

（7）评价拟采取的措施（工程特性调整），见图的下部"指标评价"部分。

（8）确定改进方案目标，见图底部。

四、头脑风暴法

头脑风暴法（brain storm）是当今最负盛名，同时也可以说是最具实用性的一种集体式创造性解决问题的方法，指一群人运用脑力，做创造性思考（creative thinking），在短暂的时间内，对某项问题的解决，提出大量构想的技巧。头脑风暴法的核心是高度自由的联想，这一创意开发方法通过一种特殊的小型会议，使与会者毫无顾忌地提出各种想法，彼此激励，相互诱导，引起联想，导致连锁反应，产生众多的创意。

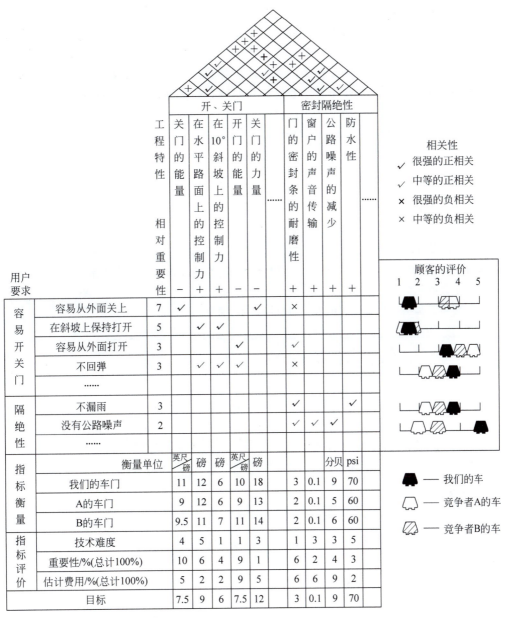

图 7-12 质量屋

1. 头脑风暴法的两个基本原则

(1) 延迟判断：要求与会者自由地表达任何可能得到的想法，不怕标新立异，不用担心遭到批评，在会上不对意见作结论，不进行评判。

(2) 数量孕育质量：在同一时间内思考出两倍以上设想的人，可以产生两倍以上的好的设想。要获得有价值的创意，只有收集到大量的设想才能做到，因此设想的数量越多越好。

2. 头脑风暴法适用范围

头脑风暴法可以适用的范围非常广,大至政治和社会问题的解决、尖端科技的创新、产品改良,小至家庭或个人琐事疑难问题的排除,均可使用。事实上,头脑风暴训练可以增进创造思考能力。由于头脑风暴法最主要的作用是引发许多与某一特殊需求或问题有关的创意,因此,头脑风暴法要解决的问题必须是开放性的,各种认知性(或质疑性)、单纯记忆性、汇总性、评价性的问题均不适合用头脑风暴法来解决(如表 7-3 所示),如果对问题加以修改,也可以变为适用于头脑风暴法的问题,见图 7-13。

表 7-3　不适合用头脑风暴解决的问题

问题类别	不适合的理由	问题举例
只有一个或少数几个正确的答案	问题不是开放式的	谁来管理销售部门
答案看来属于同一类	适用分析思考的方法	原材料购进数量
复杂问题或是有极端的分歧	解答可能大而无当	公司如何赚取利润
需要靠专业人士解决的高技术问题	由背景相同的人参与比较合适	研发某项新技术
主意肯定会被决策者否决	适合分析思考的方法	工厂选址
讨论不可能参加头脑风暴风议的人的问题	错估与会者的能力	如何说服董事会批准项目

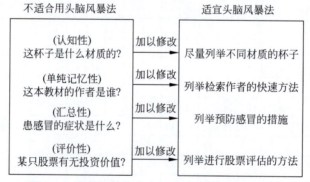

图 7-13　将问题转化为适于头脑风暴法使用的形式

3. 头脑风暴法的实施过程

首先,需要选定头脑风暴的小组成员,人数以 5~10 人为宜,包括主持人和记录员在内以 6~7 人为最佳。太多或太少都不好,当小组人数过多时,则会使某些人没有畅所欲言的机会;参与者过少时,场面冷清会影响参与者的热情。小组中不宜有过多专家,并且小组成员最好具有不同的学科背景。

其次,头脑风暴小组的主持人必须具有丰富的经验,并且必须充分地把握讨论问题的本质。主持人必须特别注意以下三点:

第一,掌握会议时应严格遵循前文所述的四条基本规则;

第二,要使会议保持热烈的气氛;

第三,要保证让全体参与者都能献计献策。

第四,在头脑风暴法开始之前,就应该提前对提出初始问题的个人、集体或部门组

第七章 创意开发

织进行访谈调研,而且还应准备一份简要的问题分析。在问题分析材料中,应有对限制条件、制约因素、阻力与障碍以及任务目标的描述。然后,在实际举行头脑风暴会议之前的几天内,应连同会议程序的注意事项一起,分发给各位与会成员。

4. 头脑风暴法创意的产生过程

首先由会议的主持人重新叙述议题,要求小组人员讲出与该问题有关的创意或思路。

与会者想发言的先举手,由主持人指名开始发表设想,发言力求简单扼要,一句话的设想也可以,注意不要作任何评价。发言者首先提出由自己事先准备好的设想,然后再提出受别人的启发而得出的思路。

在小组人员提出设想的时候,主持人必须善于运用激发创意的方法,语言要妙趣横生,使气氛轻松融洽。同时主持人还要保证使参与者坚守头脑风暴法的基本规则:即任何发言者都不能否定和批评别人的意见,只能对别人的设想进行补充、完善和发挥。

一次会议创意发表不完的,可以再次召开会议,直至各种创意充分发表出来为止。最后一定能从大量的创意中选择出最佳的问题解决方案。

若是头脑风暴法进行到人人已临山穷水尽时,主持人必须使讨论发言再继续一段时间,务必使每人尽力想出妙计,因为奇思妙计往往在挖空心思的压力下产生。

创意收集阶段实质上是与创意激发和生成阶段同时进行的。执行记录任务的是组员,也可是其他组织成员。可以根据提出设想的速度,考虑应配备记录员的数目。每一个设想必须以数字注明顺序,以便查找。必要时可以用录音机辅助记录,但不可以取代笔录。记录下来的创意是进行综合和改善所需要的素材,所以应该放在全体参加者都能看到的地方。

对创意进行选择评价必须先确定选取创意的标准。比较通用的标准有可行性、效用性、经济性、大众性等。

同时,对设想的评价不要在进行头脑风暴法的同一天进行,最好过几天再进行。这是出于两点考虑:一是再邀请相同组员进行评价时,他们有可能会各自提出在这期间考虑到的新的创意;二是若当天就进行评价,则很可能还处于热烈的气氛中,不可能进行冷静、客观的评价。

思 考 题

即测即练

1. 简述类比、移植、模仿、组合、逆向、转移创意开发法的思路,试举例说明。
2. 简述问题分析法、需求分析法、属性分析法及创造力模板法的思路,试举例说明。
3. 简述 TRIZ 方法。
4. 结合实例说明创造力模板法。
5. 结合实例说明 QFD 方法。
6. 头脑风暴法的操作步骤是什么?

第八章

技术创新项目决策

第一节 定量决策方法

一、折现现金流方法及风险分析

(一) 折现现金流方法

在投资项目评估中最常用的一种方法就是利用折现现金流(discounted cash flow,DCF)计算投资项目的净现值,通过判断项目净现值的正负来决定投资项目的取舍。研发项目需要一定的资金投资,从这个意义上说,研发也是一种投资行为,可以使用净现值的方法进行评价。使用折现现金流评估方法的基本步骤是:估计出研发项目以及未来商业化阶段逐年的净现金流量(NCF_t);计算项目的净现值(NPV)指标;根据判断准则,确定项目的取舍。通常的准则是:如果该指标值大于 0,即项目可行,否则不可行。具体来说,项目在 t 年的净现金流 NCF_t 是指因项目实施而导致的企业在该年的收入增加减去当年用于项目的投资,即

$$NCF_t = 增加的现金收入 - 当年的投资$$

因项目而产生的企业现金收入增加主要来源于新产品的销售。考虑到收入税的影响,增加的现金收入为[①]

增加的现金收入 =(新产品销售收入 - 在生产、销售和管理过程中支出的成本费用)×
(1 - 所得税税率)+(之前用于项目投资的固定资产折旧额 +
递延和无形资产摊销额)× 所得税税率

如果研发项目的成功使得企业在生产工艺上有所改进,从而降低了生产成本,那么对应的现金收入增加为:

增加的现金收入 =(生产过程中现金成本的节省金额)×(1 - 所得税税率)+
(之前用于项目投资的固定资产折旧额 + 递延和无形资产摊销额)×
所得税税率

净现值的具体计算公式为

$$NPV = \sum_{t=1}^{n} NCF_t / (1+i)^t \tag{8-1}$$

其中,i 为最低希望收益率(或折现率),可以在企业融资成本的基础上,根据行业的投资机会、风险情况确定。n 为项目影响持续的时间长度,它不仅包括研发项目本身的时间长短,而且包括销售开发出来的新产品(或使用改进后的新工艺)可在未来产生

---

① 固定资产折旧以及递延和无形资产的摊销虽然会影响企业的所得税和会计成本,但并不影响实际的现金支出,因此,这里需要将其加回。

收入的时间长短,即新产品(或新工艺)的生命周期,即从项目研发启动至项目生命周期结束(产品退出市场或工艺停止使用)的全过程。

(二) 风险分析

项目评估中使用的现金流信息是在对未来事件进行预测的基础上估计出来的,并不是实际发生的值,根据式(8-1)计算的 NPV 指标仅仅是项目净现值的一个点估计值。考虑到项目实施过程中的不确定性,可以进一步使用风险条件下的折现现金流分析方法。

1. 敏感性分析

对影响评价指标计算的主要参数,特别是那些难以准确估计或预测的参数,选取多个可能的取值,分别计算指标值,测定这些不确定因素变动时评价指标值改变的幅度大小,从而判断投资项目在外部条件发生变化时的承受能力。

一种比较常用的分析方法是,对项目的可能结果假设三种状态:①最乐观的情况;②最可能的情况;③最悲观的情况。计算并比较三种状态下的指标值,估计项目的风险大小。

2. 概率分析

假设项目周期内各年的现金流均为随机变量,那么评价指标 NPV 也是一个随机的变量,我们可以通过计算它的一些统计参数来进行项目的风险分析。比如,净现值指标的分布范围以及方差可以用来度量项目的风险大小,该指标值大于 0 的概率可以近似表示项目盈利的可能性,其最小值可以衡量项目能够导致的最坏结果。

随机变量 NPV 的统计参数可以通过概率分析或者 Monte Carlo 模拟方法进行计算。在比较简单的情况下,假定各年净现金流 NCF_t 均服从正态分布,那么指标值 NPV 也服从正态分布,其均值和方差可以表示为净现金流分布参数的函数,相关统计指标可以通过解析的方式进行概率分析。但是在更为一般的情况下,NPV 并不服从已知的概率分布类型,对项目的风险情况难以进行概率解析分析,这时可以求助于 Monte Carlo 方法,通过模拟计算 NPV 的统计参数,进而分析其风险情况。

在项目评价中,除去净现值指标外,比较常用的其他指标包括投资回收期、投资回报率(ROI)等,对这些指标的概率分析或模拟分析可以仿照上述类似的方法进行,此处不再赘述。

Monte Carlo 分析的一般步骤如图 8-1 所示,首先确定影响项目未来现金流的各不确定因素(假设为随机变量)、各因素之间的相互关系以及未来变动趋势;然后根据类似项目的历史资料或者综合专家判断的意见,确定这些变量可能服从的概率分布;最后通过概率的方法对每一随机变量进行模拟,并据此计算评价指标值(如 NPV)。对这些随机变量重复模拟多次,可以获得一组指标值的样本。在此样本基础上,通过统计计算我们可以获得评价指标的各统计参数,进而用于风险分析。在实践中,美国 Merck 公司早在 1983 年建立的用于评估新药研发项目的"研究计划模型"就是基于这种方法而设计的[①]。近年来,随着计算机的普遍应用,大样本的 Monte Carlo 模拟变

---

① Nichols N A. Scientific Management at Merck: An Interview with CFO Judy Lewent[J]. Harvard Business Review,1994,72(1):89-99.

得非常简单和方便。

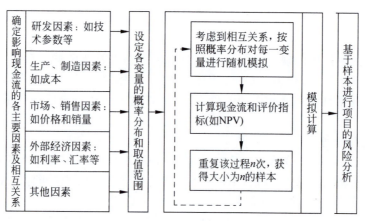

图 8-1 Monte Carlo 分析的基本过程

二、决策树方法

决策树分析的一般方法是,首先将决策方案、投资机会按照先后顺序、一定的逻辑关系表示成决策树的形式,然后用倒推的方法进行分析。使用这种方法评价研发项目的关键之处在于明确区分研发阶段和之后的商业化(或者投产)阶段,即决策是分阶段进行的。下面以一个简单的例子解释如何使用决策分析评估研发项目[①]。

假设某企业准备开发一种新型的桌面打印设备,开发此项技术需要投入研发资金 6 万元,耗时一年。工程技术人员初步估计,一年之后最有可能出现(60%的可能性)的结果是,技术开发成功,但效果一般;开发出来非常好的技术的可能性大约只有 30%;另外也存在技术开发失败的可能性(为 10%)。研发项目结束后,企业如果决定将产品推向市场,则需要另外投资 15 万元,一年之后产品才能面世。产品未来的收益,如果折算为产品上市时的现值,大约在盈利 60 万元和亏损 60 万元之间。假设该企业用于项目投资的折现率为 12%。

图 8-2 用决策树的形式列出了企业所面临的决策及所有可能的结果。图中小的矩形方框代表决策节点,即企业在此时需要作出决策。决策点后面的分支代表企业面临选择的决策方案,对应的数字代表需要投资金额。图中小的圆圈代表概率节点,其后的分支代表企业采取某种决策后可能出现的不同结果,对应的数字代表不同结果出现的可能性(或概率)。最后的一列数字代表不同结果所产生的现值收入。

分析此决策树,可以采用倒推的方法,首先从最后一阶段的决策开始。假设一年后企业发现,开发出来的技术非常成功,那么它是否需要将产品商业化呢?如果商业化,企业可能会面临两种结果:一种结果是收益 60 万元,可能性大概为 80%,另外一种结果是收益 15 万元,可能性估计为 20%。从期望值的角度分析,企业将产品商业

---

① 该例子改编自 Faulkner T W. Applying "Options Thinking" to R&D Valuation[J]. Research Technology Management,1996,39(3):50-56.

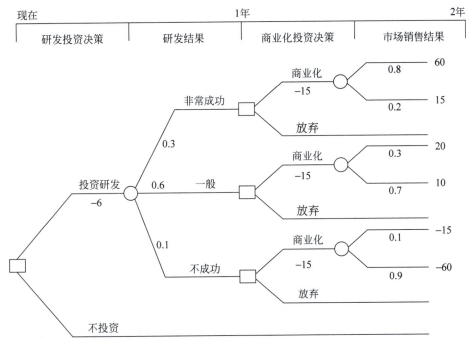

图 8-2 决策树分析

化的期望收益为 0.8×60+0.2×15=51（万元），折现到商业化投资时的现值为 51/1.12=45.5（万元），超过商业化投资的成本 15 万元。因此，一旦企业发现技术开发非常成功，就应该将其商业化，推向市场。类似的分析可以发现，如果企业知道开发出来的技术只是一般意义上的成功，则应该放弃商业化[期望收益折现到商业化投资时的现值为(0.3×20+0.7×10)/1.12=11.6（万元），低于所需投资 15 万元]。如果技术开发根本不成功，企业只有亏损，则更不应该继续投资商业化。这样，我们可以确定企业一年后在不同情况下的决策方案。

接下来分析研发阶段的投资决策。如果企业现在投资研发活动，那么它有 60% 的可能性获得非常好的技术，然后继续进行商业化投资，取得预期的商业收益。而如果开发出来的技术不是非常好（可能性为 30%+10%=40%），那么它将放弃商业化的努力，没有任何收益和进一步的损失。这样，企业投资研发的预期收益现值为：$0.3\times[-15/1.12+(0.8\times60+0.2\times15)/1.12^2]+0.6\times0+0.1\times0=8.17$（万元），超过了研发的投资费用 6 万元，因此企业应该选择投资该技术开发项目。

表 8-1 的最后一行给出了上述决策分析的结果。为便于与传统现金流分析方法作对比，表中前三行还给出了使用 NPV 方法，在不同假设下的计算结果。从表 8-1 中可以看出，如果企业根据 NPV 的结果作决策，则应该放弃此研发项目，但如果根据决策树的分析结果，企业则应该投资该项目。比较两种方法可以看出，决策分析方法同样考虑到了企业决策的灵活性。通过相机抉择，企业可以明智地选择放弃进一步投资，最坏的结果并不会影响初始研发投资价值的评估。在此意义上，决策分析具有与实物期权分析相同的优点。

表 8-1　决策树分析计算表

评价方法		NPV	现在	1 年后	2 年后
传统 NPV 分析方法	A. 考虑最可能出现的结果	−11.4	−6	−15/1.12	$10/1.12^2$
	B. 在 A 的基础上，同时考虑市场不确定性	−9.0	−6	−15/1.12	$(0.3×20+0.7×10)/1.12^2$
	C. 进行商业化投资，考虑所有不确定性	−5.4	−6	−15/1.12	$\{0.3×(0.8×60+0.2×15)+0.6×(0.3×20+0.7×10)+0.1×[0.1×(−15)+0.9×(−60)]\}/1.12^2$
决策树分析方法		2.2	−6	−0.3×15/1.12	$0.3×(0.8×60+0.2×15)/1.12^2$

与其他方法类似，决策树分析方法也有一定的局限性。首先，一些未来变数较大、本身比较复杂的项目，其决策树可能极其复杂，导致分析和计算较为复杂；其次，不同的项目阶段或决策分支可能需要使用不同的折现率，而决策树处理此类问题比较复杂；最后，决策树中对不同结果的出现概率的估计可能也比较主观。因此，实践中最好与敏感性分析和 Monte Carlo 模拟方法结合使用。

第二节　定性决策方法

除了上面介绍的定量方法外，在技术创新项目决策中，还可以使用一些非财务指标或难以量化的定性指标对项目进行评价和比较，下面简单介绍几种实践中常用的定性决策方法。

一、轮廓图方法

轮廓图（profile）方法是评价创新项目的一种非常简单的方法，首先，确定一组影响项目成败的关键因素或评价标准；然后按照这些标准对每一候选项目的绩效作出定性判断（比如可以评价为高、中或低）。将这些定性的评分连接起来，就好像一个项目的轮廓图，这种方法因此而得名。图 8-3 给出了这种方法的一个例子。

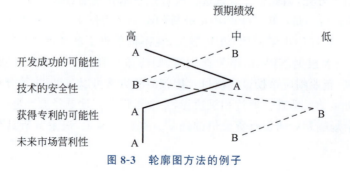

图 8-3　轮廓图方法的例子

二、检查清单方法

检查清单(checklist)方法同轮廓图类似,都需要首先确定一组评价研发项目的关键因素。与轮廓图不同的是,这种方法对每一方案的各个评判标准给出是否满意的定性判断,一个简单的例子如表 8-2 所示(其中满意为 1,不满意为 0)。

表 8-2 检查清单方法的示例

检 查 项	预 期 绩 效	
	项目 A	项目 B
开发成功的可能性	1	1
技术的安全性	0	1
获得专利的可能性	1	0
未来市场营利性	1	0
总评	3	2

在实际应用中,用于评价项目的检查清单可以包括从公司战略目标到市场因素、生产因素等多方面的内容。表 8-3 给出了一个比较完全的检查清单[①]。

表 8-3 检查清单内容

A. 企业目标、战略、政策以及价值	
1. 与企业战略和长期计划的一致性	3. 与企业对待风险态度的一致性
2. 与企业形象的一致性	4. 与企业从事创新态度的一致性
……	
B. 市场因素	
1. 产品的市场定位	7. 市场推销计划
2. 产品的市场规模	8. 对现有产品系列的影响
3. 估计的产品市场份额	9. 价格和顾客的接受程度
4. 产品的生命周期	10. 竞争地位
5. 商业化成功的可能性	11. 与现有销售渠道的融合性
6. 可能的销售收入	12. 估计的上市成本
……	
C. 研发因素	
1. 与企业研发战略的一致性	5. 研发资源的可得性
2. 技术成功的可能性	6. 产品未来发展的可能性
3. 开发的成本和时间要求	7. 新产品未来商用的可能性
4. 专利的可能性	8. 对其他研发项目的影响
……	

---

① Twiss B. Managing Technological Innovation[M]. Pitman,1985.

续表

D. 财务因素	
1. 研发成本	6. 投资回收期
2. 制造成本	7. 潜在的年收益及时间表
3. 市场推广成本	8. 预期的利润率
4. 现金流的可得性	9. 最坏可能出现的结果
5. 对其他项目的现金流影响	10. 与公司投资目标的一致性
……	

E. 生产因素	
1. 工艺要求	5. 总的制造成本
2. 生产工人的来源及劳动力成本	6. 对生产条件的要求
3. 与现有生产能力的一致性	7. 生产的安全性
4. 原材料的来源及成本	8. 增加值
……	

F. 环境和生态因素	
1. 可能产生的有害物质	3. 与产品有关的国家法规
2. 对公众态度的敏感性	4. 对雇用的影响
……	

资料来源：Twiss B. Managing Technological Innovation[M]. Pitman, 1985.

上述两种方法非常简单、易于理解，适用于定量评价研究项目比较困难的情况，比如当项目未来的现金流很难预测或者变数比较多，无法适用财务评价指标时。但是这两种方法有其内在的缺点，例如，轮廓图方法只能提供每个项目的绩效轮廓，但不能对每个项目给出一个综合性的指标。检查清单方法尽管可以通过加总令人满意的因素个数（如表 8-5 所示），给出一个综合指标，但这种方法没有考虑到各个因素的重要程度，仍然非常粗糙。

三、评分法

评分法（scoring method）又称为多属性分析，是对多个定性指标进行比较、判断、评分和排序的方法。这种方法主要包括下述几个步骤。

（1）确定影响项目成败的关键因素或评价标准，这与轮廓图方法和检查清单方法相同。

（2）根据其相对重要性，确定每个关键因素或标准的权重，并进行归一化（即总和为1）。这些权重可以通过专家意见或者德尔菲法等获得。

（3）综合专家意见对项目的各个因素进行评分，并计算项目所有因素的加权评分结果。

这种方法计算的项目 i 的综合评价指标值 TS 为：$TS_i = \sum (W_j \cdot S_{ij})$。其中，$W_j$ 为因素 j 的权重，S_{ij} 为项目 i 在第 j 个因素上的得分。

表 8-4 所示为德国 Hoechst 公司美国分公司在使用评分法确定研发项目优先次序时所考虑的项目特征[①]。具体来说，该公司主要考虑 5 个方面的因素，这些因素进一步

---

① Cooper R G, Edgett S J, Kleinschmidt E J. Portfolio Management in New Product Development: Lessons from the Leaders—Part Ⅱ[J]. Research-Technology Management, 1997.

第八章 技术创新项目决策

细化为 19 个特征。在具体实践中,管理人员首先对所分析项目的逐个特征进行 1~10 分的评分。为方便讨论和比较,公司对每一特征的分值 1,4,7,10 进行了明确定义。将每一因素下所包含问题的得分值加总,得到不同因素的得分值。然后根据 5 个因素的得分值按照一定权重加权平均算出项目总的得分值。在此基础上,公司可以对不同的项目进行比较和排序。

表 8-4　Hoechst 美国分公司采用的 19 个问题的评分法问题列表

1. 收益方面
   (1) 对盈利能力的贡献(5 年的税前累计现金流)。
   (2) 技术投资的静态回收期,即累计现金流等于或超过所投资成本的年份数。
   (3) 从开发到商业化所需时间。
2. 商业战略
   (4) 一致性:分析的项目是否与产品线战略、商业战略和企业未来发展战略一致。
   (5) 影响:分析的项目对产品系列、商业领域以及企业本身的财务和战略有何影响。
3. 战略优势
   (6) 专利(或所有权)状况。
   (7) 增长的平台(从单纯一种产品到新的技术和商业领域)。
   (8) 生命力:产品在市场上的生命周期。
   (9) 与企业内部其他业务的融合程度。
4. 商业成功的可能性
   (10) 市场需求程度。
   (11) 市场成熟度处于什么阶段?"衰退期"还是"快速增长期"。
   (12) 竞争强度同行竞争的激烈程度。
   (13) 商业应用开发技术:是否存在?新的还是已经在市场上存在?
   (14) 商业应用模式:不太可能,还是可以预测?
   (15) 管制的、社会的、政治的影响(负面还是正面?)。
5. 技术成功的可能性
   (16) 与现有技术差距:属于差距较大还是渐进的改进类型?
   (17) 项目的技术复杂程度。
   (18) 行业的技术基础:是全新的还是行业中已经广泛应用?
   (19) 人力资源和设备供应能力:需要雇用或购买还是资源已经存在?

资料来源:Cooper R G,Edgett S J,Kleinschmidt E J. Portfolio Management in New Product Development:Lessons from the Leaders—Part Ⅰ[J]. Research-Technology Management,1997.
Cooper R G,Edgett S J,Kleinschmidt E J. Portfolio Management in New Product Development:Lessons from the Leaders—Part Ⅱ[J]. Research-Technology Management,1997.

评分法的特点是:①确定项目的评价标准或因素比较灵活,可以根据项目的实际情况而确定;②权重的确定也比较容易和灵活;③评价结果为一综合指标,因此便于对项目进行排序比较;④既可以考虑财务指标,又可以包括非财务因素;⑤简单,易于操作。

这种方法的缺点在于:①结果算出的综合指标的实际意义不明确;②不能提供和比较不同结果出现的可能性;③不同的因素或评判标准之间可能具有较强的相关性,互相不独立,因而导致对同一方面因素的重复考虑;④权重确定或评分过程中的主观性较大;⑤高层企业管理者可能并不接受这种方法的评价结果。

四、动态排序列表法

动态排序列表方法(dynamic rank ordered list)可以对不同的新产品开发项目进行比较和排序。这种方法克服了单独使用一种指标对项目优先权排序的缺点,同时对多个定量或定性的指标进行排序,但是又不像评分法那样复杂和耗时。简单地说,这种方法对各个项目分别按照不同的单一评价指标进行排序,然后将同一项目按不同指标排序的序号进行算术平均,得到项目的排序分值。

例如,美国某一电信设备供应商在对新产品项目进行评价时考虑了四个方面的因素:①项目的战略重要性,可以表示为1~5分,其中5分表示极为重要;②项目未来预期收益的净现值NPV;③项目的预期内部收益率(IRR);④技术成功的概率或可能性(PTS)。在排序过程中,该公司首先将项目预期的NPV和IRR根据项目成功概率进行了调整,然后根据战略重要性、调整后的NPV和调整后的IRR这三个指标进行比较和排序。表8-5列出了该公司对6个假想项目的分析结果,其中最后一列是项目的综合排序分值和排序结果。

表8-5 动态排序列表的例子分析结果

项目编号	IRR·PTS	NPV·PTS	战略重要性	排序分值
A	16.0(2)	8.0(2)	5(1)	1.67(1)
B	10.8(4)	18.0(1)	4(2)	2.33(2)
C	11.1(3)	7.8(3)	2(4)	3.33(3)
D	18.7(1)	5.1(4)	1(6)	3.67(4)
E	9.0(6)	4.5(5)	3(3)	4.67(5)
F	10.5(5)	1.4(6)	2(4)	5.00(6)

注:括号中为按每列指标单独排序的序号,最后一列的数值为前三列括号中的序号平均值,项目的最后排序结果根据该值从小到大排列。

资料来源:改编自Cooper R G,Edgett S J,Kleinschmidt E J. Portfolio Management in New Product Development:Lessons from the Leaders—Part I[J]. Research-Technology Management,1997.

Cooper R G,Edgett S J,Kleinschmidt E J. Portfolio Management in New Product Development:Lessons from the Leaders—Part Ⅱ[J]. Research-Technology Management,1997.

五、Q-排序方法

对多个项目进行排序时,另外一个常用的方法就是Q-排序方法(Q-sort method)。Q-排序方法是由心理学家于20世纪四五十年代提出的衡量个人特征的一种排序方法,现在已经被广泛应用于其他社会科学领域。该方法的一般步骤如下(如图8-4所示)。

(1)将每一个项目的基本情况分别记录在一张卡片上,分发给每个分析人员。

(2)让每个分析人员按照一定的标准将这些卡片分成两组,一组代表需要优先考虑的、优先权比较高的项目;另一组代表不需要优先考虑、优先权比较低的项目。

(3)让每个分析人员从上述两组中选择一些项目形成优先权居中的一组项目。

（4）让每个分析人员从具有高优先权的项目组中选取部分具有很高优先权的项目,同时,从具有低优先权的项目中,选取部分具有很低优先权的项目。

（5）要求每个分析人员重新检查自己的排序,同时与其他分析人员的排序结果进行比较,进而展开讨论、重新排序和讨论。

（6）最后,经过几个回合的重排和讨论,达成一致的项目排序结果。

在实施该方法时,分析人员排序的标准可以是各项目的某一具体属性,如与企业战略的一致性、技术的可行性等,也可以是项目的总体特征。不同分析人员使用的排序标准应该一致,所得到的结果代表的是根据该标准或项目总体特征的排序结果。根据这些排序结果,可以进一步对项目进行评价和选择。

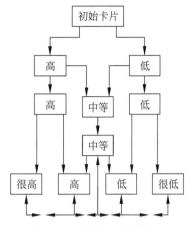

图 8-4　Q-排序方法的过程

资料来源：Meredith J R, Mantel S J. Project Management: A Managerial Approach[M]. 6th Ed. John Wiley & Sons, 2005.

第三节　项目组合决策

一、项目组合的原则

企业同时需要考虑的技术创新项目可能有许多个,仅对单个项目从定量和定性的方面进行评价,或者将多个项目进行综合排序,虽然可以确定不同项目的优先次序,但并不能保证这些项目在企业的战略安排、资源分配和风险管理等方面的平衡,而且上述的静态评估和排序方法忽视了不同项目在实施顺序和周期长短等方面的差异,没有考虑企业对各种资源和能力的动态管理问题。为此,需要对项目组合（project portfolio）进行综合的分析和权衡。

（一）项目组合的基本原则

企业对项目组合进行分析和管理,可能基于以下一个或多个方面的考虑。

（1）实现价值最大化：通过有效地配置企业稀缺的技术资源,实现项目投资组合预期收益的最大化,维持和增强企业竞争优势。

（2）平衡项目组合：在满足企业战略目标的前提下,使得短期目标和长期目标、高风险项目和低风险项目之间取得平衡,避免投资领域过于分散。

（3）体现战略意图：项目组合是企业战略的体现,企业的各种资源在项目、市场以及地区间的分配应与企业发展战略统一。

（二）项目组合的具体原则

在具体分析和平衡项目组合时,一般需要考虑下述几个原则。

（1）项目组合中所选择的项目必须与企业的战略一致。在权衡和取舍不同项目之前,应首先保证最终选择的各项目与企业的长期发展方向和战略一致,这是分配企业研究开发资源的基础和前提。在一个组合中,即使每个项目都与符合企业技术发展战略,也有可能出现项目过分集中于某一类型的现象。如果一个企业新产品开发项目过多,而对关注新技术发展趋势和前景的研究开发项目过少,那么企业的长期竞争能力就会受到影响,反之,则可能导致企业短期竞争能力或现金流出现问题。

(2) 项目组合中各项目的完成周期应该分布适当。也就是说,组合中的项目既不能都是短期项目,也不能都是长期项目。一般说来,为了保证短期和长期的创新能力,企业在同一时间应该有处于不同阶段的研发项目,以维持创新活动水平的连续性。而项目组合分析则有助于识别不同项目是否具有合适的时间结构。如果项目组合的时间分布不平衡,那么应该对个别项目进行适当调整,这可能涉及预算的调整,企业所承担的整体项目的技术风险也可能发生变化。

(3) 需要保证组合中各项目之间的先后次序。一个组合中的各项目之间可能并不是完全无关的,一个项目的开始也许要视另一个项目的结果而定,不同项目的结果也有可能相互关联。如果与已选项目关联的项目被排除,那么项目组合需要重新调整,总的研发经费也要调整。从组合中剔除已选的关联项目将会压缩研发经费,反过来,重新包括不被选择的关联项目则会增加研发经费。

(4) 保证企业资源的合理分配。各个研发项目对企业资源的利用可能存在冲突现象,比如,两个研发项目可能都需要某些关键技术人员的参与,但这些技术人员在同一时间只能参与一个项目。更有可能出现的一种情况是,项目组合的投资总额超过当年可能分配的研发经费预算。一旦出现这种资源能力上的冲突,项目组合必须重新调整,这将影响组合的时间结构、风险水平以及研发团队的组织结构。

(5) 合理确定整个项目组合的风险水平。如果一组研发项目的技术风险(或商业化风险)水平都比较高,那么从决策层获得经费支持可能比较困难。反过来,如果所有项目的风险水平都比较低,就会影响企业创新的强度和开拓新技术的能力。因此,不同风险水平的项目也应该适当搭配。

(6) 适当确定项目组合中的项目数量。有时候,决策者希望在多个具有发展潜力的技术领域进行开发,因此,在项目组合中包括较多的小项目比较合适。另外一些时候,决策者希望能够集中资源在有限的技术领域进行研发。这样,组合中包括有限的几个大项目就会更好一些。

为了对多个项目的组合进行综合分析和平衡,从事项目管理研究的一些学者和在实践中从事技术管理的管理人员开发出了各种不同的项目组合分析工具,借助于这些工具,可以对项目组合进行有效的管理和平衡。

对企业战略的影响是平衡项目组合时需要首先考虑的因素,为进一步考察技术创新项目与企业战略之间的关系,下面介绍几种常用的战略分析工具。

二、矩阵法

这种方法是基于以下认识:技术变迁的路径和周期总体上而言是可以预见的,成功技术管理的基石是技术战略,制定技术战略需要了解企业自身的技术能力和分析不同技术在行业发展中的地位,技术战略只有与企业总体商业战略保持一致,才有助于企业竞争优势的增强该方法综合考虑这些因素,用矩阵的形式表达。具体步骤如下。

(1) 评估企业技术实力。这种评估要求管理者对传统业务范围之外的企业内外技术环境做全景的扫描。首先,分析企业每个业务领域、产品线和工艺过程中所应用的技术,并明确其对这些业务、产品和工艺的重要性。其次,重新评估过去和目前技术项目的评估、排序过程,了解先前的技术选择准则。最后,分析企业外部竞争环境,了解竞争对手在企业所拥有的各个关键技术领域内的投资情况,并适当关注可能出现的改变行业技术路径的新技术。

(2) 分析技术组合。对企业的每一项重要技术从两个维度进行分析,第一个维度代表某一具体技术对行业发展的重要性;另一个维度表示企业在此技术上的投资和相对竞争地位。明确了这些技术的地位,企业就可以针对不同的技术分别讨论其具体发展战略,如图8-5所示。

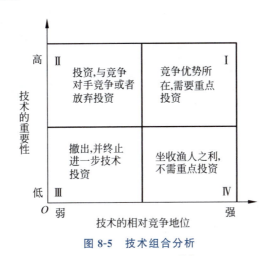

图 8-5 技术组合分析

资料来源:Pappas C. Strategic Management of Technology[J]. Journal of Innovation Management,1984(1):30-35.

(3) 比较技术战略和商业战略:将企业各个产品的竞争地位表示在商业战略矩阵图上,并在技术战略矩阵图中定位与每一产品相对应的关键技术,如图8-6所示,将两个战略矩阵图进行对比以确定技术战略与商业战略是否一致。这种比较不仅有助于对所有技术项目确立共同的比较基础,而且可以全面描绘企业的技术和产品定位,帮助管理者识别可以利用的技术优势和需要改进的技术劣势。图中,项目A和B在企业技术战略中的定位与相关产品对企业发展战略的影响不一致,在决策中要优先考虑企业整体战略(商业战略)。

(4) 确定技术项目优先次序:根据上述两种战略矩阵的比较,可以确定需要技术项目的优先顺序。如图8-7所示,企业可以优先考虑对企业发展战略影响较大的技术项目A和B,并适当增加投资力度,相反,可以适当降低或终止在项目C和D上的进一步技术投资。

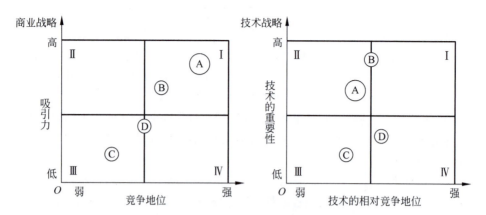

图 8-6 商业战略与技术战略的比较

资料来源：Pappas C. Strategic Management of Technology[J]. Journal of Innovation Management，1984，1：30-35.

技术组合象限	技术重要性	技术的相对竞争地位
Ⅰ	高	强
Ⅱ	高	弱
Ⅲ	低	强
Ⅳ	低	弱

图 8-7 技术投资战略

资料来源：Pappas C. Strategic Management of Technology[J]. Journal of Innovation Management，1984(1)：30-35.

三、技术类型与技术能力联合法

这种方法是通过定位企业自身的技术能力水平和技术的竞争力地位来进行决策分析的。首先，基于技术对行业的竞争影响对技术进行分类，包括：(1)基本技术：本行业内企业所必需的、区别于本行业与其他行业的基础技术，这类技术对行业内企业间的竞争形势的影响较小。(2)关键技术：体现在不同企业产品或工艺流程中的技术，可能是企业竞争优势的源泉，对企业间竞争地位具有较大影响。(3)发展中的技术：一些竞争对手正在研究开发、尚处于试验阶段的新技术，对行业内竞争具有潜在的较大影响。(4)新兴技术：尚处于研究阶段或在其他行业出现的突破性技术，对本行业内企业的影响未知，但充满应用前景。

然后，将企业自身的技术能力水平分为 5 个等级：(1)主导地位：企业本身的技术发展水平和方向代表着整个行业的技术发展水平和方向，属于行业内公认的技术领袖，如操作系统领域的微软公司、芯片行业的 Intel 公司、激光打印机行业的惠普公司等。(2)优势地位：企业能够独辟蹊径，采用独立的技术行动，并可能开拓新的技术路径，如汽车行业的通用、福特、丰田、本田等公司。(3)有利地位：能够在部分细分市场维持总体的技术竞争优势。(4)维持地位：企业仍然处于追赶阶段，还不能独立开创新的技术发展路径。(5)劣势地位：企业技术水平明显落后于竞争对手，技术项目以短期目标为主，缺乏中长期的技术发展考虑。

综合这两方面的分析，管理者可以清楚地看到不同的企业技术定位的战略意义（如表 8-6 所示），表 8-7 中给出的相应的技术战略则可以用来指导企业研发项目的制定和选择。

表 8-6　技术能力和技术重要性的联合分析

技术重要性	技术竞争力地位				
	主导	优势	有利	维持	劣势
基本	可能存在资源浪费		行业平均	维持生存	
关键	当前竞争优势			当前竞争劣势	
发展	未来竞争优势			未来竞争劣势	
新兴					

资料来源：Chiesa V. R&D Strategy and Organization-Managing Technical Change in Dynamic Contexts[M]. London. Imperial College Press, 2001.

表 8-7　技术战略定位

技术重要性	技术竞争力地位				
	主导	优势	有利	维持	劣势
基本	维持现状			及时弥补	
关键	细心培育				
发展	逐步建立			选择性投资	
新兴					

资料来源：Chiesa V. R&D Strategy and Organization-Managing Technical Change in Dynamic Contexts[M]. London. Imperial College Press, 2001.

四、项目地图法

在对项目组合进行平衡分析时，通过直观的图形，管理人员更容易发现项目组合中存在的问题，并非常有针对性地对项目组合进行调整。项目地图（project maps）或者气泡图（bubble diagrams）是实践中最为常用的一类图示方法。这种方法可以视为对战略分析中的 BCG 模型四象限图（明星、现金牛、狗、野猫）的扩展，其中最为常用的一种图形是如图 8-8 所示的风险—收益气泡图。

在图形中，横轴用来衡量项目的财务效果，纵轴用来衡量项目的风险。通常，如果横轴表示的是对项目未来收益所做的定性判断（如高、中等、低等），那么纵轴用来衡量项目的总体风险，即项目的总体成功概率（等于技术成功概率与商业成功概率的乘积）。但如果项目收益使用预测的 NPV 的实际值表示，那么纵轴要用项目的技术成功概率来衡量，因为对项目 NPV 的计算通常已经考虑了项目商业化的成功概率。图 8-10 是属于前者的一个例子。在项目地图中，每个圆圈的面积大小表示项目每年所需要投入

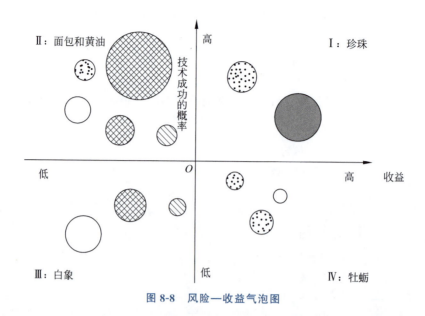

图 8-8　风险—收益气泡图

的资源,背景颜色表示与不同的产品系列相关的项目。

两个维度的气泡图包括四个象限,可以将位于每一个象限的项目进行分类。

(1) 珍珠(pearls,第Ⅰ象限):项目具有较高的预期收益和很高的成功概率,项目的风险较小,属于比较有潜力的明星项目。大部分企业都希望此类项目越多越好。

(2) 牡蛎(oysters,第Ⅳ象限):"Oyster"一词在英文中的意思除了"牡蛎"之外,还可以理解为"可以从中获得利益的事物"。这也暗示着在该象限的项目通常是一些需要长远规划、具有探索性的研发项目。虽然潜在收益很高,但是技术开发成功的可能性较低,风险较大。如果企业想从此类项目获得稳定的收益,需要有一定的技术突破。

(3) 面包和黄油(bread and butter,第Ⅱ象限):是一些较小的、技术上比较简单的项目,技术风险低,开发成功率较高,但预期收益不是很好。前面我们提到的衍生型项目多属于此种类型,可能包括对当前产品或工艺的改进、为细分市场而做的产品性能调整等。大部分企业的产品开发项目都属于这类项目。

(4) 白象(white elephants,第Ⅲ象限):"white elephants"在英文中是"无用而累赘的东西"的意思,这里用来暗示属于此类项目通常不仅风险较大,而且预期效益不好,不值得进行投资和开发。但事实上,多数公司多少都存在几个这种类型的项目。

在这四类项目中,面包和黄油型预期收益不高,但企业通过不断的产品或工艺改进,通过市场细分吸引新客户,可以为企业提供稳定的收入,是企业短期现金流的来源基础。珍珠型项目能够帮助企业开拓新市场,扩展新业务,为企业带来高额利润,是企业高速增长的动力。牡蛎型项目则是企业根据长期技术发展战略对新兴或突破性技术的研究和开发项目,是企业长期竞争优势的源泉。白象型项目消耗技术资源,却不能给企业带来预期利益,应该终止或排除。因此比较合理的项目组合应该包括多个珍珠型项目和面包和黄油型项目,几个牡蛎型项目,尽量排除不需要的白象型项目,从中释放的资源可以转移到珍珠型项目上去。

上面的气泡图中不仅包含项目的风险和收益信息,而且包括项目所需投入的资源(气泡面积)、产品系列之间的相关性(气泡背景)等信息。可以判断,在给定资源约束的条件下,(即所有气泡的面积之和给定),企业要增加新的技术项目,必须削减在其他项目上的资源,因此,气泡图隐含着关于资源分配的信息。在这些项目地图中将气泡表示成不同的形状(如圆圈或矩形)或加以不同的颜色,还可以包括更多的项目属性特征。图 8-9 所示的是 3M 公司的某业务部门使用的包括不确定性信息的气泡图,图中气泡的长短或高低分别表示对净现值(NPV)和成功概率预测的不确定性(即方差大小)。如果变换气泡图的横轴或纵轴所代表的项目属性,还可以从不同的角度对项目进行分类分析,表 8-8 列出了按照实际使用情况排序的不同气泡图的变种。图 8-10 为美国某公司根据评分法对项目的市场前景和实施难易程度进行定性判断、评分后画出的项目地图。

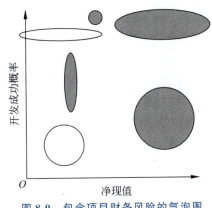

图 8-9 包含项目财务风险的气泡图

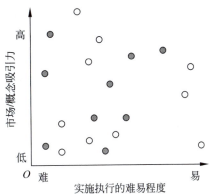

图 8-10 根据评分法结果描绘的项目地图

表 8-8 按实际使用情况排序的常用气泡图类型

排序	类型	维度 1(X 轴)	维度 2(Y 轴)	百分比/%
1	风险—收益图	收益:NPV、IRR、上市后的效益或市场价值	成功的概率(技术的或商业化的)	44.4
2	新颖性	技术新颖性	市场新颖性	11.1
3	可行性—吸引力	技术上的可行性	市场吸引力(如增长潜力、对消费者的吸引力、生命周期内的潜力)	11.1
4	竞争能力—项目吸引力	竞争能力(自身竞争优势)	项目吸引力(如市场增长、技术成熟度、上市准备时间)	11.1
5	成本—时间	实施成本	产生影响的时间	9.7
6	战略—效益	战略核心或适应性	商业前景、NPV、财务吸引力	8.9
7	成本—效益	累计收益	累计开发成本	5.6

注:表中各按不同类型气泡图的流行程度降序排列;最后一列的百分比指使用率。

资料来源:Cooper R G,Edgett S J,Kleinschmidt E J. Portfolio Management for New Product Development:Results of an Industry Practices Study[P]. Working Paper No. 13,the Product Development Institute,2006.

思 考 题

1. 请结合实例应用比较轮廓图。
2. 请结合实例应用检查清单方法。
3. 请结合实例应用评分法。
4. 请结合实例应用动态排序列表法。
5. 请结合实例讨论项目组合的原则。
6. 请比较矩阵法、技术类型与技术能力联合法和项目地图法各自的优劣。

第九章 新产品开发

第一节 新产品开发规划与立项

一、新产品战略

企业新产品开发的管理是包括企业产品战略及组合、资源管理和项目管理等不同层次的管理在内的全方位管理,如图 9-1 所示。其中产品战略与组合是新产品开发管理中的战略层次的问题。随着一些企业(主要在发达国家)在 20 世纪八九十年代获得了对其产品开发项目的基本控制之后,它们越来越意识到需要在各项目间设定战略优先级别。企业的高级产品开发经理开始思考、探究一些关于产品组合(product portfolio)的问题,即回答:什么类型的项目在获得资源?获准项目的预期总收益是多少?总体风险水平如何?

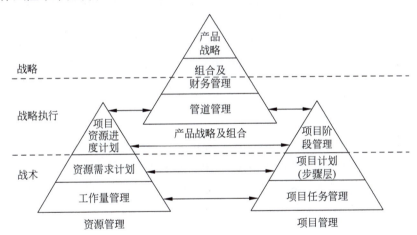

图 9-1 新产品开发管理的层次

资料来源:[美]麦克格拉斯.下一代产品开发——如何提高研发生产率,降低成本和缩短开发周期[M].朱战备,马建平译.北京:清华大学出版社,2005.

在进行这些组合层次管理的同时,许多公司开始越来越强调产品战略。产品战略是企业战略的重要组成部分,它确定了新产品开发在公司总体战略中的作用及重点的产品/市场区域范围,具有长期的视角,确定了新产品的目标并将其与企业总体目标相联系。产品战略位于新产品开发的战略管理框架的最高层。企业通过产品线计划、平台战略和技术路线图等方法来创建产品战略。这一顶层的流程与系统让企业可以跟踪、评估源自内部与外部的思想,并进行优先级排序。产品战略关注尚未投入开发的新产品的计划,包括初步财务预测和高层资源估计,这些预测和估计将集成到整合开发链管理系统。这种集成为企业从一个长期的视角来审视企业计划产品的资源需求提供有力的帮助,有助于企业将产品线规划与预期的能力发展进行平衡。

产品战略定义了企业拟开发新产品的计划,它与企业的整体战略计划相联系;产品战略还必须与产品开发紧密联系起来。为此,有必要形成一个有效的产品战略流程,该流程框图如图 9-2 所示。

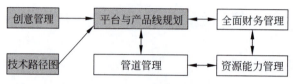

图 9-2　产品战略流程

资料来源:[美]麦克格拉斯.下一代产品开发——如何提高研发生产率,降低成本和缩短开发周期[M].朱战备,马建平译.北京:清华大学出版社,2005.

图 9-2 中三个深色的流程为产品战略流程。其中,平台与产品线规划处于产品战略流程的中心,它定义了计划产品。而有效的产品线规划必须通过与管道管理结合,经可得的资源能力验证,最终达到预定的财务目标。关于产品规划的流程将在下一节介绍。创意管理是企业从大量不同的来源收集、分析新产品创意,是产品战略的前端。更好地收集、发展新创意并更快地作出反应对企业新产品的成功具有重要的意义。创意管理需要从各种来源,包括内部、外部收集创意,有效组织,设定优先级顺序,以推进企业业务战略的发展。技术路径图能帮助企业对未来技术发展和应用需求以及企业自身的资源能力作出判断。

二、新产品规划

产品规划过程发生在一个产品开发项目正式启动、物质资源开始使用及大的开发团队形成之前。它是考虑一个公司应该从事怎样的项目组合并决定何时从事何种子项目的过程。规划过程要考虑由各种资源确定的产品开发机会,包括市场、研究部门、顾客、已有产品开发团队的建议以及与对手的竞争。产品规划包括以下几个步骤。

1. 识别机会

获取机会的做法有:
- 记录已有顾客对已有产品的抱怨;
- 会见主要顾客,听取他们对已有产品改进和创新的建议;
- 注意生活时尚潮流的变动、统计数据、已有产品领域内的技术和新产品领域的机会;
- 通过销售部门或客户服务部门系统地收集现有顾客的建议;
- 在开发进行中仔细研究竞争者的产品(竞争标杆);
- 追踪产品开发研究中出现的新技术。

2. 项目评价和优先级排序

评价新产品机会需要从企业竞争战略、市场细分、技术曲线以及产品平台等几方面来考虑。评价新产品机会的标准包括：

- 市场规模
- 市场增长率
- 竞争激烈程度
- 公司对市场了解的程度
- 公司对技术了解的程度
- 与公司其他产品的匹配
- 与公司能力的匹配
- 专利、商业秘密或其他竞争障碍
- 公司中拳头产品的存在

3. 时间安排

有时候企业可能会从事太多的项目而不考虑开发资源的有限性，其结果是有经验的工程师和经理被分配到过多的项目上，导致开发效率急剧下降。因此，企业需要根据企业资源及产品开发项目的情况来进行资源和时间的计划，相关考虑因素如下。

- 产品上市时间
- 技术准备
- 市场准备
- 竞争

4. 项目前计划

当项目被确定下来以后，需要进行项目前计划，包括开发任务描述、相关假设和限制条件、人员配备及项目领导等。

三、新产品开发的立项

（一）新产品的市场定位

在新产品开发的过程中，非常重要的一点是确定新产品的目标市场，作出适当的市场定位。市场细分与定位的步骤如图 9-3 所示。

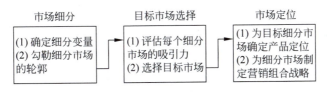

图 9-3　市场细分与定位的步骤

1. 市场细分

企业的目标就在于创造并保留满意的消费者，企业只有满足了消费者的需要，赢得了消费者，才可能赚到钱。社会上没有哪个人群是同质的，没有一个可以代表所有消费者的个体，不同的消费者的消费行为和需求也会有所不同，因此需要识别人们之间的差别,并把他们以某种方式进行分组,从而更好地理解他们的消费行为差异,也就是需要进行市场细分。市场细分就是通过寻找顾客特征或购买行为的相似之处来划分市场。影响消费者产品购买的因素既包括产品因素,如产品质量、价格、功能和外观等,也包括消费者自身因素,如需求特征、购买动机、购买兴趣及性格特征等。而消费者自身因素在各个维度上都具有不同的特征,市场细分就是基于一类或几类特征和行为,识别一个消费者群体在一方面或多方面相似的过程。同一个消费群体中的消费者可能会表现出相似的购买行为,通过发现这些有相似消费行为的人群,可以有针对性地设计产品来迎合不同消费群体的需要,制定一个可执行的营销战略。市场细分已成为企业制定营销战略的一个极其重要的环节,成为新产品开发的重要步骤。

可以从不同的角度对市场进行细分,以下几种是常见的分类。

(1) 地理细分(geographic segmentation):根据生活在不同国家、城市或地区的消费者的文化差异对市场进行细分。

(2) 人口统计细分(demographic segmentation):根据性别、年龄、受教育程度、职业、收入、婚姻状况或民族对市场进行细分。

(3) 心理细分(psychographic segmentation):根据个性特点、态度、信念或生活方式对市场进行细分。

(4) 行为细分(behavioral segmentation):根据使用者情况或使用频率对市场进行细分。

2. 市场定位

在进行产品定位和设计决策之前,需要首先界定构成市场的产品集合以及该市场所包含的消费者,也就是对产品市场进行界定。在产品定位中需要解决两个问题:什么样的产品是公司应该销售的,产品应该具有什么样的特征。为了解决这两个问题,公司需要寻找市场机会,并将其与公司的资源进行匹配。在满足目标消费者需求的同时,产品还需要与竞争者有所区别。公司面临的核心问题将是:将什么样的产品卖给哪个细分市场,从而满足该细分市场的消费者需求?这个问题的答案会涉及公司现在与潜在的产品开发战略,产品定位和产品设计是该战略决策的关键,它会决定产品在市场中的表现,影响公司的目标达成。

(二) 新产品开发的任务描述

在产品规划和市场分析的基础上需要完成项目前计划,形成新产品开发的任务,主要包括以下内容。

(1) 对产品的概括描述(一句话):这一描述通常包括产品对顾客的主要价值或用途,但要避免包含特定的产品概念,事实上它是产品的前景说明。

(2) 主要商业目标:除了支持公司战略的项目目标之外,这些目标通常包括时间、成本和质量目标(如产品的上市时间、预期财务收益、市场份额目标)。

(3) 产品目标市场:由于产品可能会有几个目标市场,需要确定主要市场和开发过程中应该考虑的其他次级市场。

(4) 指导开发工作的假设和限制:必须仔细地提出假设,尽管它可能会限制产品概念的范围,但有助于项目管理。

（5）利益相关者：清楚地列出产品的所有利益相关者，也就是所有受产品成败影响的人群。利益相关者列表包括终端使用者（最终的外部顾客）和作出产品购买决定的外部顾客，还包括公司的合作伙伴、公司内部和产品有关的人，如销售机构、服务机构和生产部门。

第二节　新产品概念开发

一、概念描述和开发过程

产品概念是产品技术、工作原理和形式的近似描述，它简洁地描述了产品是如何满足顾客需要的。概念通常表示成一种梗概或者粗略的三维模型，并且通常由简洁的书面文字描述。产品概念可以描述为：

- 这个产品要做什么：从产品表现、产品怎样满足客户需求、方便性、安全性、适用性、可处理性以及环境保护等方面定义产品。
- 这个产品是什么：从它的轮廓和主要技术来描述产品的组成形式。
- 这个产品是为谁服务的：产品的目标客户。
- 这个产品对客户意味着什么：从产品特性、人格化、形象、感觉和外观——产品的柔性化设计等方面为客户带来的感官愉快等方面加以描述。

产品概念开发是新产品开发过程中至关重要的一个阶段，主要包括以下几个活动：

- 识别顾客需求，该活动的目标是理解顾客的需求并有效地把他们传递给开发团队。
- 建立产品规格，规格是关于产品必要功能的精确陈述，它把顾客需求转变为技术术语。
- 生成产品概念，其目的是全面地探索可用于满足顾客需求的产品概念空间。
- 选择产品概念，从而识别出适合顾客偏好的概念。
- 测试产品概念，以确认顾客需求得到满足，评价产品的市场潜力。

二、识别顾客需求

识别顾客需求的方法被归纳为群体文化学，通常包括实地调查和观察群体行为、信仰和活动模式，对消费者关于产品功能、形态、材料和色彩，以及使用和购买模式的喜好进行预测等活动。识别顾客需求最常用的方法有以下三种。

1. 一对一的面访

请单个顾客描述现有产品的特征以及他是如何应用产品的，进而推测他还有哪些尚未被满足的需要。采访者为了明确认识顾客需求，对顾客曾提到的任何需要都要进行深入访谈，有时也包括没有提及的需求。新产品团队成员可以直接参与面访、听面访的录音或者阅读面访记录。既要注意个体的需要，也要注意总体的需要，但总体上更侧重个性需求。筛选需要则在以后的过程中进行。在顾客访谈中，有一群顾客非常值得关注，他们是领先用户，即那些在市场普及之前的数月或数年就体验过产品需求并能从产品创新中大量受益的顾客。这些顾客对于数据的收集十分有用,主要表现在两个方面:(1)他们能够清楚地阐述所产生的需要,因为他们不得不与已有产品的不足做斗争;(2)他们可能已经发明出满足自己需要的办法。通过对领先用户的调查,产品开发团队可以识别出市场上大多数人的潜在需要。开发产品以满足潜在顾客的需要可促使企业预测趋势,跨越竞争产品。

2. 焦点小组讨论会

讨论会通常由一个协调者组织由 8~12 个顾客组成的群体进行两小时左右的讨论。在有条件的情况下,焦点小组被组织在一个装有双面镜的特殊房间里,该双面镜可以使开发团队成员观察小组的讨论。讨论的过程通常被录制下来。这种方法可以有效地得到产品的共性需求。除了了解消费者对某类产品的认知、偏好及行为,还可以获得以下信息:产生对老产品的新想法、获取新产品概念、研究广告创意、获取消费者对具体市场营销计划的初步反映以及某些综合研究的前期准备。

3. 观察使用

观察顾客使用现有产品或使用一件新产品的过程。如螺丝刀除了可以起动螺丝外,正在粉刷房子的顾客还可以用它打开涂料罐。一种观察活动是比较被动的,缺乏与顾客的直接互动;另一种观察活动是与顾客并肩工作,这就使得开发团队成员能够获得使用产品的一手材料。

这些方法对新产品开发有以下作用:(1)对目标市场中典型人群的深入理解;(2)了解消费者的生活方式、体验和使用模式;(3)预测消费者需求的重要转变;(4)监测市场动态。

三、建立产品规格

顾客需求通常是以"顾客语言"的形式表述的(如产品较为轻便,易于安装),是典型的主观表述。这些表述使开发团队能对客户感兴趣的问题有一个更清楚的认识,但并不能提供设计和管理该产品开发的明确指导,留下了很多发挥空间。此时,开发团队通常需要建立一系列的规格说明。这些规格说明简洁明了,包括产品功能的详细信息。产品规格虽不能告诉开发团队如何满足顾客需求,但是从满足顾客需要的目的出发,产品规格代表了开发团队应努力达成的共识,有利于增强开发团队内部沟通。建立产品规格通常包括四个步骤:

(1) 准备度量标准清单,必要时使用需要—度量标准矩阵。

(2) 收集竞争基准信息。

(3) 为每个度量标准设置理想目标值和勉强可接受的目标值。

(4) 对结果和流程进行回顾。

表 9-1 显示了山地车悬架的度量标准清单。一般来说,创建度量标准清单需要考虑以下几方面:(1)度量标准应该是完整的;(2)度量标准应该是独立的变量;(3)度量标准应该具有实用性;(4)度量标准应该是人们共同认可的。在市场比较中,度量标准应该具有一个人们共同认可的标准。产品开发团队要使用度量标准清单来讨论并决定新产品相对已有产品的位置,包括它自己的位置以及竞争者的位置。在此基础上,开发

团队确定新产品的度量标准。

表 9-1 山地车悬架度量标准清单(部分)

度量标准编号	度 量 标 准	重要程度	单位
1	在 10Hz 时从车身到车把的衰减	3	dB
2	弹簧预加载量	3	N
3	来自 Monster 的最大值	5	g
4	在测试曲线上的最小下降时间	5	s
5	最大行程(26 英寸的车轮)	3	km
6	总质量	4	kg
7	在制动枢轴处的单边刚度	2	kN/m
8	安装到车架上的时间	1	s
9	使橡胶老化的 UV 测试持续时间	5	h

资料来源:卡尔·犹里齐,斯蒂芬·埃平格.产品设计与开发[M].杨德林译.大连:东北财经大学出版社,2001.

建立产品规格的困难在于需要许多知识(设计、营销、生产及其他知识),来自不同领域的专家必须相互交流以共享信息并得出一个相互都比较满意的解决方案。很多时候不同的度量标准(表现为产品属性)之间是相互冲突的。如:手机越小能耗越少,但很有可能经不起碰撞。因此最佳的设计方案并不仅仅来自产品规格的某一点,而是适合用户的许多价值组合。产品最终的设计需要权衡相互冲突的需求,形成统一的解决方案。

此外,产品规格的编写者会写出功能而不是产品带来的利益,但顾客则是购买产品利益而非功能。某些功能对获得产品利益并非必要。检测产品规格是否能够很好地描述这些产品利益的有效方法是自问如果产品包含所述利益顾客是否会支付更多钱购买产品。

在产品规格的建立过程中最好能让所有的职能部门参与对产品规格的权衡取舍,至少设计部、营销部和制造部应该参加产品规格的编制,其他职能部门如采购部、质量保障部、测试部或客户服务部,视产品和行业的需要参与该工作。

建立与产品规格相关的工具有联合分析(conjoint analysis)和质量功能展开(QFD)等。

四、新产品概念的生成

概念生成过程是从一组顾客需要和目标规格开始的,并以一组产品概念结束,开发团队从这些概念中作出最终选择。

概念生成过程中常见的问题有:(1)可替代的产品概念太少;(2)不考虑其他公司相关的和非相关的产品中所用的概念的借鉴作用;(3)整个概念生成过程的参与者太少,导致开发团队其他成员缺乏自信心和责任感;(4)没有系统考虑整个解决方案的范围。卡尔·犹里齐和斯蒂芬·埃平格提出了一种结构化的概念生成方法,如图 9-4 所示。

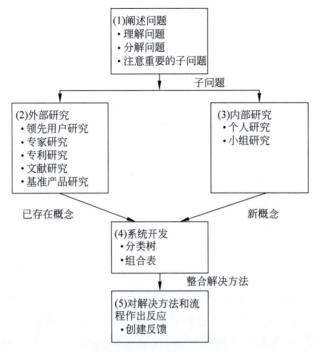

图 9-4 产品概念的生成方法

资料来源:卡尔·犹里齐,斯蒂芬·埃平格.产品设计与开发[M].杨德林译.大连:东北财经大学出版社,2001.

在产品概念生成的开始阶段需要对问题进行清晰的阐述,并将复杂问题分解成简单的子问题。接下来针对问题进行内外部研究。外部研究的实质是信息收集,需要将广泛收集与深度挖掘相结合。内部研究则是利用个人和开发团队的知识创造性地产生解决方案。通过内外部研究,开发团队收集几十个甚至几百个概念碎片,即子问题的解决方法,需要通过系统开发再次组合,形成整体产品概念。

五、新产品概念的筛选

新产品概念的筛选过程使用相应的顾客需要和其他标准评估概念、比较概念的相对优缺点,并为进一步的开发选择一个或多个概念。结构化的概念选择方法包括两步:概念甄别和给概念打分。甄别是一种快速、近似的评估,它产生一些可行的替换概念。打分是对甄别后相对较少的概念进行更精确分析的一种方法,它的目的是选择最能保证产品成功的那个概念。概念甄别和给概念打分都包括如下 6 个步骤:

- 准备选择矩阵
- 对概念进行评估
- 排列概念
- 组合和优化概念
- 选择一个或多个概念
- 对结果和流程进行回顾

在选择矩阵中,选择标准都是开发团队已识别的顾客需要以及公司要求,通常包括 5~10 条标准,如制造成本低、产品可靠性好等。在概念甄别阶段,每一个标准都被赋予同等重要的地位;而在概念打分阶段,则需要对每个标准设定相对重要性。在甄别阶段,对概念的评价只需要给出相对分数,如"比参考概念好"(+)、"两者相当"(0)、"比参考概念差"(一);在概念打分阶段,通常采用 1~5 个等级,分别为:级别 1 比参考概念差得多;级别 2 比参考概念差;级别 3 与参考概念相当;级别 4 比参考概念好;级别 5 比参考概念好得多。表 9-2 显示了一个给婴儿尿湿报警器产品概念打分的矩阵实例。

表 9-2 婴儿尿湿报警器产品概念打分矩阵(部分)

项 目		概 念							
		概念 A		概念 B		概念 C		概念 D	
选择标准	重要性百分比/%	评估等级	加权分数	评估等级	加权分数	评估等级	加权分数	评估等级	加权分数
安全	15	4	0.60						
报警准确	15	5	0.75						
使用方便	10	3	0.30						
轻便	8	3	0.24						
卫生	15	4	0.60						
舒适	7	4	0.28						
使用寿命	10	4	0.40						
易于制造	20	3	0.60						
总分数			3.77						
排名			2						

资料来源:清华大学 MBA 课程"新产品开发"项目组,2003 年。

经过概念甄别和概念打分两个阶段,可得到少数几个产品概念。概念筛选不仅应用于概念开发阶段,而且应用于随后的整个开发过程。概念筛选需要集体努力,它简化了优秀产品概念的选择,有助于开发团队达成一致意见。但开发团队收集的判断依据不一定是客观评估概念的最好方法,开发团队应该将可选择的对象缩写到 3~4 个,然后从目标市场中为这个产品寻找有代表性的顾客意见,其方法是使用实体模型或带有模型描述的概念板(concept board),进入概念测试。

六、新产品概念的测试

了解消费者的喜好和感受是创造优秀产品概念的关键。消费者对产品概念的认同决定了他们的购买意图,并进一步影响了购买行为。所以产品概念被消费者接受的程度是评估产品概念的核心。概念测试的过程分为以下几个步骤:

- 定义概念测试的目的
- 选择调查人群
- 选择调查形式
- 概念表达
- 测试顾客反应

- 结果阐释

概念测试的目的主要表现在回答以下几个问题：(1)从几个备选的产品概念中挑选出哪一个？(2)怎样改进产品概念以更好地满足顾客的需要？(3)大约可以销售多少产品？(4)开发工作是否应该继续？概念测试的对象即调查的潜在顾客人群应代表产品的目标市场。如果产品兼顾几个市场，则概念测试需要每个目标市场的潜在顾客都被调查到。调查样本的容量应该足够大。调查的形式可以采用面对面交流、电话访谈、邮寄信件、电子邮件与网络调查等方法。

概念的表达可以是文字描述、产品草图、情景展示、录像、交互式多媒体等多种形式。文字的描述比如：浅色花生酱，一种低热量的天然花生酱，能给大多数食物增添美味。

通过概念测试至少可以收集到两类数据：购买测度、对产品概念的反应。

第一类数据是购买测度，包括购买意向和预期的购买频率。这两组数据可以为被测试概念生产产品的销售潜力提供一个估计值。购买意向一般通过询问"根据对这个产品的描述，您购买这种产品的可能性有多大？"的问题来了解，备选答案通常包括：肯定会购买；很可能购买；可买可不买；可能不会买；肯定不会买。

购买频率一般通过询问"如果可以买到这种产品，您一般隔多长时间会购买一次？"进行测量，还有每次购买的数量。通常备选答案包括：一个星期一次或者更频繁；一个月一次；一年三四次；更少；从不购买。

第二类数据在观察潜在顾客对产品概念的反应时得到，通常会询问以下问题：(1)这种产品能提供给消费者的价值是否清晰和可信？如果消费者不清楚该产品能够带来什么价值或者不相信这种产品的核心价值，那么这个产品概念必须修改。(2)这种产品对解决消费者的问题的重要程度如何？这是一个对需求水平的测试；需求越强烈，消费者对该概念的兴趣就越大。(3)新产品相比已有的产品如何更好地满足了消费者的需求？这是一个消费者对新产品和对现有产品满意度差距的测试。一个高的需求差距得分表明新产品能够满足现有产品所不能满足的需求。(4)新产品的性价比如何？产品的性价比越高，消费者购买意向就越高。根据概念测试的结果，开发团队还可以了解产品品质或价值改进的方向。

拓展阅读

第三节 新产品开发过程

一、新产品开发流程管理——门径管理①

（一）新产品开发流程管理的目标

新产品开发的流程管理，需要注意以下8个目标。

---

① 本部分资料来源于罗伯特·库珀.新产品开发流程管理[M].刘崇献，刘延译.北京：机械工业出版社，2003.

（1）新产品流程必须是一个保证质量的流程。企业需要一种系统的新产品流程来指导和方便新产品项目从构思到上市的成功。

（2）流程或者行动计划在设计时必须纳入风险管理；一个多门径的活动框架是最合适的。

（3）入口是新产品流程的关键。

（4）用平行处理平衡流程的高质量与缩短开发周期之间的矛盾。

（5）流程要求一个跨职能的、得到授权的团队，并且这个团队有一个具有权威性的领导者。

（6）流程要以市场为导向，以顾客需求为中心。

（7）前期工作或准备工作对新产品的成功很关键，这些活动以一种一贯的和系统的方式存在于新产品开发计划中。

（8）努力寻求能够给顾客提供效用和价值的优秀的、差异化的产品。

（二）门径管理

以上8个目标以及表9-3中15个重要成功因素结合起来形成了新产品开发流程管理的模型——门径管理，这种门径管理流程是管理新产品开发流程、提高有效性和效率的蓝图。门径管理把创新流程划分成一系列预先设定的阶段，每一个阶段由一组预先设定的、跨职能的、同时进行的活动组成。通向每一个阶段的是一个入口，这些入口控制着流程，并且起到质量控制和生杀决策作用。典型的门径管理模型如图9-5所示。

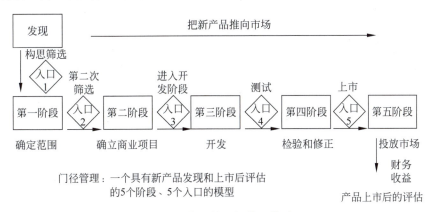

图9-5 典型的门径管理模型

1. 发现阶段

这一阶段旨在发现和揭示机会并产生产品创意。揭示机会的活动包括实施基础技术研究，探索新的技术可能性；和用户一起工作以发现没有明确表达出来的需求；实施战略性规划，发现市场空隙，从而识别市场机会。

2. 入口1，构思筛选

构思筛选是向项目分配资源所做的第一步决策。如果决策被采纳，则项目会进入初步调查或者确定范围的阶段。入口1是一种温和的过滤，相当于把项目限定为一些重要的"必须满足"和"应该满足"的准则，如战略一致性、项目可行性、机会的大小、市场吸引力、产品优势、资源规划、与公司政策的适应性等问题。财务指标通常不列入第一次的筛选中。

3. 第一阶段,确定范围

主要目标是决定项目的技术和市场优势。其中市场评估活动包括互联网搜索、图书馆查阅,和主要的客户联系以决定市场的规模、市场潜力和可能的市场接受程度;技术评估涉及对建议的产品进行快速初步的内部评估以评估开发和资源供应的路线、技术可行性、可能的时间和成本、法律和行政管理风险和障碍。

4. 入口2,第二次筛选

项目在第二阶段要经历第二次较严格的筛选。这个入口本质上是入口1的重复;项目根据从第一阶段获得的新信息被重新评估。如果在这一点作出继续进行的决策,那么项目将会进入到一个花费比较大的阶段。在入口2,财务收益将会被评估,但仅限于快速和简单的财务指标,如回收期。

5. 第二阶段,确立商业项目

在该阶段的重要工作是确立成功的新产品定义,包括目标市场定义、产品构思定义、产品定位战略的说明、产品能够带来的好处和价值的描述、产品实际的和理想的特征及规格。在此过程中,企业会进行市场调查、市场研究、竞争分析,产品概念测试,技术评估以及财务分析。具体的技术评估重在考察该项目的可操作性;财务分析通常涉及现金流的计算,并且具有敏感性分析,来观察可能存在的不利因素。第二阶段的结果是项目的商业立项书。

6. 入口3,进入开发阶段

这是开发阶段之前的最后一个入口,是进入花费巨大的全面开发活动之前项目可以被否决掉的最后一个控制点。这一评估的活动包括回顾第二阶段的每一项活动,检查活动是否得到实施以及实施的质量如何。如决策通过,则入口3将保证与产品定义以及有关未来行动路线的项目计划达成一致。

7. 第三阶段,开发

在第三阶段即开发阶段开始实施开发计划,开始产品的实体开发。常用α测试保证产品在控制的条件下符合要求。该阶段强调的是技术工作,但在技术开发的同时,市场分析和顾客反馈测试工作也在进行,在产品开发成型阶段顾客的意见也被考虑到产品设计中。

8. 入口4,测试

开发后的评审,是为了检查产品开发项目的进展,并确认开发工作已经保质保量地完成了,即开发出来的产品真正地和入口3中规定地产品定义相一致。

9. 第四阶段,测试和修正

此阶段的活动包括内部产品测试,用户或工厂试用产品,试生产、市场预测试或试销、财务评估。如果产品开发项目不能通过测试和修正,则有可能退回到第三阶段。

10. 入口5,上市

该入口重点考察第四阶段的活动质量及其结果,通过的准则是预期的财务收益、产品合适投放市场。

11. 第五阶段,投放市场

最后一个阶段需要实施营销计划和生产运营计划。

12. 产品上市后的回顾

在商业化之后的一段时间(通常6~9个月),需要对产品的上市表现进行审查评估,将最新的关于收入、成本、利润和时间安排的数据和计划对比来考察产品的市场表现。

门径管理流程的突出作用有两点:方便和加速新产品开发过程;持续地降低新产品开发中的风险。

二、集成产品开发

集成产品开发是新产品开发管理的一种模式。1992年,在激烈的市场竞争下,IBM公司遭受了巨大的经营挫折,为了重新获得市场竞争优势,IBM实施了以系统性研发管理解决方案为核心的企业再造方案。IBM综合了许多业界最佳实践要素,从流程重整和产品重整两个方面来达到缩短产品上市时间、提高产品利润、有效进行产品开发、为顾客和股东提供更大价值的目标。从1993年到1998年总共节省了120亿美元的费用,硬件开发时间从4年下降到16个月,并总结出了一套行之有效的产品开发模式——集成产品开发(integrated product development,IPD)。

拓展阅读

(一)集成产品开发的核心思想

IPD是一套产品开发管理的思想,其核心思想体现在6个方面。

1. 新产品开发是一项投资决策

IPD强调对产品开发进行有效的投资组合分析和管理,强调优化投资组合,将资源用于最有前途的市场机会和产品组合上;并在产品开发中设置阶段性的投资决策评审点,及时砍掉无前途的项目。

2. 基于市场的开发

产品创新是基于市场需求和竞争的创新,为此,IPD强调产品开发流程与市场管理流程的有机集成,产品开发的第一步是正确定义市场需求和产品概念,从一开始就把事情做正确。

3. 跨部门、跨系统的协同

采用跨部门的产品开发团队,通过有效的沟通、协调,达到尽快将产品推向市场的目的。

4. 并行工程

将产品开发按照最终产品、平台、子系统、技术分解为不同层次的任务,并行执行所有层次的任务。通过对每个层次的关注和面向市场的开发,快速、高效、不断地推出具有竞争力的产品。

5. 重用性

重用性即在不牺牲差异性的情况下尽可能重用。CBB(common building block,共用基础模块)是实现并行工程的重要基础和手段。如果产品是基于许多成熟的共享的

CBB 和技术来搭建或集成而成，产品的质量、进度和成本会得到更好的控制和保证。

6. 结构化的流程

产品开发项目的相对不确定性，要求开发流程在非结构化与过于结构化之间找到平衡。产品开发是复杂的，因为产品开发人员必须完成大量活动，而这些活动涉及方方面面、各个部门，如何协调这些活动便成为复杂的工作。为了能管理好这些庞大而复杂的活动，产品开发过程必须成为结构合理、定义清楚的过程，但产品开发流程不同于生产流程，具有相对的不确定性，理想的生产是拷贝，产品开发是有限度的创新，IPD流程也应该是有限度的结构化，不能规定得太死、太细。

（二）集成产品开发的框架

IPD 集成了多个最佳实践（best practice）的方法，是一套方法集。IPD 框架主要包括以下几个方面的方法：客户需求分析、优化投资组合、衡量指标、跨部门团队、结构化流程、项目和管道管理、并行工程及共用基础模块。IPD 框架如图 9-6 所示。

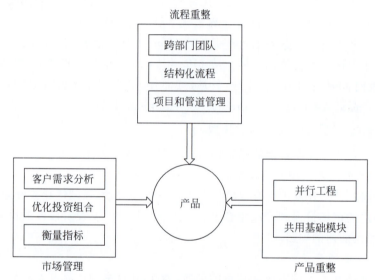

图 9-6 集成产品开发的框架

IPD 框架的方法分别应用于市场管理、流程重整和产品重整。

1. 市场管理

市场管理从以下 3 个方面来影响产品的特性和生命。

（1）客户需求分析

IPD 使用一种用于了解客户需求、确定产品市场定位的工具——$APPEALS 进行需求分析。$APPEALS 从 8 个方面衡量客户对产品的关注，确定产品的哪一方面对客户是最重要的：$——产品价格（price）；A——可获得性（availability）；P——包装（packaging）；P——性能（performance）；E——易用性（easy to use）；A——保证程度（assurances）；L——生命周期成本（life-cycle cost）；S——社会接受程度（social acceptance）。

(2) 优化投资组合

IPD 强调对产品开发进行有效的投资组合分析。要正确评价、决定企业是否开发一个新产品,以及正确地决定对各个新产品的资金分配,就需要测定新产品的投资利润率。只有明确了投资利润率的各种静态和动态的决定因素和计算方法,企业才能对产品战略作出正确的判断和决策,进而确定产品开发的投资。

要正确地决定资金投入对策,还必须研究产品结构,研究企业各种产品的投入、产出、创利与市场占有率、市场成长率的关系。这是企业产品投资组合计划必须解决的问题。企业的产品结构需要考虑服务方向、竞争对手、市场需求、企业优势、资源条件、收益目标等因素。

投资组合分析要贯穿整个产品生命周期,在开发过程设置检查点,通过阶段性评审来决定项目是继续、暂停还是改变方向。通常在各个阶段完成之后,要做一次"继续或停止(go/no go)"的决策,以决定下一步是否继续,从而可以最大限度地减少资源浪费。

(3) 衡量指标

投资分析和评审的依据是事先制定的衡量指标,包括对产品开发过程、不同层次人员或组织的工作绩效进行衡量的一系列指标。如产品开发过程的衡量标准有硬指标(如财务指标、产品开发周期等)和软指标(如产品开发过程的成熟度等)。具体的衡量标准包括投资效率,新产品收入比率,被废弃的项目数,产品上市时间,产品盈利时间,共用基础模块的重用情况等。

2. 流程重整

IPD 中的流程重整主要关注跨部门团队、结构化流程、项目和管道管理。在结构化流程的每一个阶段及决策点,由不同职能部门人员组成的跨部门团队协同工作,完成产品开发战略的决策和产品的开发,通过项目管理和管道管理来保证项目顺利进行。

(1) 跨部门团队

组织结构是流程运作的基本保证。在 IPD 中有两类跨部门团队,一个是 IPMT(integrated portfolio management team,集成组合管理团队),属于高层管理决策层;另一个是 PDT(product development team,产品开发团队),属于项目执行层。

IPMT 和 PDT 都是由跨职能部门的人组成,包括开发、市场、生产、采购、财务、制造、技术支持等不同部门的人员,其人员层次和工作重点都有所不同。IPMT 由公司决策层人员组成,其工作是确保公司在市场上有正确的产品定位,保证项目资源,控制投资。

IPMT 同时管理多个 PDT,并从市场的角度考察他们是否盈利,适时终止前景不好的项目,保证将公司有限的资源投到高回报的项目上。

PDT 是具体的产品开发团队,其工作是制定具体产品策略和业务计划,按照项目计划执行并保证及时完成,并及时地将产品投放到市场。PDT 是一个临时性的组织,其成员在产品开发期间一起工作,由 PDT 经理组织,可以是 PDT 经理负责的项目单列式组织结构。

(2) 结构化流程

IPD 产品开发流程被明确地划分为概念、计划、开发、验证、发布、生命周期 6 个阶段,并且在流程中有定义清晰的决策评审点。这些评审点上的评审已不是技术评审,而是业务评审,更关注产品的市场定位及盈利情况。决策评审点有一致的衡量标准,只有完成了规定的工作才能够由上一个决策点进入下一个决策点。下面是典型的产品开发流程。

① 在概念阶段初期,一旦IPMT认为新产品、新服务和新市场的思想有价值,他们将组建并任命PDT成员。

② PDT了解未来市场、收集信息、制订业务计划。业务计划主要包括市场分析、产品概述、竞争分析、生产和供应计划、市场计划、客户服务支持计划、项目时间安排和资源计划、风险评估和风险管理、财务概述等方面信息,所有这些信息都要从业务的角度来思考和确定,保证企业最终能够盈利。

③ 业务计划完成之后,进行概念决策评审。IPMT审视这些项目并决定哪些项目可以进入计划阶段。

④ 在计划阶段,PDT综合考虑组织、资源、时间、费用等因素,形成一个总体的、详细的、具有较高正确性的业务计划。

⑤ 完成详细业务计划以后,PDT提交该计划给IPMT评审。如果评审通过,项目进入开发阶段。PDT负责管理从计划评审点直到将产品推向市场的整个开发过程,PDT小组成员负责落实相关部门的支持。

⑥ 在产品开发全过程中,就每一活动所需要的时间及费用,不同层次人员、部门之间依次作出承诺。

(3) 项目和管道管理

项目管理是使跨部门团队集合起来更好地行动的关键。首先要有一个目标(即项目所要达到的效果),一旦将客户需求转换为对产品的需求时,就可以制定详细计划。该计划中的各部分将具体划分为每个职能部门的工作,即这个计划不只是研发部门的计划,也是公司各个部门共同的计划。

接下来安排活动的时间,然后对每个活动进行预算和资源的调配,在项目实施过程中还需要不断地与计划对照,可以在细的层面上对计划进行一定的调整,但是PDT作出的承诺不能改变。整个项目的进行过程都需要PDT的参与,因此,PDT在产品开发全流程中自始至终存在。

管道管理,类似于多任务处理系统中的资源调度和管理,指根据公司的业务策略对开发项目及其所需资源进行优先排序及动态平衡的管理。

3. 产品重整

IPD提高开发效率的手段是产品重整。产品重整主要关注并行工程和共用基础模块(CBB)。

(1) 并行工程

在产品开发过程中,由于上层技术或系统通常依赖于下层的技术,因此,开发层次之间的工作具有相互依赖性。如果一个层次的工作延迟了,将会造成整个开发周期的延长,这是导致产品开发延误的主要原因。通过减弱各开发层次间的依赖关系,可以实现所有层次任务的并行开发。

为了实现并行工程,建立可重用的共用基础模块是非常重要的。

(2) 共用基础模块

共用基础模块(CBB)指那些可以在不同产品、系统之间共用的零部件、模块、技术及其他相关的设计成果。如果部门之间共享已有成果的程度很低,随着产品种类的不断增长,零部件、支持系统、供应商也在持续增长,这将导致一系列问题。事实上,不同产品、系统之间,存在许多可以共用的零部件、模块和技术,如果产品在开发中尽可能多地采用了这些成熟的共用基础模块和技术,产品的质量、进度和成本会得到很好的控制和保证,产品开发中的技术风险也将大为降低。因此,通过产品重整,建立CBB数据库,实现技术、模块、子系统、零部件在不同产品之间的重用和共享,可以缩短产品开发周期、降低产品成本。CBB策略的实施需要组织结构和衡量标准的保证。

不管是并行工程还是共用基础模块的实现,都需要很高水平的系统划分和接口标准制定,需要企业级的构架师进行规划。

第四节 新产品开发中的知识管理

一、基于缄默—明言知识交互转化的知识创造[①]

1. 缄默知识和明言知识

缄默知识(tacit knowledge)是与特别情景有关、难以形式化和沟通的蕴藏在个人经验中的个人知识。

明言知识(explicit knowledge)是可以用形式化、系统的语言或文学传递的知识,它包括合乎正规文法的陈述、数学式的表达、规格以及手册等,这类知识可以在不同的个人之间传递。

缄默知识和明言知识并不是截然分离的,在一定条件下可以交互转化(如图9-7所示),包括社会化、外化、联合化、内化四个转化过程。这四个转化连续发生,就成为知识创造螺旋。知识创造螺旋蕴藏于技术创新过程之中。

图 9-7 缄默—明言知识的交互转化

2. 社会化

社会化(socialization)是通过经验分享和缄默知识整合,达到创造知识的过程。社会化发生的前提有两个:一是个人可以不通过语言而从别人那里获得缄默知识;二是个人可以不通过明确语言的表达进行思考,整合个人的缄默知识,或者整合自己的缄默知识,创造新的缄默知识的过程。例如,个人在解决问题过程中的积极思考,最先得到的是一种不可表达的直觉,感觉到问题的解决方案找到了,但一时表达不出来。社会化

---

① 主要理论框架摘自 Ikujiro Nonaka, Hirotaka Takeuchi. The Knowledge-creating Company[M]. New York, Oxford: Oxford University Press, 1995.

包括缄默知识的创造、缄默知识的共享两个方面。

缄默知识的创造是通过无言的思考，有时甚至是冥思苦想而获得缄默知识的过程。它来源于整合自己已有的缄默知识，或者是在共享别人缄默知识的过程中，与自己已有的缄默知识碰撞整合而得到新的缄默知识。例如，徒弟对师傅传授的手工工艺、操作工艺的改进等。轮换制度能促进缄默知识的创造，某冰箱制造企业为提高新产品开发质量，推出产品开发三三制，要求技术人员每年在市场部门至少待三个月、技术开发部门至少待三个月、生产部门至少待三个月，每年完成一个循环，以此使技术人员获得更多、更全面的感性认知。三三制促进了缄默知识的创造，让新产品的市场接受度和可制造性提高。

缄默知识共享主要通过共同工作、观察、模仿等过程而获得一种共同的体会和心灵的共鸣。中医、烹饪、武术等领域的缄默知识，都要通过师傅带徒弟的方式，经过长时间观察和模仿实现共享。一些工艺知识的传承和共享也是这样。例如，某大型通信制造企业在工艺设计部门聘请有经验的专家，年轻的工艺工程师跟他一起工作，实现缄默知识的共享。

3. 外化

外化（externalization）是将缄默知识明白表达为明言知识的过程，在这个过程中，缄默知识通过暗喻、类比、观念、假设或模式表达出来。书写是将缄默知识转化为能够用语言表达的知识的一种行为。外化模式常见于概念创造过程之中，从座谈或者集体思考开始。外化是知识创造的关键，因为它由缄默知识中创造出新的、明确的概念。

暗喻和类比在外化中有关键的作用。通过想象、直觉和理性的思考，暗喻和类比可以在两个不同事物中建立联系，通过已知求解未知。例如，佳能在开发微型复印机时，碰到如何低成本生产出一次性复印墨盒的问题。使用一次性复印墨盒可以使复印机的核心部分——复印鼓在使用一定时间之后被替换，可以节省维护费用，这是佳能的首创。小组针对这个问题进行过很多激烈讨论，但都没有结果。有一天，开发小组在讨论时，开发小组负责人带来了一些罐装啤酒。啤酒喝完后，负责人拿着易拉罐突然问："生产这个易拉罐的成本有多少？"大家都知道易拉罐的成本并不高。受此启发，小组成员开始讨论运用制造啤酒易拉罐的工艺，以相同材料生产复印鼓滚筒的可能性。通过比较它们之间的相同点和不同点，他们终于发明了一种工艺技术，可以以低成本制造出铝制的一次性复印鼓滚筒，很好地解决了这个问题。

4. 联合化

联合化（combination）是将已有的明言知识加以系统化而形成知识体系，或者运用不同的编码形式对明言知识进行代码转换。这种知识转化涉及多个明言知识体系。个人之间可以通过文件、会议、电话交谈、计算机网络交换并组合知识。企业也可以通过分类、整合来重组已有信息，将已有知识分类，以得到新的知识。例如，中层经理将企业愿景、观念或产品概念细分，使之可以操作。创造性的知识分类也是一种很有效的知识创造。

联合化包括以下三种形式：

（1）知识编码的转换，如反求工程，设计图纸的翻译等。譬如，20世纪80年代中期,杭州锅炉厂通过与国外合作制造,实施了图纸翻译与工艺转换。

(2) 明言知识的体系化、综合化。例如,昆明制药公司每年都要求研发人员撰写论文,并进行论文评比,奖励优秀论文作者,而且把高水平的论文编辑成册。这些体系化的知识成为企业重要的知识积累。

(3) 综合概念的细化。例如,战略思想的具体化。邯钢"模拟市场核算"提出后,需要细化成可操作的方案,概念细化中的一个重要环节是先在二炼钢试行,试行成功之后总结成文,然后再向全公司推广,整个方案中各个岗位的各项成本指标达10多万个。

5. 内化

内化(internalization)是将明言知识转化为缄默知识的过程。这个过程常常在"干中学"中完成。当经验透过联合化、外化和结合,进一步内化为个人的缄默知识时,它就实现了缄默知识的扩散,成为有价值的组织资产。

技能的学习和掌握常常是知识的内化过程。掌握"专门技术"的内化有以下五个层次。

(1) 生手:学习与该事物有关的特别技能和规则,以对该事物作出反应。例如,汽车驾驶员学习操作换挡,被告知在何种速度下换挡,和其他车辆保持多少距离,保持多少特定的速度。

(2) 新手:驾驶员新手开始注意许多不能被定义的实际因素。例如,在换挡时开始听引擎的声音,能分辨出一个走神的驾驶员的行为、一个醉酒的驾驶员的行为,一个不耐烦但警觉的驾驶员的行为。

(3) 强手:司机不按规则行事,开始随自己的意愿驾驶。他们离开前面车辆的距离比被允许的更近,进入交通流更大胆。

(4) 老手:可以依靠直觉行事。驾驶老手知道如何快速地完成一系列复杂动作,而不必像初学者那样进行思考,可以捕捉到很多细微信号,如一辆车就要拐出等;一个老营销员凭知觉就知道要更新一种产品等。

(5) 专家:技术水平的最高层次,能够无意识地行动和思考,在环境中不片面地看问题,而是看到全部。如同象棋大师在下棋时,不再认为仅仅是在操作棋子,而认为自己是其中一员。

6. 知识创造螺旋

由社会化、外化、联合化、内化四个过程组成的知识创造螺旋,可以完成一个知识创造过程循环,完成这个循环,企业的知识积累和能力会上一个台阶。知识创造螺旋的不断进行推动企业的技术能力提升。

二、知识库与知识共享管理

1. 知识库

公司经过知识积累可以形成独特的知识库。例如,许多大型汽车制造公司都建立了庞大的新车开发知识库,这是进行全新车型开发的重要基础。企业的持续发展需要形成知识库,造就知识平台。

拓展阅读

企业知识库的基本构成有：
- 企业基本信息，包括公共关系信息、年度报告、出版物、企业总体介绍等；
- 企业组织结构信息，包括地址、代理商、分公司、服务中心等信息；
- 产品和服务的信息，包括技术专长、服务特点等；
- 基本流程的信息；
- 关于专利、商标、版权，使用其他企业技术、方法许可证的信息；
- 顾客信息。

企业对知识库的一些基本要求有以下几方面。

(1) 组织数据库并使其有效：如果想让知识库成为学习的工具，那么它必须被很好地组织，并使之易于进入或查询。如果员工在库中很难找到他们需要的东西，他们只能通过其他途径去寻找他们工作中所需的知识，或者就得在没有所需知识的情况下去做工作。

(2) 数据库中知识的精确性：在一些数据库中，数据一经输入，它们即使已经过时或能被更精确的数据替代，而仍未被更新，这就不能提供精确的数据。要让员工确信他们从库中得到的信息是精确、及时、可靠的，如果他怀疑数据的精确性，不用很久，他将不再使用知识库。

(3) 让所有员工直接进入知识库：特殊的部分可能因为数据的敏感性而需要口令或其他安全措施。一般情况下，员工不必经过同意就可进入他工作中所需的知识库。

对知识库的有效管理在于对知识库的运用。例如，一家英国化学公司开发的一种新工艺流程，已经达到实验阶段，而当这一工艺投入规模试验之后，反应罐底部出现了不应有的沉淀物。为此公司开始研究解决问题的方法，决定向专利局的调研咨询部门询问是否以前有过类似的问题，结果专利局找到了一个完美的解决方案的专利。这个已经注册的工艺流程专利是前几年开发出来的，而且就是该公司申请和拥有的。这说明该公司知识库的管理和运用不够有效和充分。

道氏化学(Dow Chemical)公司的知识工程可以避免这类错误。公司组织了一个项目小组，检查公司已有的 29 000 个专利，以决定哪些专利应该予以开发，哪些应该注册，而哪些应该抛弃。这项知识工程在 10 年内为公司创造了 1.25 亿美元收益和 4 000 万美元的节支。该工程的负责人 Cordon Petrash 将之称为"采摘唾手可得的果实"。

绘制知识地图是管理知识库的一种途径。知识地图中标识 know-who 和 know-where，指明知识传播的途径。微软公司就用知识地图来管理知识库，需要哪方面的专业知识时，在知识地图系统中输入有关信息（关键因素），就可以找到储存该知识的合适的人和地点。图 9-8 是知识地图系统的简单示意图。

2. 知识共享

知识共享是企业知识库利用的重要目的。促进知识共享的途径如下。

(1) 通过正式与非正式的网络，建立起技术人员之间的共同语言和交流框架，建立宽松和开放的文化氛围，促进知识共享。

(2) 采用团队合作的形式，进行技术人员之间有效的交流和沟通，促进知识的传递和成员之间的深度对话，降低协作成本，有利于组织知识的形成与反馈。

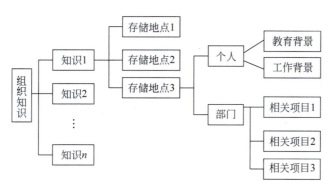

图 9-8 知识地图简单示意图

(3) 重视技术人力资源的管理,加强培训,激发技术人员的积极性,促进技术人员的自我知识更新和相互交流合作。

不同类型知识的共享就不同。例如,编码化模式适合明言知识,而个人化模式适合缄默知识(如表 9-3 所示)。这两种模式所需要的技术支持和激励重点都不一样。知识共享其实是一个综合系统,既有公司战略和企业文化的设计问题,又有技术手段、人力资源管理等方面的战术问题。

表 9-3 不同知识的共享

特点	编码化模式	个人化模式
共享方式	• 从人员到文档,再从文档到人员 • 建立知识库 • 文档管理系统	• 人与人直接面对面沟通 • 电话交谈,电子邮件,视频会议,知识地图
技术支持	• 强大的 IT 软硬件环境,电脑、数据库、网络等	• 对信息技术条件不过分要求 • 重在对人的激励和优秀企业文化
激励重点	• 鼓励员工尽可能多、尽可能快地将自己的知识编码化 • 鼓励员工积极向知识库学习	• 鼓励员工直接与别人交流 • 鼓励重点在于与别人共享知识的质量、数量
适用范围	• 以靠明言知识解决问题为主 • 以标准化的产品和服务为主 • 以成熟产品和服务为主	• 以靠员工个人经验、技巧等缄默知识解决问题为主 • 以定制产品和服务为主 • 以创新产品为主

资料来源:Hansen Morten T,Nohria Nitin Tierney Thomas. what's your strategy for managing knowledge? Harvard Business Review,1999,77(2):106-116.

3. 知识管理设备、工具和手段

发达的网络系统是知识管理必备的条件,除了要积极鼓励员工充分利用互联网与外界交流,更新知识外,企业还要有内部网。很多公司都建有功能强大的内部网,包括知识创新源网络、战略合作网络、培训网络等。

公司还可以建立内部知识中心,目的是在企业内部提供一个通畅的知识共享和知识交流的途径,使员工知道从哪里获得需要的知识。知识地图是一个流行的工具。

文档管理系统、数据挖掘系统都是较为流行的先进知识管理工具。例如，某超市通过数据挖掘技术对销售数据进行分类，发现：星期五下午，大多数购买婴儿尿布的顾客同时购买啤酒，因此，改变商品摆放位置，把婴儿尿布与啤酒放在一起，增加啤酒销量。

三、产品数据管理①

产品数据管理（product data management，PDM）是指基于计算机软件的企业产品数据管理，是企业组织运用软件管理产品乃至技术创新的一个重要手段。PDM 是依托 IT 技术实现企业最优化管理的有效方法，是科学的管理框架与企业现实问题相结合的产物，是计算机技术与企业文化相结合的产物。从产品来看，PDM 系统可帮助组织产品设计，完善产品结构修改，跟踪进展中的设计概念，及时方便地找出存档数据以及相关产品信息。从过程来看，PDM 系统可协调组织整个产品生命周期内诸如设计审查、批准、变更、工作流优化以及产品发布等过程事件。

（一）PDM 的功能

1. 电子资料库和文档管理

PDM 的电子资料库和文档管理提供了对分布式异构数据的存储、检索和管理功能。在 PDM 中，数据的访问对用户来说是完全透明的，用户无须关心电子数据存放的具体样子，以及自己得到的是否是最新版本，这些工作均由 PDM 系统来完成。电子资料库的安全机制使管理员可以定义不同的角色并赋予这些角色不同的数据访问权限和范围，通过给用户分配相应的角色使数据只能被经过授权的用户获取或修改。PDM 中电子数据的发布和变更必须经过事先定义的审批流程后才能生效，这样就使用户得到的总是经过审批的正确信息。

2. 产品结构与配置管理

产品结构与配置管理是 PDM 的核心功能之一，利用此功能可以实现对产品结构与配置信息和物料清单（bill of materials，BOM）的管理。而用户可以得用 PDM 提供的图形化的界面来对产品结构进行查看和编辑。PDM 系统中，零部件按照它们之间的装配关系被组织起来，用户可以将各产品定义数据与零部件关联起来，最终形成对产品结构的完整描述，传统 BOM 可以利用 PDM 自动生成。

3. 生命周期（工作流）管理

生命周期管理模块管理着产品数据的动态定义过程，其中包括宏观过程（产品生命周期）和各种微观过程（如图纸的审批流程）。对产品生命周期的管理包括保留和跟踪产品从概念设计、产品开发、生产制造直到停止生产的整个过程中的所有历史记录，以及定义产品从一个状态转换到另一个状态时必须经过的处理步骤。

4. 集成开发接口

各企业情况千差万别，用户的要求也是多种多样的，没有哪一种 PDM 系统可以适应所有企业的情况，这就要求 PDM 系统必须具有强大的客户化和二次用工具包，PDM

---

① 改写自陈劲，王方瑞.技术创新管理方法[M].北京：清华大学出版社，2006.

第九章 新产品开发

实施人员或用户可以用这类工具包来进行针对企业具体情况的定制工作。

（二）PDM 实施过程

1. 组织实施团队

实施团队的参与人员包括企业高层领导、项目团队的领导和项目团队成员。项目实施团队的负责人一般应由公司的高层领导担任，要有足够的权威和协调能力。项目团队只需要少数专职人员，大部分成员由企业各方面用户组成（选型小组的大部分成员应转入实施项目团队）。

项目实施团队负责协调公司层与各部门的关系，负责软件在操作级上的实施。基本工作内容包括：制订项目实施计划；报告计划的执行情况；适时作出关于任务优先级、资源重新分配等问题的建议；必要时向高层领导提出建议；为保证软件实施而需要的人和操作级上的工作；协调与软件供应商（或咨询公司）实施小组的关系。

2. 数据收集分析和建模

要分析清楚与 PDM 实施相关的四方面内容，即人员、数据、活动与基础设施。人员是指明确人员的组织关系及其承担的职责；数据是指定义清楚被管理的数据对象及数据对象的组织结构；活动是指明确活动的过程，确定 PDM 实施到底涉及哪些流程，明确流程中的活动及支持活动的数据、人员配备以及活动产生的数据等，在此基础上对不合理的流程进行改造，绝不能用 PDM 支持旧的不合理的流程；基础设施是指企业现有信息基础设施情况（如硬件、软件和通信工具等），要确定能否满足 PDM 实施的要求。

信息建模首先要在软件商的帮助下，了解并掌握 PDM 工作环境、PDM 系统的基本功能，然后以数据收集与分析阶段得到的结果为基础，进行信息建模。一般需建立 6 个模型，即人员管理模型、产品对象数据模型、产品结构管理模型、产品配置模型、过程管理模型及信息集成模型。还要定义用户操作界面以及应用系统与 PDM 系统的集成接口等。

3. 实施过程特点

PDM 实施是一项技术和管理结合的复杂系统工程。如果采用传统的连续开发方法要想取得理想效果几乎是不可能的。PDM 实施需要一种能够通过一系列细化、若干个渐进的反复过程而生成有效解决方案的迭代方法。

（三）PDM 在技术创新中的应用

1. 提高产品质量

在新产品开发的过程中，PDM 通过应用 CAD 编制了典型产品图样，规范了设计标准，改变了原来大部分产品图样不按比例出图的状况，大大减少了产品设计差错，避免了由此造成的返工、报废等损失，提高了产品的设计质量；同时 PDM 通过 CAE 软件的模拟和分析，使新产品的重量减轻了、材料的选配更合理经济了，产品的结构更合理了、产品及零件的寿命也有了大幅度提高。再次，使用 PDM、成组技术，规范了图档管理、增加了零件的复用，减少了零件的种类，避免了不必要的重复工作。最后，采用 CAD/CAE 设计方法提高了设计的科学性，特别是采用 3D 设计方法，三维造型、模拟装配、干涉检查等充分发挥了设计人员的创造性,加快了新产品的开发,提高了企业产品的创新能力,增强了产品的竞争力。

2. 降低新产品开发成本

PDM 使企业内各种人员迅速了解企业业务流程,知晓自己在企业的地位,逐渐从全局的问题考虑从事的工作,减少不必要的过程以实现企业降低成本的目的。通常,在产品整个生产过程中存在着许多隐藏的成本部分,它们包含在针对产品和零部件的各种任务、活动的创建、支持、集成等过程中。如在新产品开发过程中的商务计划、生产能力计划、配送计划、实地测试数据、操作数据、维护历史、质保信息等,这部分不可见成本占了产品制造成本的 40% 以上。PDM 的应用还可以减少产品试制次数和试制费用。

3. 缩短新产品开发周期

实施 PDM 可以提高产品开发队伍的运作效率,改进产品开发过程,降低产品设计、工装设计、工艺方案的返工次数,缩短产品开发周期 30%～40%。对制造企业来说,缩短新产品上市周期,能使企业迅速占领市场,获得高额利润,加速企业流动资金的周转,提高资金利用率,使企业在相同资金的条件下有可能开发出更多新产品。

4. 创造协同工作环境

在新产品开发过程中,建立以 PDM 系统为框架的集成工作环境,由 PDM 分配每个开发人员的角色、拥有的权限和开发的流程;PDM 还提供可视化的工具,供开发人员通过网络会议,讨论具体的零件设计问题;更重要的是,PDM 能保证并行开发,在某一局部修改后,相关部分会提交给有关人员进行修改。

第五节　新产品的生产

一、新产品生产的要求与约束

(一) 新产品对生产系统的要求

新产品的生产对生产系统提出了一系列的要求,这些要求概括起来是:生产系统要适应新产品的工程性要求,要满足用户的质量、交货期和继承性要求,要达到企业经营的经济性要求。

1. 适应性要求

新产品对生产系统的适应性要求主要有:

(1) 生产系统应能满足新产品的功能要求,如零件加工精度、装配精度、成分纯度、强度等一系列工程性要求。为此,生产系统往往要补充甚至建立新的能力以满足更高的要求。

(2) 生产系统应能满足用户对产品需求的多样性要求,如产品品种规格多样性与特殊性、产品系列宽度、产品品种的新颖程度、更新速度等方面的要求。为此,生产系统应具有对产品系列宽度和深度加工的扩展能力。

(3) 生产系统应能适应技术进步的要求,应具有对新技术新工艺的适应能力和系统自我完善能力。

(4) 生产系统应具有弹性,以适应市场对产品数量需求的波动。

2. 用户要求

(1) 质量要求:生产系统应能满足用户对产品使用性能、外观质量、可靠性、寿命等方面的要求。为此,生产系统应能从工艺、技术、作业过程等方面控制产品质量,以达到规定的标准并保持质量的稳定性。

(2) 交货期要求:生产系统为满足用户交货期要求,需要在生产准备周期和制造周期上具有按期交货的保证能力。

(3) 继承性要求:用户对产品售后的维修、保养、提供备件等服务要求往往从产品购入持续到产品更新的整个产品使用周期,当产品生产企业更新产品后,对老产品的售后服务仍将继续,为此,要求生产系统具有继承性、兼容性和扩展性。

3. 竞争性要求

产品的创新和更新是竞争的基本手段,为占领和争夺市场,新产品应尽快推向市场;为使产品有竞争力,除性能优越外,还应有价格竞争优势。为此:

(1) 生产系统应具有对新产品生产的快速反应能力,应能在较短的时间内调整或重建适应新产品生产的能力。

(2) 为适应价格竞争要求,生产系统要从两方面提供保障和条件:一是具有不断改善产品性能的能力以保证产品的高价位竞争力;二是能以低成本优势抵抗降价竞争的压力。

4. 经济性要求

经济性要求是企业从自身经营目标出发提出的要求。经济性要求反映在两个方面:

(1) 节省投资:适应新产品生产的生产系统的能力补充、重建、调整投资应尽可能节省。

(2) 节约成本费用:为增加利润,应尽可能降低成本,在材料消耗、能源消耗、人工耗费、库存量、管理费用等方面应尽可能节约支出。

一方面,新产品生产对生产系统提出了一系列要求,生产系统应尽可能满足这些要求。另一方面,受企业内外条件的局限,生产系统对新产品生产的满足程度又受到限制。其限制表现在技术限制、资源限制和刚性限制等方面。

二、新产品生产的决策

(一) 新产品生产需要决策的主要问题

新产品生产对生产系统的要求和生产系统对新产品生产的制约构成了一对矛盾,决策的任务是解决这个矛盾。

1. 行—止决策

新产品生产的"行—止"决策是指对是否将新产品投入生产的决策。新产品生产往往是涉及企业经营的重大问题,是企业的重要决策。

2. 时间决策

当决定生产新产品以后,还有一个在什么时间投入生产问题,它涉及新产品的入市时机、企业已有资源利用等重要问题。

3. 模式选择

新产品生产的基本模式有两个：一个是"一体化"模式，即企业自建生产能力，自行组织生产；另一个是"合作"模式，即部分生产过程委托外企业进行。模式选择涉及的因素很多，须进行综合考虑。

4. 方式选择

生产方式选择是指基本的生产工艺、设备选择。方式选择受产品技术发展阶段和生产批量的决定性的影响。

以下着重就模式和方式选择及投资决策进行讨论。

（二）新产品生产的模式选择

1. 模式特征

一体化模式和合作模式各有其优缺点：

一体化模式的优点是：有利于保护技术秘密、保持技术优势地位；有利于建立市场领先地位；可取得垄断利润而不必与他人分享；便于控制与管理。其缺点是：对资金、配套资产的需求大，要求企业有较强的融资能力、技术能力和生产能力；自建生产体系需要一定的时间，而时间的延缓对竞争则是不利的。

合作模式则与一体化模式相反。其优点是：可补充企业资金、技术、生产能力的不足；可分担风险；可在较短的时间内组织起新产品的生产能力。其缺点是：技术易于扩散，不易形成技术与市场垄断；质量、交货期的控制和保证较为费力；组织协调难度大。

2. 模式选择

模式选择就是要对上述两种模式的优缺点进行权衡。美国加州大学伯克利分校的蒂斯（D J. Teece）教授提出了一种决策流程图，可供企业参考。图 9-9 列出了其流程框架。

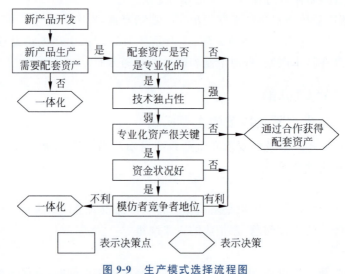

图 9-9　生产模式选择流程图

资料来源：D J. Teece. Profiting from Technological Innovation：Implications for Integration, Collaboration, Licensing, and Public Policy[J]. Research Policy, 1986, 15：285-305.

该流程图重点考虑了技术独占性、配套资产特性、资金可得性和竞争地位等因素。它表明：当新产品生产不需要添置新的配套资产时，可尽快投入生产；当新产品生产需要添置新的配套资产且配套资产是专业性的，而技术易被扩散、专业化资产又是生产的关键时，还要看企业能否筹集到足够的资金和模仿者是否在短期内尚难取得竞争优势，若上述问题都得到肯定答复，则可采取一体化模式。相反，若配套资产是通用性的或配套资产对生产不是关键性的，或技术不易扩散，或模仿者在较短时间内即可能取得优势地位，则应采取合作模式；当企业资金困难时，也宜采取合作模式。

3. 合作生产的方式

合作生产的具体方式有以下几种。

（1）控制核心技术和部件，由其他企业组装整机或生产成品

这种方式的优点是：可保护技术诀窍，可较快形成规模，可解决能力与资金不足问题，减少投资风险。其缺点是：只充当部件、材料、关键技术的供应者，相当多的利润为整机厂商或成品生产厂商获得。

（2）部分零部件委托外企业生产，本企业控制整机或成品的生产与销售

这种方式的优点是：节省投资、补充能力不足，可获得新产品超额利润，易取得市场垄断地位。缺点是：质量、交货期不易控制。

（3）按部件或技术领域分工合作

这种方式会使各合作者分别掌握本领域的核心技术。优点是：可解决一个企业难以在短期内建立起多领域、高难度的技术和生产能力问题，可分担投资、分担风险；缺点是：协调难度大，不易控制质量、交货期；合作者可能成为竞争者。

第六节　新产品营销

一、新产品面临的市场挑战

新产品的市场可分为两类：一类是全新的市场，即新产品要进入的是尚未开拓的市场；另一类是已有市场，即新产品要进入的是业已存在的市场。新产品要进入这两类市场都面临着障碍与挑战。

（一）新产品的新市场挑战

新产品面向全新的市场时，存在很大的不确定性。不确定性的原因来自市场需求的潜在性，即新产品往往面临的是尚未显露的、不确切的市场。需求的潜在性表现在以下几方面。

1. 用户不能准确地表达要求

当用户的需求尚处于朦胧状态时，用户自己也说不清需要什么。例如：冬天北方气候干燥，居民普遍有此感觉，但并未提出"室内空气需要加湿"，或甚至更明确地提出"需要一种加湿的装置"这样的需求。又如，当美国施乐公司开发出静电复印机并向IBM公司推销其技术时，IBM公司经过市场调查认为，静电复印机只能用于印刷行业，而印刷行业并不需要复印机，因此复印机的市场需求很小，从而拒绝了施乐的技术，后

来在复印机市场迅速扩大后IBM又起而追赶,但为时已晚,终于失败。IBM公司失利的根本原因是对办公自动化需求判断失误,而这一失误的客观因素则是,在当时人们还未提出"办公室需要复印机"的需求。

2. 产品难以找到确切的用户

往往有这种情形:用户的需求是存在的,但新产品厂家不知道确切的用户是谁,在哪里。例如,早在1950年日本索尼公司就开发出一种磁带录音机。这种录音机又大又笨,但工艺精良,性能良好。公司开发人员和管理人员想象只要顾客看到它,听到美妙的声音,订单就会雪片般飞来。但结果是,人们看到它,听到它的声音后人人都赞赏,却无人购买,原因是,不知道买它做什么用。公司总裁和销售人员带着样品到商行、学校、朋友家……费尽周折,最后找到法庭记录员和英语教师,才算找到当时真正的买主。

3. 市场需求大小难以估计

即使新产品的市场需求已经显示出来,但常常需求规模仍是难以捉摸的。20世纪40年代后期计算机的发明引起了人们对其市场潜力的关注。美国优利公司在1950年前后进行了当时被认为是严格而精确的市场预测。其预测结果认为到2000年,计算机的市场需求量约为1 000台。优利公司的预测失误在于假定计算机只用于高级研究工作。在当时,对几乎无所不在的潜在需求的确是难以估计到的。

4. 市场成长速度难以估计

当市场需求已经显示,而销售量尚很小时,如何估计市场成长也是很困难的。例如,家用微波炉早在20世纪50年代初期就在市场上出现了,但到70年代以后才成为热门畅销品,其市场"沉默期"(从产品推出到市场畅销的期间)达20年。其他一些沉默期较长的产品例子还有不少。例如:35mm照相机40年,圆珠笔8年,信用卡8年,佐餐软饮料产品10年,干啤酒9年,电子计算机10年,无酒精啤酒6年,个人电脑6年,电话自动答录机15年,家用录像机20年,电子游戏机13年,等等。

(二) 新产品的已有市场挑战

新产品进入已有市场有两种情况:第一种情况是替代本企业的老产品;第二种情况是替代其他企业的现有产品。

新产品替代本企业老产品的障碍来自企业内部。企业出于新产品替代导致的老产品销售损失(转换成本)和新产品存在的不确定性考虑,可能会延缓甚至拒绝推出新产品。此时的决策取决于企业对新产品在经济上的有利性与老产品的替代损失之间的权衡及企业创新观念等因素。

新产品替代其他企业老产品,就会挤占其他企业已占领的市场,此时将受到抵制,新产品将面临市场"进入壁垒"。

市场进入壁垒是指市场内已有企业凭借其优势地位阻止新进入者的屏障。市场进入壁垒主要体现在以下几方面。

1. 资源和成本壁垒

市场早进入者拥有投资、选址、原材料获取等方面的优势地位。相对而言,后进入者则在资源获得上处于不利地位。

早进入者由于在资源获取上有较大的选择余地,因而可取得固定成本优势。早进入者累积产量较大,借助经验曲线,可使其生产成本较快地降低;凭借市场优势地位和积累的经验,可先行达到经济规模,从而获得规模效益。

2. 技术、标准和法规、制度壁垒

市场先进入者领先开发出行业主导技术,后进入者只能跟随已开辟的技术轨道,而先进入者会采取各种方式保护其技术秘密;先进入者还可以率先建立社会普遍接受的工业标准,从而取得行业核心技术领导地位;后进入者必须遵从已确立的标准,处于被动地位。先进入者还可利用专利、许可证制度,保护已取得的优势,使后进入者处于不利地位。

3. 产品营销壁垒

先进入者率先推出全新产品,受到社会的瞩目和赞誉,可以取得形象和声誉的优势;由于消费者往往倾向于购买已尝试过的产品并向他人推荐,因此先进入者可以取得"先入为主"的优势;用户在使用某一产品时,往往需要配套的产品和服务,如购买计算机硬件必须配以相应的软件,当用户已购买某厂家产品并建立起配套系统以后,就对该厂家产生了依赖性,若转向其他厂家,将会付出转换成本代价,这使先拥有用户的企业建立起用户转向后进入者的壁垒;某些产品当使用者超过一定数量后,会出现消费规模经济现象,从而可吸引更多的用户,由此又可进一步降低成本,这使领先者处于争取用户、获得规模经济的有利地位,例如,移动通信用户越多,成本越低,越能吸引用户。

新产品面临的全新市场潜在性带来的不确定性和新产品面临的已有市场的进入屏障和竞争都对新产品进入市场带来风险。

二、新产品的市场营销策略

新产品面向新市场和已有市场两类不同的市场,遇到的障碍不同,采取的策略也应有差别。

(一) 新产品的新市场策略[①]

新产品的新市场障碍主要来自需求的潜在性,产品开发者与潜在用户之间处于隔离状态。市场营销就是要沟通产品与潜在用户之间的信息,挖掘、激发用户的潜在需求,使之成为现实的需求。

1. 新产品的采用过程

新产品采用过程有以下五个阶段。

第一阶段:知晓阶段,潜在用户对该新产品有所觉察,但缺少新产品的有关信息。

第二阶段:兴趣阶段,潜在用户受到某种激发,寻找该新产品的信息。

第三阶段:评价阶段,潜在用户考虑试用该新产品是否明智。

第四阶段:试用阶段,潜在用户小规模地试用该新产品,以获得直接信息和感受。

第五阶段:采用阶段,用户决定全面和经常地使用该创新产品,潜在用户变为现实的用户。

---

① 本段内容参考了清华大学经济管理学院技术经济与管理专业罗鸿的硕士论文《高技术产品的市场营销策略》。

以上是新产品采用的典型过程。对于具体新产品来说,由于产品特点和用户特点各异,上述过程可能会被简化、合并,但基本过程是相似的。

上述五个阶段中任何一个阶段受阻都会导致新产品的市场开拓失败。新产品开发者如何使潜在的用户知晓,怎样使他们对新产品感兴趣,怎样帮助他们正确评价新产品,以及如何使他们从试用转向采用,是新市场开发的基本任务。以下是解决这些问题的具体策略。

2. 信息与知识的扩散

为了使潜在用户知晓新产品,使之能方便地获得所需要的信息,为他们评价和使用新产品提供方便,新产品开发者必须采取适当的方式和渠道向社会宣传和扩散信息。

由于产品的复杂程度、技术含量、性能的直观性、新颖程度、价值等不同,潜在的用户所需要的信息也不同。如果产品不太复杂、技术含量不高、性能易于直接观察、有类似的熟悉的产品可以类比、价值低,潜在用户所需要的信息量就少;反之,需要的信息量就大。因此,信息扩散的方式要因产品和用户特点而异。可采取的方式有如下几种。

(1) 一般新产品信息扩散

一般新产品信息扩散渠道有:大众媒体,如报纸、杂志、广播、电视等;专业信息渠道,如专业会议、展览会、专业刊物及信息资料等。这些方式一般能做到让公众知晓新产品及对新产品的某些用途、性能有一定了解。

(2) 对新产品知识的深度传播

如果新产品是全新的,甚至其概念也是新的,消费者对其十分陌生,上述一般性的信息不会刺激他们对产品感兴趣。此时,新产品市场开拓的首要任务是对消费者进行知识普及和教育。例如,空气加湿器在刚推出时,消费者反应冷淡,因为多数人尽管感觉到空气干燥使人不适,但并不了解湿度对人体健康的影响及保持居室适宜湿度的重要意义;也不了解加湿器究竟有何用,对人体有无副作用,还担心一些企业别出心裁意在骗钱。在这种情况下,不让消费者了解一定的知识,解除疑虑,是不会成为采用者,甚至连试用都不易。因此,家用加湿器市场开拓的重要一环是进行知识的普及宣传。

(3) 专门的技术培训

对技术复杂的产品,只有经过技术培训才能使潜在的用户试用、采用。例如,计算机概念对公众来说并不陌生,但在计算机知识尚不普及的情况下,畏惧情绪就成了打开市场的障碍。在微机市场的早期开发阶段,我国很多企业就是从用户培训开始的,许多国产计算机软件与硬件,如五笔字型、联想汉卡等也都是从培训开始拓展市场的。

有些潜在的用户往往不轻易相信宣传,只有亲眼看见或亲自体会到才肯购买,农民用户最为典型。正大乳猪饲料在我国刚推出时,采取了在农村办培训班并进行对照试验示范的策略,收到了一个培训班带动一片地区用户购买的效果。

3. 针对性的市场调查

新产品销不出去往往不是因为没有需求,而是没有找到真正的消费者。进行有针对性的市场调查,有助于寻找真正的用户。某酒厂生产的"状元红"瓶装酒在北方市场销售不错,可是当酒厂在 1980 年代初把它推向企业不熟悉的大城市上海时却大失所望。企业分析了受挫的原因,联合了 5 家大酒店对购买者进行了调查,结果是:购买者年龄分布,老年占 8%,中年占 28%,青年占 64%;购买目的,自用占 37%,送礼占 52%,外流占 11%;购买档次,2 元以下的 32%,2～5 元的 40%,5～8 元的 26%,8 元以上的 2%。这表明,青年人市场、礼品酒市场和中档酒市场是瓶装酒的主要市场,因此,包装装潢和产品特色就很重要。了解了需求以后,该企业就在青年人细分市场和礼品酒上做文章,采取了两项措施,一是抓住礼品酒的特点,改进包装装潢,将原来 1 瓶 1 斤和 1 斤半装分别改为两个瓶装,外加精制的盒子和尼龙网套,既美观,又便利。二是加强了宣传,在报纸、广播上大做广告,在零售中附说明书,说明该酒的特殊功能。经过以上改进后,1982 年春节前,抓住礼品酒旺季,二进上海大获成功,第一批 6 000 瓶在几小时内抢购一空,这年春节期间"状元红"销售量占总瓶装酒销量的 11%、销售额的 60%。

4. 先导用户引导

新产品在市场上销售的过程是一个创新逐步扩散的过程:先是富于创新精神、敢冒险的用户采用,这批用户可称为"创新者";继而是"早期采用者"采用,他们往往被"尊敬"所支配,是社会上的"意见领袖",他们采用新构思较早;然后是"早期多数"采用者,他们对采用新产品态度慎重;再后是"晚期多数"采用者,他们对新构思持怀疑态度,要等到大多数人都已试用,效果得到证明以后才采用,最后是"落伍者",他们受传统束缚,在创新变为传统事物后才采用。如果将新产品购买者总体计为 100%,上述 5 种人的数量大致呈正态分布。

新产品采用者分布规律对新产品营销的特殊意义在于:少数"创新者"在新产品扩散中起着引导作用。若能找到"先导用户",则找到了新市场开拓的突破口。但至今尚缺乏"创新者"识别的标准和沟通方法。下述特征可能对识别"创新者"有参考意义:①年龄较轻;②有较高的社会地位;③财务状况较好;④信息来源广,善于接触和吸收新构思;⑤有更强的对新功能产品的需求,往往对现有产品不满足,采用新产品的效益显著。

亚都加湿器在推向市场时,别具匠心地挑选了"创新者",取得了成功。针对国内消费水平不高,但有效仿高消费的心理和外国人购买力强、生活讲究的特点,以驻京商社、使馆为首批推销对象,在"洋人"接受加湿器后,趁热打铁,打出"洋人买国货"的广告,刺激了国内跟随者,市场被迅速打开。

5. 权威用户示范

权威用户是指市场影响力大的用户。权威用户对于新产品市场的开拓和发展具有重要的意义。较为理想的情况是:先导用户就是权威用户,但常常这二者不能合二为一,在先导用户引导之后,还要寻找权威用户。

北大华光("方正"前身)激光汉字编辑排版系统正式推向市场时,国内的权威用户《人民日报》等大报已和国外签订引进合同,于是华光选择了省市级报社作为其先导用户,在黑龙江新闻社等省级单位获得成功的应用。在国外系统经过一年多还未能出成页报纸的时候,北大华光抓住时机,用自己的技术使《人民日报》印出了成页报纸,在这一权威用户的示范下,北大华光系统迅速打开了中国市场并走向国际华文排版系统市场。

6. 借风行船

新产品及新产品开发生产企业往往在开始时不为人所知,缺乏市场号召力,此时,借助知名的或权威的机构、社会广泛关注的热点和焦点议题等,有助于打开新产品市场。具体策略有如下几种。

(1) 借名扬名:例如,华光系统在开始时鲜为人知,但借助于北京大学这一国内外闻名的高等学府之名,使信息得以迅速传播,并且容易取得用户的信任。不过借名扬名要"借"得巧妙,"扬"得自然,不可牵强附会、投机取巧,以免产生负面影响。

(2) "借佛传经":他人宣传比自己宣传具有更好的市场效果,因此,新产品宣传不仅要靠企业自身,而且要借助他人之口做宣传,尤其是要争取权威机构的认可和宣传。例如,联想台式微机 1996 年在国内市场份额超过了 IBM、康柏,从第三跃居第一位,重要的因素是,除了自我宣传外,还取得了国家技术监督局这一权威机构的协助。他们主动找上国家技术监督局,希望该局不定期随机抽查联想微机质量并对外公布。此举使该局感到惊奇,也十分高兴,因为以往企业对技术监督局总是躲之唯恐不及,更不用说"自讨苦吃"了。该局对联想的请求十分重视,派专人赴全国各地对市场上的联想微机做了几轮随机抽检,并且破天荒地为一家企业的产品——联想微机单独召开了新闻发布会。此举引起国内新闻媒体争相报道,每次抽检都合格的消息广为传播,联想微机的质量声名鹊起,获得了巨大的成功。

(3) 借势造势:利用一些举世瞩目的重大事件来"炒"热新产品也是一种营销技巧。例如,香港回归使 1997 这个数字非同寻常,"爱多"在新崛起的 VCD 市场上,用大篇幅炒作"1997 元一台 VCD 机",不仅在竞争激烈的 VCD 市场挑起了价格战,而且在 VCD 市场上叫响了自己的品牌,有力地促使了其市场占有率的迅速上升。

(4) 打民族工业牌:"振兴民族工业"的口号不仅有利于获得国家的支持和优惠政策,而且可以赢得广大消费者的共鸣,对树立良好的企业形象、从而打开新产品销路具有积极的作用。例如,长虹的"以产业报国为己任"、联想的"振兴我国计算机产业"的口号都已深入民心,取得了良好的社会效应和商业效果。

7. 提前宣告

提前宣告是指企业在实施一项重大市场行动之前,提早向市场发布信息,预告该项市场行动的实施内容的活动。提前宣告有以下功能:

第一,表示某种行动意图,以抢先于竞争对手占据某种地位。例如,企业可以宣布一种未做好上市准备的新产品,以使购买者等待购买该产品而不购买其他产品。

第二,是对竞争对手的一种威胁。例如,当某竞争者拟采取一种行动(如降价行动),企业可提前宣告可能采取的相应措施,让对方看到可能的严重后果,从而威胁竞争者,使其放弃该项行动。

第三,是对竞争者或消费者意见的试探。例如,企业可以宣布一种新的市场行动,并观察其他企业或消费者的反应,如果反应并非出乎意料,则企业将按计划实施;如果竞争者或消费者发出不愉快的信号,则企业可以撤销原计划。

第四,是表达对竞争者行动满意或不满意的工具。宣告一项与竞争者一致的行动意味着满意;宣告一项惩罚行动或差异性很大的行动则表示不满意。

第五,是一种调和步骤,以使采取的市场行动减少对其他企业的刺激。

第六,避免同行业能力过剩。企业宣布某种新产品能力扩张计划,可以起到劝说其他企业停止增加能力或调整能力计划的作用。

8. 以服务促销售

服务是市场营销的重要组成部分,对新产品来说,服务更为重要。一方面,新产品难免存在这样那样的缺陷,只有良好的服务才能及时弥补缺陷,满足用户的要求,从而取得用户的信赖,为产品的再次购买和扩散创造条件;另一方面,服务可取得用户的第一手资料,是市场研究的继续和深化,为产品的改进及市场定位、营销策略的制定与完善提供依据。

新产品的服务不仅要重视售后服务,而且要重视售前和售中服务。

售前服务就是要主动帮助用户或潜在用户及早认识了解产品,熟悉产品,主动为用户参谋,帮助用户进行规格、类型选择。

售中服务就是为顾客提供购买咨询意见,圆满回答顾客的提问,解除顾客的疑问,对于复杂的产品,还要提供安装、调试服务。

售后服务主要包括用户培训和故障维修;对于寿命周期短的产品,还要提供与产品升级换代有关的服务,如软件升级、以旧换新等。

9. 品牌营销

新产品打开市场不容易,在市场上站住脚则更难。要使新产品在市场上立于不败之地,品牌营销是基本策略之一。

简言之,品牌就是商品或服务的标记。品牌的功能主要有:区别功能,表明某一企业提供的商品或服务区别于其他企业提供的同类商品或服务;来源功能,表明某一特定商品或服务来自何企业;质量功能,表明某一特定产品或服务质量的一致性,反映了品牌的信誉和名声;宣传功能,即帮助其拥有者用简洁的标记向外界进行广告、宣传,以刺激和维持消费需求;保护功能,即保证其拥有者的独占使用权。

影响品牌功能和价值的因素很多,如商标设计、产品外观设计、产品质量与功能、服务、广告宣传、品牌保护、销售网络、企业的研究开发、生产制造、市场开发能力、组织管理、战略决策、企业形象等。其中,质量和企业形象是基本要素。

随着以质取胜的趋势不断发展,用户越来越要求保证得到符合规范要求的产品或服务,它要求企业在生产过程中建立起科学的质量管理体系。ISO 9000 质量管理和质量保证体系是国际公认的标准体系。因此,以 ISO 9000 促进品牌发展是一种有效的措施。除此以外,一些国外权威质量标准认证也是重要途径。

(二) 新产品的已有市场策略

新产品面向已有市场包括面向已占领的市场和进入已有市场两种情形。此时,企业面临着保护已占领市场、扩大市场总需求、扩大市场份额和进入已有市场等任务。

1. 保护已占领市场

企业已占领的市场常常受到竞争者的进攻和侵蚀,开发和推出新产品是巩固已有市场的基本途径。

(1) 防御:防御有积极防御和消极防御之分。消极防御、固守阵地往往是危险的。

例如,福特汽车公司就曾企图坚守其 T 型车市场阵地,结果导致重大危机。积极防御就是不断创新,主动用新产品替代尚有生命力的老产品。例如,IBM 的市场策略之一就是不断向 IBM 自己提出挑战:"比 IBM 产品更便宜、更好";英特尔公司不断抢在竞争者之前推出 286、386、486、586 等新的微机芯片,使竞争者应接不暇。

(2) 以攻为守:为了守住已有的市场阵地,企业用新产品向对自己构成威胁的竞争者市场进攻。例如,日本精工表公司开发出 2 300 多种手表向世界各地市场销售,既挑战了瑞士表,又保护了自己的市场地位。

(3) 反攻:当企业受到竞争者攻击时,进行市场反攻是通常的做法。市场反攻有直接反攻和间接反攻两种策略。直接反攻是直接攻击进攻者的目标。例如,美国沃氏制酒公司曾采取低价策略向伏特加酒市场领先者霍氏公司发起进攻,声称其质量与霍氏斯米罗夫酒一样优良。霍氏公司的反应是:一方面将斯米罗夫酒价格提高 1 美元;另一方面又开发出两个新品牌酒,一个以同样的价格与沃氏公司相对抗,另一个则以较低的价格向沃氏公司侧翼进攻。间接反攻或称"围魏救赵",是当竞争者进攻时不直接反击,而是用新产品向竞争者的传统市场进攻,迫使竞争者收缩战线或放弃进攻。

(4) 市场收缩:由于市场细分化、多样化的发展,市场占领者难以做到无懈可击,如果战线过长,会使竞争者乘虚而入。此时,适当收缩,集中优势兵力充实主战场往往更为有利。例如,西屋公司在 20 世纪 80 年代在激烈的竞争中就曾将电冰箱品种由 40 种减少到 30 种。

2. 扩大市场总需求

扩大市场总需求有以下途径。

(1) 增加使用量:以新产品更优越的性能,诱导用户增加使用量。例如,宝洁公司劝告用户,每次使用 2 份"海飞丝"其效果优于只使用 1 份。

(2) 扩大用户范围:当新产品适用于更多的人群、更大范围时,即可从传统范围向外延伸。例如,洗发精、化妆品可从女士向男士扩展。

(3) 开辟新用途:新产品,特别是原材料类产品,每当开发出一种新用途就会大大增加需求量。例如,杜邦公司开发出尼龙以后,先用于降落伞,后推广用于尼龙丝袜、服装材料、工业用材料(如轮胎帘子布)等,使其需求量不断增加,做到长盛不衰。

3. 进入已有市场或扩大市场份额

新产品进入已有市场或扩大市场份额都意味着向已占领市场者发动进攻。市场进攻的方式有以下几种。

(1) 正面进攻:正面进攻攻击的是对手的正面防线、主力部队和长处,进攻者要有较雄厚的实力和持久力。正面进攻可以获得大片领地。例如,美国 S.C. 约翰逊父子公司为将新产品"阿格雷"牌洗衣精打入市场,发动了一场闪电战,免费赠送了 3 000 万瓶新产品的样品,总共花了 1 400 万美元市场促销费(相当于全行业其他企业该类产品促销费的总和),结果该公司头一年就从吉列公司的"托尼""布瑞克"和"克莱尔"等名牌中夺走了 15% 的市场份额,后来又花了 2 000 万美元营销费,使市场份额达到 26%。当防御者实力强大时,正面进攻往往不易得手。例如,美国无线电公司、通用电气公司和施乐公司都曾向 IBM 发起正面进攻,终因力量对比悬殊而失败。

第九章 新产品开发

（2）侧翼进攻：集中优势力量进攻防御者的薄弱环节，即对细分市场中力量较弱的地区、相对薄弱的品种等发动进攻。例如，美国霍尼韦尔公司曾在偏僻地区进攻 IBM 公司的市场而获得成功，因为在这样的地区不会遇到 IBM 的强大抵抗。

（3）包围：全方位包围现有市场。例如，日本精工表曾开发出多品种表向世界市场全方位进攻，全面包围了手表市场。

（4）迂回进攻：避开防御者的主力，进行局部或间接进攻。例如，科尔加特公司曾集中优势力量绕道进攻宝洁公司的海外市场获得成功。

思 考 题

即测即练

1．新产品开发管理分哪几个层次？什么是产品战略？新产品规划有哪几个步骤？

2．新产品的概念开发包括几个步骤？

3．试述门径管理模型的要点。

4．试述集成产品开发的核心思想和框架。

5．结合实例说明基于缄默-明言知识交互转化的知识创造过程。

6．知识共享有何意义？有哪些促进措施？

7．PDM 应用于新产品开发有哪些效益？

8．新产品生产的模式选择和方式选择的主要考虑因素有哪些？

9．试阐述对新产品生产投资经济决策模型的理解。

10．举例说明新产品面临的市场挑战。

11．用案例阐述新产品的新市场策略。

12．用案例阐述新产品的已有市场策略。

第四篇

技术创新能力与组织

第十章　企业技术创新的能力基础

第十一章　技术创新组织

第十章 企业技术创新的能力基础

第一节 技术创新能力的构成与评价

一、企业技术创新能力构成

技术创新能力是企业从事技术创新活动的基础,同时对技术创新的成效起决定性的作用。企业技术创新能力可以从多种角度加以分类,例如,从创新的类型上分,有产品创新能力,工艺创新能力;从创新过程上分,有各创新环节的能力等等。不管如何分类,有一点是共同的,即技术创新能力不是某一单项能力(如研究开发能力)所能概括的,而是多项能力的综合和集成。因为技术创新几乎涉及企业经营活动的各个方面和活动过程的各个环节,任何一个相关方面和环节缺乏能力支撑都会导致创新失利或低效。由此看来,技术创新能力是一种综合能力,分类仅仅是为了说明问题和便于管理。以下从创新过程角度分别对各种能力加以说明。

从技术创新的过程来看,技术创新能力包括投入能力、研究开发能力、制造(生产)能力、营销能力和管理能力。

1. 投入能力

技术创新是一种资源重新组合性的行为,因此,创新的投入是启动创新和维持创新的基础条件,创新的投入能力主要包括以下方面。

(1) 资金投入:研究开发、新产品生产准备、新产品营销等所需资金的筹集能力,资金的运用能力。

(2) 人员投入:研究开发、新产品试制、新产品生产、新产品营销所需要的设计、工艺和售后服务人员的招募、培训、调配能力。

(3) 项目建设:研究、试验、生产设施等项目的谈判、采购、项目建设过程的组织与管理能力。

2. 研究开发能力

(1) 技术选择能力:跟踪、预测技术发展动态、确定研究开发方向、选择开发项目、识别技术问题的能力。

(2) 解决技术问题的能力:应用现有技术和知识解决技术问题、通过研究开发新知识突破技术难题的能力。

(3) 模仿能力:通过"反求工程"等方法模仿已有产品并加以改进的能力。

(4) 创造能力:产生新发明、进行创造性新设计的能力。

(5) 研究开发组织能力:分解技术问题、物色合作伙伴、监督检查合作项目的能力。

3. 制造能力

（1）新产品试制能力：新产品试制所需设备、仪器、工具、材料准备与使用能力，新产品试制工艺制定与实施能力。

（2）新产品生产能力：厂房、设备的生产能力，工艺制定与实施能力，质量保证能力，对产品设计变更的应变能力。

（3）配套能力：原材料、零配件、部件的外部协作组织、实施、监督能力。

4. 营销能力

（1）市场研究能力：市场调查与预测能力、对潜在市场的鉴别能力。

（2）市场开发能力：全新市场的开拓能力，扩大现有市场的能力，建立细分市场的能力。

（3）销售能力：营销体系建设和运作能力，售后服务能力。

5. 创新管理能力

（1）技术创新战略管理能力：创新战略制定、实施能力，企业家的决策能力。

（2）技术创新过程管理能力：创新计划制定与执行能力，创新过程各环节内的管理能力，部门和环节协调能力。

（3）创新机制建立与运作能力：激励机制的设计与实施能力，人员考核、奖励和积极性调动能力。

二、企业技术创新能力的评价指标

对上述各项能力可以用定性和定量指标从投入和产出两个方面加以评价。需要指出，技术创新是复杂的综合体，要全面反映创新能力，则评价指标会十分复杂，不便操作；简化的评价指标易于操作，但往往不能全面反映创新能力，因此，在评判创新能力时，除采用指标评价外，还要进行适当的定性分析。表 10-1 仅给出各项能力的定量评价指标，供读者参考。

表 10-1　企业技术创新能力评价指标

能　　力	评 价 指 标	计算方法（当年数）
投入能力	研究开发经费投入强度	$\dfrac{\text{研究开发经费}}{\text{销售收入}}$
投入能力	技术购买费用支出强度	$\dfrac{\text{技术购买经费}}{\text{销售收入}}$
投入能力	新产品、新工艺实施投入强度	$\dfrac{\text{新产品生产准备投入}}{\text{企业资产总额}}$
投入能力	技术人员比重	$\dfrac{\text{技术人员总数}}{\text{企业职工总数}}$
研究开发能力	研究开发人员比重	$\dfrac{\text{研究开发人员数}}{\text{技术人员总数}}$
研究开发能力	人均研发费用	$\dfrac{\text{研究开发总经费}}{\text{研究开发人员数}}$

第十章 企业技术创新的能力基础

续表

能力	评价指标	计算方法（当年数）
研究开发能力	人均新产品、新工艺开发成果	$\dfrac{\text{鉴定的成果数}}{\text{研究开发人员数}}$
	人均获专利数	$\dfrac{\text{申请专利总数}}{\text{研究开发人员数}}$ 、$\dfrac{\text{专利授权数}}{\text{研究开发人员数}}$
	研究成果投产率	$\dfrac{\text{已应用并取得效果的成果数}}{\text{成果总数}}$
制造能力	固定资产装备率	$\dfrac{\text{固定资产总额}}{\text{职工总人数}}$
	设备新度系数	$\dfrac{\text{设备资产净值}}{\text{设备资产原值}}$
	测试设备比重	$\dfrac{\text{测试设备价值}}{\text{设备总价值}}$
	适于新产品生产的先进设备比重	$\dfrac{\text{适于新产品生产的先进设备价值}}{\text{设备总价值}}$
	工人水平	工人平均受教育年限
营销能力	销售网络覆盖率	$\dfrac{\text{用于新产品销售的现有销售网点数}}{\text{新产品销售需要的网点总数}}$
	广告支出强度	$\dfrac{\text{新产品广告支出额}}{\text{销售额}}$
	销售人员水平	$\dfrac{\text{销售人员平均工作年限}}{\text{销售人员平均受教育年限}}$
	新产品市场开发周期	从新产品试销售到正常销售的平均时间（月）
	市场研究投入强度	[专职市场研究人员数＋兼职人员数（折合成全时）]/营销人员总数
管理能力	创新频率	产品创新数＋工艺创新数
	每千人创新数量	$\dfrac{\text{产品创新和工艺创新总数}}{\text{职工人数}} \times 1\,000$
	创新成功率	$\dfrac{\text{成功的产品创新和工艺创新数}}{\text{产品创新和工艺创新总数}}$
综合性指标	新产品销售份额	$\dfrac{\text{新产品销售收入}}{\text{总销售收入}}$
	产品出口份额	$\dfrac{\text{出口产品销售收入}}{\text{总销售收入}}$
	竞争能力指标	产品市场占有率 质量提高率 成本降低率 能源消耗率 原材料利用率

三、企业智能制造核心技术能力[①]

新工业革命、工业革命4.0都提出基于智能技术系统的生产方式的变革,认为定制化生产、绿色生产、本地化生产将成为趋势。面对智能制造时代的到来,企业智能制造核心技术能力的培育是企业技术创新能力管理的重心。企业智能制造核心技术能力是企业在智能制造时代获得持续竞争优势之源,是企业拥有和(或)主导的独特技术知识网络,是企业利用信息技术重新配置知识资源形成的满足用户个性化需求的制造能力的技术内核。企业智能制造核心技术能力有四种类型,分别是智能产品核心技术能力、智能工艺核心技术能力、智能应用核心技术能力和智能用户核心技术能力。

智能产品核心技术能力是企业把"智能产品"的实现作为核心技术能力的中心,产品智能是满足用户需求的关键。沈阳机床是一个典型案例。2007年以来,沈阳机床经过近10年的努力,从底层技术源代码算法做起,独立研发成功"i5"数控系统,实施"i5"战略,构建了智能工厂新模式。沈阳机床不仅开发出了基于"i5"数控系统的系列产品i5M1、i5M4、i5M8、i5T1、i5T3、i5T56,并在全国各地建立智能云工厂,接入 ISESOL 云平台,形成一个完整的闭环。沈阳机床把握了工业互联网发展的机会窗口,选择了独立自主发展自有系统的技术道路,从技术、战略和组织层面都进行了跳跃式发展。战略上选择了自主独立开发,从底层技术源代码算法做起。技术上开创性地选择了互联网基因,天生符合工业互联的发展机制。组织上在上海招兵买马建起企业自己的研究院,起炉灶开发数控系统。沈阳机床在i5产业化的过程中大量持续投入,累积达到12亿。而且放养上海研究院,潜心开发新系统,容忍长期无产出,给科研人员较大的空间。

智能工艺核心技术能力是企业把产品"智能实现"作为核心技术能力的中心,用制造和物流过程智能来满足用户需求,尤其是在效率和质量上更能满足用户的需求。产品制造生命周期中的数据采集、分析建型和智能决策运用的环节多,能够让小批量、甚至单个产品的制造参数和过程实现个性化。例如,中车浦镇从事铁路客车、城市轨道交通车辆及动车组等轨道交通装备研发与制造。浦镇公司为满足轨道车辆工位制节拍化流水线生产组织需要,运用信息化、智能化技术,再造、优化并固化物流管理主流程,推行储运一体化模式,实施物流全过程动态管控,推行从供应商到主产品生产线的准时配送,实现了生产过程中的智能化物流能力。

智能应用核心技术能力是企业把产品"应用过程中的智能"作为核心技术能力的中心,通过产品使用中的数据收集、分析建模和智能决策,让产品在应用过程中更好地满足用户需求。例如,三一重工在2007年开始建设企业控制中心(ECC),开启了车联网的应用,通过在智能产品上增加嵌入式的自主开发芯片,记录产品使用过程中的运行数据。通过这些数据,三一重工能够及时了解产品的运行情况,及时进行监控和故障排查。经过多年积累,三一重工通过ECC为至少20万台智能产品提供管理和服务,监控了5 000多个参数。三一重工以智能应用核心技术为基础,融合供应链、设备智能化、

[①] 王毅.中国企业智能制造核心技术能力——未来的持续竞争优势之源[J].清华管理评论,2018,(12):92-99.

流程数字化等领域，支撑了全公司向智能制造的转型。

智能用户核心技术能力是企业把"用户需求的智能实现"作为核心技术能力的中心，通过不同程度的用户参与，用户需求可以作为参数纳入产品生命周期和制造生命周期中的数据收集、分析建模和智能决策，让用户需求成为智能制造系统的有机组成部分。海尔是用户参与设计的典型代表。从需求端到制造端，海尔定制众创汇依托互联工厂实现全流程可视化定制体验，让处于前端用户与后端互联工厂互联互通。用户从单纯需求者转变成为产品创意发起者、设计参与者以及参与决策者等，参与产品定制全流程，通过与众不同的全新体验激发用户潜在的创造力。海尔通过模块化、自动化、数字化、智能化来建立智能用户核心技术能力。

第二节 核心能力

一、核心能力的概念和构成

1. 核心能力的概念

核心能力是指使企业能在特定行业保持竞争优势的基础性能力。

核心能力具有以下特点。

（1）富有企业特色，是企业独特的能力。

（2）是其他企业难以模仿的能力。

（3）是基础性的能力，它植根于企业员工和企业文化之中，基于这种能力，企业可以在一系列产品上获得竞争优势。

2. 核心能力的构成

关于核心能力的构成有多种观点，这里选择其中与技术创新关系较密切的一种予以介绍。核心能力由以下4个部分构成。

（1）员工的知识和技能

员工的知识和技能体现在各类职工的数量、文化水平、专业知识水平、知识面、技能积累水平等方面。

（2）技术体系

技术体系包括企业对某类技术的研究、开发、设计、工艺等子系统。

研究开发系统：研究开发积累的独特知识、经验，如产生新知识的方法，获取信息、产生创意、进行技术分解与组合的方法和经验等；研究开发人员之间特有的交流与合作方式；研究开发机构的运作模式等。

设计系统：设计人员积累的知识、经验，这些知识和经验交流、共享的方式，特有的设计手段，产生不易被模仿的设计方法，有特色的设计规则、工作程序，自有的技术规范和标准，设计机构的运作模式等。

工艺系统（包括工艺设计、工艺操作、生产和营销技术支撑等方面）：工艺人员积累的工艺技术，设计独特的工艺流程、工艺手段的方法，特有的安全、质量保证体系，特有的工艺文件、操作规范，工艺设计与工艺操作的联系方式等。

(3) 管理体系

管理体系包括：系统的规章制度、活动规则、工作程序、组织结构、权力结构、组织控制、交流机制、分配制度、激励方式与强度等。

(4) 价值观念与行为规范

价值观念和行为规范涉及以下各方面：员工的理想、信念和追求、观念和意识、精神、情感、道德观、习惯与传统、团结与协作等。

3. 核心能力各构成部分之间的关系

员工的知识和技能是基础；技术体系依赖于职工的知识和技能，又影响知识和技能的获取、变化、组织和发挥；知识、技能和技术体系决定和影响管理体系的效能，管理体系又决定知识技能和技术体系的组织状态、发挥程度；价值观念和行为规范则决定上述三个方面的形成、发展及发挥。这四个方面构成了一个互相关联、互相影响、互相促进的有机整体。

二、核心能力的形成

核心能力的建设首先要从整体上进行规划和设计，通过从外部引入与整合、自己培养等途径积累基础，建设起完整的体系。

1. 核心能力规划

核心能力是支撑企业长久竞争力的基础性能力，因而也是战略性能力，它必须与企业长期战略相一致。因此必须从战略的高度对核心能力的建设进行规划。核心能力规划要明确以下几个问题。

(1) 目标：要进入（守住）什么领域，占领什么市场？

(2) 方向：掌握什么样的关键技术？

(3) 途径：通过什么方式形成核心能力？

在进行核心能力规划时，可按以下步骤进行分析：①识别本企业在哪些方面做得最好；②识别上述做得好的方面是在某些部门还是整个企业实现的；③在上述方面与竞争对手比较是否具有优势；④上述方面是否对企业竞争力和增加市场价值起重要作用；⑤上述优势能否持久；⑥外部产业环境及产业寿命是否发生了变化；⑦环境变化后，上述优势是否过时，要形成什么新能力；⑧从哪里着手改进、拓宽、调整、获取能力。

2. 外部引入

从外部引入能力的常用方式有引进基础上的改进和创新、技术合作、并购等。

(1) 引进—创新

从外部引进技术仅是为技术入门提供前提，其本身还不是企业的核心能力。要形成企业核心能力，则必须通过引进、消化、积累知识和技能，在此基础上进行创新，从而逐步形成特有的能力。

(2) 合作—学习

技术合作包括合作研究开发、合作进行新产品生产或新工艺应用，比单纯的技术引进更能培养本企业技术人员的知识、技能，因为技术人员可以介入技术活动过程。通过技术合作成长技术能力的关键是善于在合作中学习,通过学习,掌握知识、技能和方法,并进而结合本企业实际开发出新的技术。

(3) 购并—整合

通过收购、兼并的方式,企业不仅可以获得被购并企业(或研究机构)的技术,而且连同掌握技术的人才也进入了本企业,是一种快速获得新能力、进入新领域的途径。通过购并获得核心能力的关键在于做好并入本企业能力的整合工作。并入本企业的机构虽然在组织上归属本企业,但在行为方式、文化等方面要真正融入本企业则需要一定的时间和要做一定的努力。因此,不仅要在组织上,而且要在技术、管理、文化诸方面使并入机构与本企业相融合,真正成为本企业有机组成部分。

3. 培养

培养企业自身能力是获得核心能力的基础和基本途径。人员培训、"干中学"等是常用的方式。

(1) 培训

企业员工的知识、技能固然可以通过招募新员工得到补充和调整,但招募新员工只能影响知识和技能的增量,原有员工的提高则仍要靠培训等方式解决,而且新招募的员工也要通过培训,使他们的知识和技能与企业的实际工作结合起来。

企业的培训工作要在核心能力规划指导下,有目的、有步骤地进行,通过培训,使员工能适应企业发展的要求。员工的培训还要分层次进行,对技术工人、技术人员、管理人员、高层决策者分别根据战略和计划需要进行技能、专业知识、管理知识的单项或多项培训,要重视复合知识和技能的教育和训练,以适应技术创新的需要。

(2) 在实践中学习

在技术创新理论中,"干中学"被认为是最重要的学习方式。"干中学"也是企业核心能力成长的重要途径。"干中学"不仅包括企业员工在技术创新活动中积累知识、技能和经验,增强处理实际问题的能力,而且包括企业内各级各类组织及整个企业在技术创新实践中的学习,即组织的学习。通过技术创新实践,可以学会如何提高本组织的效率,如何管理好本组织的人员和活动,如何协调与其他组织的关系等,从而提高组织的能力。应当指出,通过实践学习到的知识和技能往往是从书本上或其他企业学不到的,因为这些知识和技能或者不易形成文字、图形而显性化,或者由于与本企业特有的实际相结合而他人无法提供。因而由"干中学"获得的能力不易被模仿,能构成核心能力。如何形成善于学习的机制和氛围是现代企业管理的重要课题,企业要认真研究、努力实践、及时总结与提高。

4. 体系建设

企业要在员工知识技能体系、技术体系、管理体系和文化体系诸方面进行全面建设,从而建立和提高企业核心能力。

(1) 知识技能体系建设

就企业而言,员工的知识技能构成了一个整体知识技能体系,因此要从企业整体和职工个体两方面进行建设。

一是要建立和调整结构。要依据企业经营战略和技术创新战略的需要建立相应的知识技能结构,还要根据企业经营方向、领域的变化适时调整知识技能结构。

二是补充人员。在企业进入新领域的情况下,往往现有人员的知识技能不能满足需要;在企业扩张规模的情况下,现有人员知识技能总量不足以支持发展需求,此时就要通过补充人员的方式,增加新知识新技能或增加知识技能总量。

三是提高水平。企业要不断发展、进步,原有的知识技能也会经历老化、陈旧过时的变化,因此要不断更新知识,提高知识技能水平。

(2) 技术体系建设

技术体系的建设可以从以下几方面进行。

一是建立系统。要在企业发展战略和规划的指导下,建立起研究开发、设计、工艺系统,使各系统的能力能衔接配套。

二是形成规范。在研究开发、设计、工艺及生产、销售的技术支持与服务的各部门、各环节要建立技术规范,吸收先进技术和经验,总结自己成功、有效的做法和经验,使少数人掌握的知识技能变成集体的财富。

三是协调运行。各部门、各环节的有效运行为企业技术创新提供了基础和条件,但还不能充分保证创新的成功和有效率,部门和环节的协调与整合也是很重要的。要使各部门、各环节互相支持、互相配合、协调一致,从而使整个技术体系成为一个高效的有机整体。

(3) 管理体系建设

管理体系建设涉及企业管理的各个方面,从核心能力的角度看,组织建设和制度、机制建设是关键。

企业的组织结构、技术创新的组织方式要适应创新的要求。组织既要相对稳定、又要有一定的灵活性;既要照顾企业历史和现状,减少组织变动造成的效率损失,又要根据变化的情况适时调整组织结构和方式。

制度和机制是技术创新活动的保障,又是创新激励的基础。制度和机制的设计与建设要体现对创新的足够的激励、保护。

(4) 文化体系建设

企业文化建设内容丰富、影响广泛而深远,从核心能力建设的角度看,企业需要塑造职工的拼搏、奋发的精神,营造创新的氛围,树立使命感和危机意识,形成团结、协作的风气。

三、核心能力的运用

对企业来说,直接关系生存和发展的是竞争力,而核心能力则是竞争力的基础,也可以说核心能力是企业的潜在竞争力。把核心能力转变为现实竞争力的关键在于核心能力的运用与发挥。在市场竞争中,不乏实力弱的企业超过实力强的企业的例子,其原因固然很多,但对核心能力的运用恰当与否常是一个重要因素。运用和发挥核心能力可以从以下几方面着手。

1. 统筹运作

企业核心能力的效能体现在产品上,因此,建立能力与产品之间的联系是用好核心能力的基本途径;核心能力的载体是企业员工,员工岗位的恰当定位也是用好能力的重要因素。所有这些都要企业通盘考虑,统筹运作。

(1) 建立核心能力与产品之间的联系

核心能力是竞争力的基础,而产品是竞争力的最终的外在表现,这二者之间不易产生直接关系,尚需建立中间连接环节,才能使其联系起来。正如一棵果树,核心能力是根,产品是果,若二者脱节,果实将无以依托。这中间环节就是干和枝,树干是核心技术,树枝是产品技术(如图 10-1 所示)。企业要利用核心能力,形成自己的核心技术;以核心技术为依托,发展产品技术,进而开发出有竞争力的产品来。在企业的统筹运作下,力争做到根深(核心能力扎实)、干壮(核心技术独特而雄厚)、枝茂(在核心技术基础上发展多种相关的产品技术)、果丰(产品丰富多彩)。这样,产品的竞争力就会建立在坚实的基础之上,核心能力和核心技术提供了新产品的开发源泉,企业也就不会因为某一种具体产品退出市场而面临困境。例如,NEC 利用核心能力,建立起计算机和通信结合的核心技术(C&C 技术),开发出一系列相关的产品技术,生产的产品覆盖了半导体、大型计算机、便携式计算机、通信、配电系统、传输装置、移动电话、传真机、办公自动化设备等广泛领域。

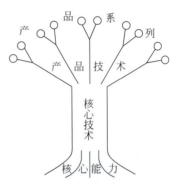

图 10-1 核心能力、核心技术和产品系列

(2) 员工的定位

企业核心能力的发挥取决于员工知识、技能的发挥。因此,把员工置于能发挥其聪明才智的岗位就成为运用核心能力的关键之一。企业的核心能力在相当大的程度上,决定于掌握关键技术、富有才干的少数员工。对这些关键性人才的重用和恰当定位尤为重要。需要注意的是,这些关键性人才分布在企业各部门,为了部门的利益,各部门往往会把这些人保留在其内部,并尽可能隐藏人才以迎接新的机会,这会严重影响企业整体核心能力的发挥。因此,企业建立适当的人才流动机制、公司总部保留一定的对关键人才的调配权力,对发挥核心能力是必要的。

2. 发挥特长

企业核心能力建设的理想状况是,各方面能力均衡发展。但在实践中一般难以做到,即使一时做到了,由于能力发展是一个动态过程,也会经常出现能力不均衡的状况。因此,如何发挥特长而不受相对较弱能力的制约是企业运用核心能力的重要策略之一。例如,日本本田公司的核心能力的特长是在引擎和牵引动力技术方面。本田公司充分利用这一特长开发产品技术、发展产品系列,公司把那些与核心技术不那么密切的制造任务(如轿车的功能性关键部件)交给其他企业去做,自己致力于发动机的研发和生产,结果,本田公司开发生产出轿车、摩托车、雪地车、割草机、吹雪机、动力桨等一系列产品。其研究开发费用大大低于通用、丰田等公司,但产品同样极具竞争力。

3. 以长补短

核心能力是一组能力,这些能力之间有一种复杂的组合、影响关系,它们之间有互补性,同时在一定程度上还有替代性。企业可以用特长能力带动和弥补短缺能力的不足,从而取得良好的效果。

4. 调动潜能

几乎任何企业都存在没有发挥出来的潜能,只是这种未被开发的能力存量大小不同而已。核心能力是企业的无形资产,它越用越好用,越用越会发展壮大;相反,越是不用,就越会萎缩,直至消失。因此,调动企业潜能,特别是调动潜力尚未发挥的员工才智,是管理者的一项重要任务。

四、核心刚性

核心能力是企业经过相当长时间的努力才建立起来的,一旦建立,就具有相对稳定性,给企业竞争力提供持久的支柱。但是,企业面临的环境是变化的,一旦环境变化,企业必须进行战略调整时,往往要求核心能力作相应调整。核心能力的稳定性常常成为调整的阻碍因素。这时,核心能力就变成它的对立面——"核心刚性",变成新的竞争力的障碍。克服核心刚性是企业战略管理的一项重要任务。

1. 核心刚性的形成

核心刚性是由一系列因素造成的,以下所述是基本原因。

(1) 体系转换成本

体系转换要付出成本,这种转换成本往往还是很大的,例如:原有知识、技能可能失效,需要重新学习、培训;原有技术体系部分或全部失效,需要重新建立;支持原有技术的装备也可能要报废,创新和体系转换还会有风险。由于惧怕转换代价,企业就会尽可能延缓体系变革。

(2) 角色转换的抵制

体系转换将会使一部分员工原有的知识、技能失效,从而使他们失去原有地位,地位下降和失落感将会使员工对体系转换自觉不自觉地产生抵触情绪。这种抵触情绪有时会很强烈,足以使决策者难以采取变革行动。

(3) 体系的惯性

已建立的体系经过多年运行,会有很大的惯性。企业在已有的体系下运作,会形成习惯,甚至偏见,从而产生惰性。这种深入在员工思想意识中的习惯势力将成为变革的巨大阻力。

2. 克服核心刚性的对策

克服核心刚性,可以从应对上述产生核心刚性的原因着手。

(1) 树立创新观念

创新是一种"创造性破坏",它意味着某种程度的对原有能力的破坏和否定。树立创新观念就要敢于放弃已有的曾经有效的东西,迎接对企业发展意义更为深远的新能力。要培养企业家、各管理层、技术人员和广大员工的创新意识,培育企业的创新文化。

(2) 及时进行战略调整

企业要从长远发展出发,审时度势,有预见地为体系调整提前做好准备,当体系变革不可避免时,适时地进行战略调整,使企业顺利度过转换阶段。

(3) 采取恰当策略

遇到核心刚性时,可能的选择有以下几种。

① 隔离:将创新项目与企业现有核心能力隔开,建立与之相适应的新能力,隔开的方式有成立专门小组、建立新的部门、成立独立公司等。

② 重新定位:当创新项目受到难以克服的刚性时,可以把项目转移到另一个更适合的部门。

③ 重新选择:如果刚性过大难以克服,在战术上可以重新选择创新项目,使新项目与原能力体系有较多的兼容性,逐渐积累创新成果。

④ 放弃:暂时退却,放弃创新项目,等待有利时机再行推出。

第三节 吸收能力

一、吸收能力的概念与构成

吸收能力是企业为了创造价值而建立起来的获取、消化、转化和利用知识的组织惯例。企业有良好的吸收能力,就可以认识到新信息的价值,进行吸收,并将其应用于商业用途。吸收不是简单的模仿,而是包括消化外部知识、外部知识内部化、转化外部知识、使外部知识与企业组织惯例相适应,并在此基础上产生新知识。

吸收能力由以下 5 种相互补充的异质能力构成。

1. 知识价值认知能力

要学习或吸收外部知识,首先要有能力认识到外部新知识的价值,这是吸收能力的首要组成成分。根据认知学,如果先前没有相关知识,组织和个人就没有能力对新信息作出评估,从而无法吸收。由于受已有知识基础、能力刚性和路径依赖的制约,企业常常不能识别和吸收有价值的外部新知识。企业并不会自动拥有认知外部知识价值的能力,而是需要主动培育以启动吸收过程。判断外部知识价值的能力不仅受到企业搜索和形成预期等自身认知方面的制约,也受到一些重要利益相关者的价值评估标准的制约。计算机硬盘产业发展的历史表明,每一代硬盘的领先者的判断都受当前主要用户的影响,不能吸收和利用新一代硬盘的新知识,从而在下一代硬盘进入主流市场时丧失领先地位。这些企业之所以没有吸收和利用外部有价值的新知识,就是因为当前主要用户认为硬盘的小型化没有价值,提高硬盘容量才更有价值[①]。

2. 知识获取能力

知识获取能力是企业获得对自己非常重要的外部新创知识的能力。知识获取的强度、速度和方向三个特性对吸收能力有影响。企业识别、收集知识的强度和速度方面的努力在某种程度上决定了知识获取能力的质量。企业越努力,建立能力的速度就越快。当然,企业建立能力的速度也会受到一些制约,譬如学习周期难以压缩、建立吸收能力

---

① Todorova G, Durisin B. Absorptive Capacity: Valuing A Reconceptualization[J]. Academy of Management Review, 2007, 32(3): 774-786.

需要的资源难以快速集中等。知识积累的方向也会影响企业获取外部知识的路径①。

3. 知识消化能力

消化是企业分析、处理、解释和理解外部取得知识的惯例。如果企业不能理解,就会忽略那些已经进入搜索区域的新知识。外部获得的知识可能隐含一些本企业不太用到的假设前提,使企业对知识的理解迟钝。外部知识常常具有环境特性,使其他人难以理解和复制。当知识价值依赖于那些吸收企业没有的配套资产时,会出现理解困难,而理解会促使企业内化外部知识。

4. 知识转化能力

转化是企业组合已有知识和新获取、消化的外部知识的惯例。转化可以是增加或减少知识成分,也可以是简单地改变表达方式。转化通过知识的情景相容改变知识特性,使同样的知识在不同情景中具有一致性。企业把两组表面上不相容的知识组合进一个新框架的能力就体现在转化能力之中。这种情景转化可以孕育新的洞察力、促进机会识别,同时改变企业对自我及其竞争空间的认识。不同类型的企业都需要这种能力。成熟大企业进行战略变革时需要知识转化重新定义产业和竞争战略。创业和成长型企业需要转化能力找到新的竞争空间。

5. 知识利用能力

吸收能力强调知识应用。企业知识利用能力是在企业运作中引入从外部获取并转化的知识,优化、扩展和提升已有能力或创造新能力的惯例。这些惯例的重点是让企业利用知识。没有系统化的惯例,企业可能会偶然利用知识。但是,如果有这些惯例提供结构化、系统化、程序化的机制,企业就会持续地利用知识。知识利用反映企业在运作之中引入知识并有所收获的能力,可能要重新找回已经创造和内化的知识。形成系统利用惯例的结果是企业可以不断创造新产品、新工艺、新知识或新组织形式。

二、吸收能力的特性

吸收能力是企业拥有的独特能力之一,具有习得性、累积性、嵌入性、耦合性和非获得性。

1. 习得性与持续投入

吸收能力具有"干中学"的特性,可以称之为"习得能力"。企业可以在研发、制造、产品交付等环节的运作之中获得吸收能力。例如,吸收能力是公司制造运作的产物之一,通过对制造的直接投入,公司能更好地认知和搜索特定的产品市场的新信息。制造经验为公司提供必要的背景知识,有助于公司认识制造过程的价值。公司通过内部研发比通过利用外部研发成果可以获取的信息效果更好,因此吸收能力也是公司内部研发投资的产物之一。产业中发生的技术变革一般都和公司正在进行的研发活动有联系,因此研发活动能提高公司吸收外部知识的能力。吸收能力的习得性使公司内部持续的研发有双重功能:不仅产生新知识而且也有助于提高公司的吸收能力。

---

① Zahra S A, George G. Absorptive Capacity: A Review, Reconceptualization, and Extension[J]. Academy of Management Review, 2002, 27(2): 185-203.

2. 累积性与路径依赖

吸收能力需要公司先前具有相关知识基础。先前知识基础使公司有能力搜索和消化新知识。先前知识奠定了吸收能力的基础。因此,在上一个阶段吸收能力的积累将会使下一阶段的积累更为有效。通过在特定领域里已经发展的一些吸收能力,公司可能会更容易在该领域积累其需要的其他知识。拥有某个领域的技术会使公司更好地识别新技术发展的价值。因此,吸收能力会影响期望的形成,这种期望能使公司更精准地预测技术发展的本质和商业潜力;会使公司增加在这个领域的投资,从而进一步提高吸收能力。吸收能力的这种累积性使之形成路径依赖,即公司持续在自己擅长的领域投资,而对路径之外的其他可能性熟视无睹。这样,一旦公司忽视某个迅速变化的领域,停止投资其吸收能力,不管来自这个领域的信息多有价值,该公司都不再在那个领域里吸收和探索新信息[1]。

3. 嵌入性与知识冗余

企业吸收能力不是员工个体吸收能力的简单相加,而是员工之间的相互作用形成的一个有机整体,需要员工之间的知识共享和互动。因此,吸收能力以组织为载体,具有组织嵌入性。企业内部沟通和轮换形成跨职能界面的交叉和知识冗余,有利于组织吸收能力。跨职能界面包括研发、设计、制造以及市场营销功能之间的关系。例如,设计和制造之间紧密的联系常常被认为是日本公司获得成功的关键因素,这些公司能迅速使产品开发从设计阶段转移到产品生产。日本公司让研发人员在市场营销和制造操作过程的岗位进行轮换,这样创造知识冗余,提高员工背景知识的多样性。员工通过内部轮换,具有多个互补领域的知识,同时在某个领域具有深入的专长,能够促进企业内部的有效合作,有利于企业吸收能力的培育和发展。

4. 耦合性与伙伴选择

如果考虑企业从其他主体吸收知识,吸收能力具有耦合性。对不同吸收对象,吸收能力有差异,双方耦合度越好,吸收能力越强。因此,吸收能力是一种基于双方互动合作的相对能力,是依赖于合作情景的,此时,吸收能力也可称为相对吸收能力。企业识别、吸收以及运用其他主体拥有知识的能力建立在社会性互动、合作过程以及伙伴之间关系的基础之上[2]。吸收能力是知识交换的重复惯例,并由此创造出关系租金。因此,企业吸收能力不能仅仅考虑自身的因素,而要针对特定的合作伙伴建立一定的专属吸收能力。吸收能力可以在学习耦合层次(学生企业与老师企业)的层次来进行衡量。企业内部的知识集成系统决定着知识是如何被获取、储存以及转移。当合作双方知识集成系统相似的时候,企业内化知识的可能性就会大大增强。合作双方组织结构相似也会促进外部知识的吸收,例如解决创新问题的相似行为会促进交流,尤其是隐性知识与复杂知识的交流。

---

[1] Cohen M W, Levinthal D A. Absorptive Capacity: A New Perspective on Learning and Innovation[J]. Administrative Science Quarterly, 1990, 35: 128-152.

[2] Lane, Peter, Michael Lubatkin. Relative Absorptive Capacity and Interorganizational Learning[J]. Strategic Management Journal. 1988(19): 461-477.

5. 非获得性与内部培育

吸收能力不能通过市场交易的方式简单获得。某个领域特定信息的吸收能力如涉及产品和工艺创新,一般为公司特有,不能通过购买来完成并且很快地整合进公司。新进技术人员的整合也会有时间滞后问题,特别是涉及工艺和产品开发时。为了把特定领域的技术知识成功地引入运营之中,公司需要已有的内部技术专家和科学家员工,他们既了解专业领域,又了解公司的需要、管理流程、惯例、配套能力及公司外部关系。许多关于组织惯例的具体知识是缄默的,公司及其研发运行离不开这些缄默知识,因此,吸收能力还是需要内部培育。通过并购、引进人才、外部培训等途径积累和提高能力,都要提供内部再培育的机会,留出内部培育的时间,否则会影响公司的能力积累和应用。

三、吸收能力提升的措施

根据吸收能力的特性,企业能够提高吸收能力的主要措施有:增加研发投入;扩大外部知识接触渠道;积累知识基础;加强内外部合作与交流,建立跨边界沟通机制;建立有利于知识吸收的组织文化。

1. 增加研发投入

我国企业研发能力还比较薄弱,研发投入相对较低。面对新技术和新知识不断出现,企业需要增加研发投入:一方面,激活企业内部知识,促进高技术含量的新产品开发和产生新知识,以此提高知识水平;另一方面,使研发活动更为活跃,企业不只是创造新知识,而且更多了解和运用外部知识,增加知识存量。通过这两方面的作用,企业吸收能力会得到提高。

2. 扩大外部知识接触渠道

作为一个后发国家的企业,需要尽可能地了解发达国家更为先进的知识体系。接触已有先进知识之后,企业才有机会判断知识的价值,并且从所有可接触的知识中选择有价值的知识予以吸收。扩大外部知识接触的常见渠道有:(1)从先进国家引进人才,例如我国一些汽车企业从美国、日本、韩国等汽车强国引进人才,既有归国人才,也有外国人才,既有年富力强的,也有即将或已经退休的经验丰富的高级工程技术人员;(2)在美国、欧洲、日本、韩国等国设立研发监测机构;(3)并购国外先进企业或者其有关技术分部;(4)引进先进企业在国内合资合作;(5)参观访问先进企业,加入同业协会的各种交流活动;(6)从供应商、客户等相关行业获得信息;(7)参与各种合作联盟。扩大外部知识接触渠道可以开阔企业视野,吸收知识时更主动、更有针对性,从而提高吸收能力。

3. 积累知识基础

企业自身知识基础的积累和扩大能显著提高吸收能力。知识是逐渐积累的,而且新积累的知识与知识基础有关。企业获取外部知识源的技术知识和技能必须具有知识基础,知识基础影响企业吸收新知识的态度和选择对象。为了增加知识基础,企业要通过组织学习获取外界的知识和技能。组织学习对于提高知识存量非常重要,特别对于知识存量不足的我国企业来说,通过组织学习来吸收知识、提高企业知识水平的意义更为明显。企业也可以加强与大学、科研机构等的合作，彼此间建立学习型联盟的关系，共同开展研发活动，以扩大知识基础。

4. 加强内外部合作与交流，建立跨边界沟通机制

企业可以通过岗位轮换、跨部门开发项目、技术论坛等形式促进内部合作与交流。企业组织结构要朝"学习型企业"努力，使建立的组织结构能促进企业快速获取、消化和应用知识，使企业能在个人学习、组织学习和团队学习层面上更好发展。在内部交流与合作机制建立起来后，就能在信息和知识层面打破企业内部边界，建立无边界组织。与此同时，企业加强与外部组织的沟通，包括与大学、研究院所、同行企业、供应商、用户等，建立定期或不定期的正式沟通机制，形成惯例。这样，就让外部知识进入企业内部的渠道畅通无阻，使企业吸收能力得以提高。

5. 建立有利于知识吸收的组织文化

企业文化对知识吸收有重要影响。开放的企业文化能让企业重视外部知识的利用，能够促进内部知识共享和转移。企业文化中的价值取向影响企业对外部知识价值的判断，帮助企业过滤知识。如果外部新知识符合企业的价值观，那么往往会容易转移、传播和利用。如果企业文化过于封闭，企业成员就会与外界知识源隔离，对知识共享和吸收造成障碍。因此，企业要建立以知识为中心的文化，创造积极学习的氛围，鼓励员工积极获取外界技术知识和经验，提倡知识创新和应用。

第四节　能力成长与演变

拓展阅读

20世纪70年代末80年代初改革开放之后，我国企业在国家有关部门和地区政府的支持下，引进设备或整套生产线，生产产品以供国内之需。引进技术和设备以后，从20世纪80年代中期开始，我国企业开始以实现零部件国产化和渐进创新为主的消化、吸收；进入20世纪90年代中期以后，由于国内竞争渐趋激烈，为取得竞争优势，企业在已经消化和积累的技术、经验的基础上，开始对产品进行创新，进入自主开发阶段。从引进到自主开发，我国企业能力不断提高，能力成长与演变的典型过程是：能力形态从技术引进到生产能力，再到创新能力；能力实质从基础能力到亚核心能力，再到核心能力。

一、能力形态的成长：从技术引进到生产能力，再到创新能力

生产能力形成和创新能力形成构成了产业技术能力发展的阶梯，每上一个台阶都是技术能力的一次跃迁。生产能力和创新能力有不同特点（如表10-2所示）。生产能力学习的主体是在线技术人员和工人，而创新能力的学习主体一般是专业的研究和开发人员；生产能力的学习一般是通过生产中的"干中学"、"用中学"或"培训中学"来实现，创新能力的学习一般要通过"研究和开发中学"或"基于联盟的学习"来实现。

表 10-2 生产能力与创新能力比较

	生产能力	创新能力
步骤	小步骤	大步骤
变化	渐变和连续	突变
主要人员	生产工人和在线技术人员	研究和开发人员
组织	保持和提高	有时需要机构重建
投资要求	投资较少且较为分散	投资较大且较为集中
评价标准	成本和质量	产品新颖性和性能

从我国彩电业发展过程来看,彩电业的技术能力成长过程(如表 10-3 所示)是典型的"技术引进—生产能力—创新能力"模式。彩电产业起步阶段,技术引进主要表现在进口了大量的国外彩电装配线(如表 10-4 所示)。在能力成长的过程中,首先形成的是生产能力。企业通过引进部分关键设备复制彩电生产线,扩大产能。其中最为典型的是四川长虹,消化吸收了引进的生产线之后,就快速复制生产线,扩大产能,成长为中国规模最大的彩电生产企业。

表 10-3 彩电产业技术能力形态的演进过程

阶段	装配线进口	国产化	产品增量调整	产品创新
生产能力	进口装配线,学习装配技能	学习和制定企业生产及质量管理细则	生产能力形成	领先企业形成装配线的自主设计和制造能力
创新能力	模仿国外产品设计	采用国产化元器件的过程中,熟悉整机部署	产品功能和电路的渐进性提高,学习产品创新能力	创新能力形成

表 10-4 20 世纪 80 年代初期部分彩电企业装配线的进口

合同名称	购买单位	进口源	国外供给商	日期	主要内容
彩电装配生产成套设备	北京电视机厂	日本	松下电器株式会社	1980 年 2 月	成套设备
彩电装配生产成套设备	天津无线电厂	日本	胜利株式会社、日商岩井株式会社	1980 年 3 月	成套设备
彩电装配生产成套设备	天津电视机厂	日本	东芝电气株式会社	1984 年 3 月	关键设备
彩电生产设备	成都无线电一厂	日本	三洋电机株式会社	1985 年 3 月	关键设备
彩电生产成套设备	无锡 742 厂	日本	东芝电气株式会社	1983 年 3 月	成套设备

资料来源:谢伟.产业技术学习过程[D].清华大学经管学院博士论文,1999.

建立生产能力之后,企业就逐渐培养创新能力。彩电行业从生产能力向创新能力转化的两个重要标志如下。

(1) 1997 年后,彩电产业年度新产品推出数量大约是 1996 年前的 3 倍,出现了一系列创新性的产品(如表 10-5 所示)。

第十章 企业技术创新的能力基础

表 10-5 彩电的全系列产品创新

分类标准	创新名称	公 司	日 期
显示方式	液晶显示彩电	河北腾飞公司	1996 年 5 月
	背投式彩电	兆维公司	1998 年 2 月
	等离子体彩电	中山嘉华公司	1998 年 5 月
屏幕高度比	16∶9 彩电	康佳集团	1998 年 5 月
控制方式	声控电视机	中山嘉华公司	1997 年 4 月
	傻瓜电视	深圳华强	1998 年 8 月
画面显示方式	十画面画中画	康惠公司	1996 年 7 月
	十六画面画中画	厦华公司	1997 年 11 月
信号接收方式	卫星接收电视机	创维公司	1997 年 5 月
制式变化	高清晰度电视	康佳公司	1999 年 1 月

资料来源：吴贵生等.经济全球化与中国制造业发展战略研究[J].机械工程学报,2001(3).

（2）1995—1996 年彩电产业内掀起了大量企业建立研究和开发中心的浪潮,1996 年后在较大的范围内出现了面向具有商业应用前景的研究和开发活动。自企业在国内建立研究和开发中心后,已有部分领先企业在海外建立研究和开发基地,如康佳、创维等公司都在国外建立了研发中心。

二、能力实质演化：从基础能力到亚核心能力,再到核心能力

如图 10-2 所示,随着企业的发展,企业能力不断增强,能力实质,也就是能力的内涵从基础能力发展到亚核心能力、再到核心能力。基础能力强度最低,是企业能够生存的基础；核心能力强度最高,是持续竞争优势之源；亚核心能力介于二者之间,是短期竞争优势的基础。

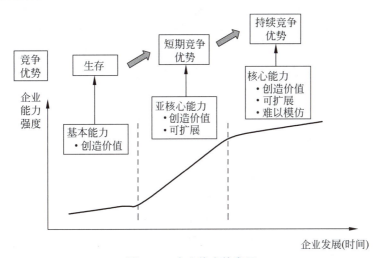

图 10-2 企业能力的发展

考虑到企业成长过程中的地域因素,即一般企业从当地市场起步,走向全国,然后走向世界,企业能力实质的一般成长过程如图 10-3 所示,它是一个进化过程。在这样

一个进化过程中,企业经历三个能力成长周期,遇到三个进化点。这三个进化点是企业发展中的关键点,也是企业能力朝不同方向发展的分叉点。

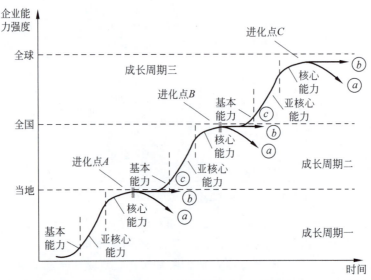

图 10-3　企业能力实质进化的一般过程

企业能力进化的一般过程如下:

(1) 成长周期一

企业在当地市场从弱到强逐步发展,从基本能力、亚核心能力,直至发展到核心能力。成长周期一完成之后,企业在当地市场具有竞争优势。这时,企业面临进化点 A。在进化点 A,企业决定是继续只在当地市场保持优势,还是进入全国市场竞争。经过进化点 A,企业能力将向三个方向分叉:由于决策失误和管理不当,企业能力开始下降,如图 10-3 中的路径 a 所示,企业开始走下坡路,即败业;企业继续保持已有能力优势,如图 10-3 中的路径 b 所示,企业平稳发展,即守业;企业跃入下一个成长周期,如图 10-3 中的路径 c 所示,从一个全国市场中的弱者,即基本能力开始新一轮成长,企业拓展更大的生存空间,即再创业。

(2) 成长周期二

企业在全国市场从弱到强逐步发展,从基本能力、亚核心能力,直至发展到核心能力。成长周期二完成之后,企业在全国市场具有竞争优势。这时,企业面临进化点 B。在进化点 B,企业决定是继续只在全国市场保持优势,还是进入全球市场竞争。经过进化点 B,企业能力将向三个方向分叉:由于决策失误和管理不当,企业能力开始下降,如图 10-3 中的路径 a 所示,企业开始走下坡路,即败业;企业继续保持已有能力优势,如图 10-3 中的路径 b 所示,企业平稳发展,即守业;企业跃入下一个成长周期,如图 10-3 中的路径 c 所示,从一个全球市场中的弱者,即基本能力开始新一轮成长,企业拓展更大的生存空间,即再创业。

(3) 成长周期三

企业在全球市场从弱到强逐步发展,从基本能力、亚核心能力,直至发展到核心能力。完成成长周期三之后,企业在全球市场具有竞争优势。这时,企业面临进化点 C。经过进化点 C,企业能力将向两个方向分叉:由于决策失误和管理不当,企业能力开始下降,如图 10-3 中的路径 a 所示,企业开始走下坡路,即败业;企业继续保持已有能力优势,如图 10-3 中的路径 b 所示,企业平稳发展,即守业。

上面所述为企业能力进化的一般过程。对具体的某个企业来讲,它可以直接进入其中的某个成长周期,比如不经历当地市场的发展,直接进入全国市场竞争,甚至直接进入全球市场,而不经过全国市场竞争中的成长。同时,对有些企业来讲,由于产业的限制,比如一些地方性行业——风味食品制造、当地特殊资源加工、洗衣业等,只能继续在当地市场保持竞争优势,不可能出现能力的进化。

三、复杂技术创新能力及其成长路径模型[①]

(一) 复杂技术创新能力三维模型

复杂技术作为一个系统,由多个相互关联的子系统组成,一起来实现系统的功能,这些功能不是各个子系统的功能的简单相加,而是各个子系统不能独立实现的一个新功能。来自异质供应商和深度不一的供应链以及用户组成的产业链结构复杂,使产业链联动创新和价值分配网络偏向复杂。企业复杂技术创新能力可以从系统技术创新能力、核心技术创新能力、产业链创新能力三个维度来解构。

系统技术创新能力体现在企业主要产品系统之中,包括技术原理、产品开发、工艺开发和制造能力四个方面(如图 10-4 所示)。产品开发能力,指企业优化配置产品零部件(含原材料)以实现主导产品系统的开发创新,装配产品如汽车整车、船舶、移动通信系统设备等,非装配产品如药品、钢材、多晶硅等;工艺开发能力,指企业优化配置工艺环节以实现主导工艺系统的开发创新,例如日本企业生产船舶的工艺创新(分段快速组装等)、丰田的准时制汽车生产工艺系统等。技术原理包括企业主导产品系统的原理性样机和主要工艺系统的小试原型实现的技术基础,技术原理可以通过企业内部基础研究、产学研联合研究、购买同行技术、技术并购等形式来实现。对我国企业来说,制造能力是技术创新能力的重要组成部分,在某个阶段甚至是企业技术创新能力提升的重点努力方向,是产品开发和工艺开发得以实现的重要载体,因此,制造能力是我国企业复杂技术创新能力的重要组成部分。

核心技术创新能力是指企业在主要产品系统的核心零部件(例如汽车的发动机、船舶的低速机和电子导航系统)和主要工艺系统的核心工艺环节(例如生产胶卷的多层涂覆、高速动车组生产的铝合金焊接工艺等)的创新能力。复杂技术的有些核心子系统会推动系统技术创新。核心子系统对系统性能的实现很关键、与其他子系统联系紧密,甚至会成为战略瓶颈。

产业链创新能力包括两个方面,一是企业协调产业链上游供应商、下游用户实现主要产品系统创新的能力;二是企业影响产业链上各个参与者价值分配的能力。对于有

---

① 缩写自:王毅.我国企业复杂技术创新能力研究:基于三维模型的成长路径[J].管理工程学报,2011,25(4):203-212.

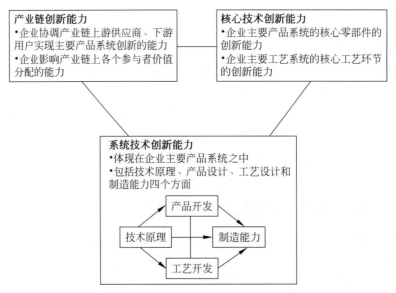

图 10-4　企业复杂技术创新能力三维模型

龙头企业的产业来说,龙头企业的产业链创新能力可以在一定程度上主导整个产业的发展。产业链创新能力的可能主导方式有:

(1) 系统技术和核心技术共同主导,例如本田在汽车产业,既掌握汽车整体技术,也掌握发动机技术;

(2) 核心技术主导,例如高通在 CDMA 移动通信产业、英特尔和微软在 PC 产业;

(3) 系统技术和强势品牌主导,例如耐克在运动服装和运动鞋产业;

(4) 系统技术主导,一般的主机厂商会对部分供应商形成主导,例如船舶制造企业、汽车制造企业对钢材供应商的主导,对一般零部件供应商的主导。

(二) 复杂技术创新能力成长路径

复杂技术创新能力成长路径的起点可能是核心技术创新能力、也可能是系统技术创新能力,也可能是二者的组合,成长的方向是核心技术创新能力、系统技术创新能力和产业链创新能力的匹配组合,形成不同的复杂技术创新能力强度。而且,随着企业复杂技术创新能力的演化,能力要素努力的重点会动态变化,由此形成企业复杂技术创新能力的螺旋上升过程(如图 10-5 所示)。驱动企业复杂技术创新能力成长的因素有市场特性、技术特性和企业组织特性,这些因素的组合决定了企业复杂技术创新能力的成长起点、速度与深度。

在新兴复杂技术领域,拥有正确的组织认知、远大的雄心抱负、相关技术积累和技术获取途径的企业,可以把核心技术创新能力作为复杂技术创新能力成长的起点。例如,大唐电信的能力成长的起点是核心技术创新能力,因为大唐面对的技术是新兴的下一代技术,没有成熟的系统技术创新能力可以获得,需要按照新兴技术的发展规律,建立核心技术创新能力之后,再发展系统技术创新能力和产业链创新能力。这符合新兴技术是机会窗口的论断。但是,新兴技术发展不可能很自然地成为机会窗口,还需要组

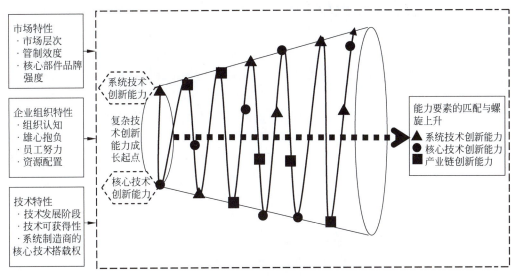

图 10-5　企业复杂技术创新能力成长路径模型

织认知、雄心抱负和技术可获得性的组合驱动。首先,组织认知要能感知到新兴技术带来的机会窗口,然后组织要有相应的抓住机会窗口的雄心抱负,还要有相关的技术积累和关键技术人员获取等途径拥有相关技术进展,也就是说机会窗口是给有准备、有抱负的企业的。大唐在 TD-SCDMA 上的能力构建努力这几点都符合,3G 标准确定带来机会窗口、大唐高管敏锐捕捉到这个机会并且克服很多困难抓住了这个机会,拥有在移动通信领域掌握主动权进入全球领先阵营的雄心抱负,长期技术积累和关键技术人员都发挥了作用。

在成熟复杂技术领域,存在多层次的市场条件时,拥有正确的组织认知、远大的雄心抱负的企业,可以在利用外部系统技术能力的基础上,把系统技术创新能力作为复杂技术创新能力成长的起点。中国船舶和奇瑞都在成熟复杂技术领域,系统技术的可获得性较好,要么可以从有长期技术积累但市场业绩逐渐下滑的老牌企业获取(例如中国船舶多次利用了这样的技术获取渠道),要么可以从独立的技术供应商获取(中国船舶和奇瑞都利用了这样的技术获取渠道)。但是成熟复杂技术领域的起步需要市场的支持,多层次市场中的低端、低价格市场是一个有效的细分市场,中国船舶利用了国际市场的多层次特性,奇瑞利用了国内对入门级轿车的大量需求起步。同样,对多层次市场和成熟技术结合的组织认知和从低端起步建立复杂技术创新能力的雄心抱负都是很必要的,这在中国船舶和奇瑞都表现得非常明显。中国船舶是面向国际市场竞争、奇瑞是在国内市场中努力寻找市场突破的机会。

在成熟复杂技术领域,系统制造商有核心技术搭载权时,可以在利用外部核心技术能力的基础上,在把系统技术创新能力作为复杂技术创新能力成长起点的同时建立核心技术创新能力。中国船舶和奇瑞不一样的是,奇瑞在把系统技术创新能力作为起点的同时,同步进行核心技术创新能力的努力,而中国船舶没有。这与系统制造商的核心技术搭载权有关系。中国船舶和奇瑞的客户数量和特性都不一样。奇瑞的客户是普通消费者，一般考虑的是系统的整体性能，不会对实现整体性能的核心零部件提出自己的要求，而且消费者的数量众多，使产品的批量较大（每年以十万为单位），奇瑞使用自己攻克的核心零部件的技术可行性、经济可行性和客户接受程度都比较高，也就是说，奇瑞作为系统制造商有核心技术搭载权。而中国船舶的客户是资本品购买者，会对核心部件如主机和电子导航系统提出自己的要求，而且船用的这些零部件的批量不大（每年以十或百为单位），中国船舶作为系统制造商的核心技术搭载权比较弱。

在管制效度高的市场，提高市场认可度的非市场手段对企业复杂技术创新能力的成长速度有显著推动作用。复杂技术创新的特点是技术性能评价的多维度，这时非技术的因素对市场认可程度的影响更大，复杂技术创新中的先行者的市场优势会更为明显。如果能够有符合WTO原则要求的非市场手段来提高市场认可度，会提高企业复杂技术创新能力的成长速度。如国内高端市场需求对技术创新能力成长速度的推动，例如中国船舶在超大集装箱船和LNG船的能力成长就受益于国内的高端市场需求。奇瑞努力开发政府公务车市场可以提高品牌美誉度和市场对其高端产品的接受程度。当然，相比于中国船舶和奇瑞，电信频率管理部门直接把TD-SCDMA的使用频段划给全球最大的移动运营商中国移动，更是对大唐快速构建全面的复杂技术创新能力的有利支持。

企业远大的雄心抱负、高强度的员工努力和能力建立导向的资源配置措施都能显著提高企业复杂技术创新能力的成长速度。大唐、中国船舶和奇瑞都有建立世界级复杂技术创新能力的雄心抱负。这些企业的员工也非常努力。大唐认为"我们在无线移动通信技术研发方面较为完善的科学家团队，在艰难条件下开始了TD-SCDMA技术和标准的持续研发。大唐的这种决定和诉求，很大程度上体现出了我国科技工作者一直秉承的一种奉献精神，特别是从国家利益出发，追求我国在高科技领域内先进技术研究方面争取历史性的突破，也最终通过众多科研和管理工作者的努力，使得中国能够在全球第三代移动通信标准制定中掌握话语权。"奇瑞快速成长的技术骨干说"自己怀有做强民族汽车工业的雄心壮志，而奇瑞可以提供这样一个创业和发展的平台。奇瑞有尊重技术、尊重人才的管理体制，公司员工的平均年龄较低，工作氛围很好。"企业在资源配置方面也向复杂技术创新能力倾斜可以加速技术创新能力的成长。奇瑞坚持5%以上研发投入强度，大力投入建立了整车和核心零部件开发的试验平台，大唐能够在大量负债的情况下大力投入TD-SCDMA的产业化。

核心部件品牌强度高的复杂技术产业，对企业复杂技术创新能力的成长深度有显著负面影响，可以把企业复杂技术创新能力的成长深度限制在某个范围。企业复杂技术创新能力成长深度指的是企业沿着产业链和价值网络的延伸距离，能力深度会影响到企业在整个产业的主导权。大唐、中国船舶和奇瑞在这方面存在差异，大唐的能力成长深度走得最远，奇瑞次之，中国船舶再次。核心部件品牌强度在这三个产业表现出明显差异。汽车和船舶作为成熟技术产业，产业链上游的核心零部件市场格局的稳定和集中使核心零部件技术更好地被少数跨国公司把持，这些技术往往具有高附加值、高技术含量和高度品牌化的特点，产品系统集成领域的高端集聚和核心零部件技术的稳定格局一起形成一个稳定的价值网络体系，使这些产业的后进者在核心零部件技术上一是很难取得技术突破；二是即使技术突破也难以获得市场认可，后发劣势更为明显。核心部件的品牌化在船用主机和导航系统方面特别明显，船舶往往在这少数几个品牌之中指定核心部件的配置。这为中国船舶复杂技术创新能力的成长深度带来很大障碍。

思 考 题

1. 简述企业技术创新能力的构成。
2. 简论企业核心能力的概念、构成和特点。
3. 怎样形成企业核心能力？结合实例加以说明。
4. 如何发挥核心能力的作用？试举例加以阐述。
5. 简论核心能力演变为核心刚性的机制及克服刚性的对策。
6. 简论吸收能力的概念、构成和特点。
7. 结合实例谈谈如何提升企业吸收能力。
8. 如何把吸收能力转变成竞争优势？试举例加以阐述。
9. 结合自己了解的企业阐述能力形态成长过程和能力实质演化过程，论述能力形态和能力实质之间的关系。
10. 复杂技术创新能力成长的主要挑战有哪些？

即测即练

第十一章 技术创新组织

第一节 企业内部组织

一、技术创新对组织的要求

1. 技术创新的过程特征

从与组织的关系来考察,技术创新过程有如下特点。

(1) 阶段性

技术创新过程包括设想产生、研究开发、产品与工艺设计、试制、生产、营销等多个环节,各个环节都具有自身特点,需要分阶段完成各环节的工作。

(2) 专业性

技术创新的各环节(阶段)都需要相应的知识和技能,研发、设计、工艺、营销等各自都有很强的专业性。

(3) 综合性

各阶段、各专业之间有很强的相关关系,它们都要围绕创新对象(产品或工艺)展开活动,而创新对象是一个整体,只有各方面的密切配合才能实现创新的目的。

(4) 不确定性

创新活动不像日常的技术、生产、营销活动,有很大的不确定性。各环节不仅自身要面对不确定性,而且会带着事先未预料到的或未很好解决的问题转向下一个环节,因此返工和反馈是难免的。

2. 技术创新过程对组织的要求

组织必须适应上述技术创新的过程特征,有利于问题和矛盾的解决。

(1) 处理好分工与协作的关系

分工的优点是:有利于提高专业水平,提高工作效率;有利于积累经验。分工的缺点是:不利于协调整合,分工越细,协调与整合越难。

技术创新的专业性和阶段性要求分工,而不确定性和综合性又要求协调和整合。如何处理分工与协作的矛盾是技术创新组织面对的挑战。

(2) 处理好集权与分权的关系

集权有利于集中调配资源,而集中调配资源,尤其是关键资源,对创新的成功是很重要的;集权也有利于协调和整合。集权的缺点是灵活性差,也不利于调动各方面的积极性。

进行技术创新的组织设计时,要权衡集权与分权的利弊,做好恰当的安排。

(3) 处理好常规组织与非常规组织的关系

常规组织是指企业组织结构内稳定的组织形式,如事业部、工厂、车间等,它不因某项创新任务而改变;非常规组织是指为某项任务而组成的组织,一旦任务完成,组织即行解散。

常规组织具有职能明确、组织稳定、有利于专业分工和经验积累等优点,但往往缺乏综合和灵活性。非常规组织则具有任务针对性强、目标明确、便于综合与协调等优点;其缺点是,带有临时性,不利于经验积累,组织和管理难度大。在做技术创新的组织设计时,要根据需要,利用好常规组织,建立必要的非常规组织,并为非常规组织建立必要的制度和机制。

二、技术创新的组织模式

1. 在现有组织内安排创新活动

传统的企业组织的基本形式主要有 U 型和 M 型组织,在这两种组织内安排创新活动各具不同特点。

拓展阅读

(1) 在 U 型组织内安排技术创新活动

U 型组织的基本结构如图 11-1 所示。

U 型组织是一种按职能设立部门的组织建制。其最大特点是权力集中,信息以纵向传递为主,上层较易管理各个职能部门,从而最高管理层比较容易实施创新战略。其缺点是缺乏部门间的横向信息交流和联系,部门间的协作较为困难,当企业产品多样化以后,各部门将面对已有的多种产品而难以顾及新产品的开发、试制、生产。

在 U 型组织内的技术创新活动主要以"阶段分工、接力"的方式进行。技术创新管理的关键在于做好总体设计,明确各阶段、各职能部门的责任;有强有力的项目管理者(项目经理)、监督检查进度和质量、协调部门间的衔接及组织必要的部门间的合作。

(2) 在 M 型组织内安排技术创新活动

M 型组织的基本结构如图 11-2 所示。

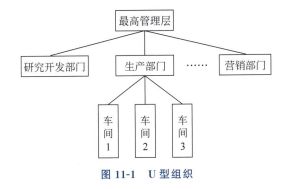

图 11-1　U 型组织

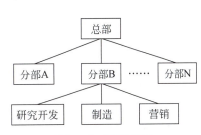

图 11-2　M 型组织

M 型组织的特点是:设立了专业性强的分部,分部可按需要分为产品型、地区型和顾客型等类型,分部是一个相对完整的系统,避免了多种业务的互相干扰,因而在一定程度上具有小企业灵活性的优点,改善了激励机制,有利于激发创新活力;同时,又保持企业高层(总部)对各分部和职能部门的管理与协调能力,有利于发挥企业整体实力优势。

在 M 型企业组织内安排技术创新活动可以分别在总部层次和分部层次进行。总部层次一般只进行企业共性技术的开发、各分部不能覆盖的领域的创新项目及分部难以承担的重大创新项目。共性技术开发一般由总部直属的研发机构承担；新领域的创新或重大项目创新往往由总部直接组织、调配资源、指挥行动，而具体工作，如试制、试销等则由有关分部承担，在有些情况下，也另行组织新的分部。

在分部内，一般仍然是按职能组成若干部门，因此，创新过程仍以专业分工、接力式为主，其创新过程管理方式与 U 型相似，不过，分部比之 U 型企业更专门化，职能更简洁，更便于创新的实施。

2. 组建独立的新组织

以创新为基本职能的新组织有创新事业部、内企业等形式。

(1) 创新事业部

创新事业部有新产品部、新事业部等形式。

新产品部的职责是开发、生产新产品，一旦新产品成熟就移交给其他事业部。可见，新产品部是专职于产品创新的。由于创新产品的职能定位明确，一切工作围绕创新活动开展，所以可以避免在 U 型和 M 型现有组织内进行创新的缺陷，创新活动的阻力大大减少。这种方式的局限性在于，需要的投入大，占用资源多，一般只有大企业才有能力这样做；而且只有在新产品开发任务持续不断（一个接一个的新产品开发）的情况才适于组建新产品部，否则，新产品部的工作将处于断续状态，从而造成资源浪费，也影响士气。

新事业部的职责是开拓一项企业过去未曾经营的新事业。一般而言，新事业都是基于创新而发展的。因此，新事业部也是以创新为己任的，在新事业部内进行创新活动，类似于新产品部。所不同的是，新事业部面对的是企业不熟悉的全新事业，可利用的现有资源有限，而新产品部则可利用大量现有资源。另一个不同点是，新产品部的一项新产品成熟后移交给其他事业部，而新事业部的事业成熟后通常将由该事业部继续经营，那时它本身也就演变成一个常规事业部了。

(2) 内企业

内企业是在企业内部（一般是大企业内）由一项创新起步组织起来的相对独立的小企业，在关系上，它隶属于大企业，但在经营管理上比事业部有更大的独立性。

早在 20 世纪 60 年代初就有美国企业内部职工在借助企业的条件研制出新产品后离开企业另立公司的现象发生，这给企业带来了损失。一些企业顺应新情况，将这种行为合法化。20 世纪 80 年代初，美国风险投资开始活跃，为创新人员开创自己的事业提供了条件，于是大公司中创新能力强的技术人员纷纷离开原来的公司开拓自己的事业。之所以出现这种情况，一是因为一些技术人员想开拓自己的事业；二是现有企业压抑了创新思想和创新积极性。为了防止这种"裂变"损害企业的发展，一批企业变被动为主动，为员工自由开发新产品、新技术提供自由支配的时间、仪器设备，甚至资金，风险由企业承担，若开发成功，成果由开发者和企业分享，这一做法大大激发了员工的创新积极性。例如，3M 公司的"即时贴"就是以内企业的方式运作的，取得了极大的成功。

由于内企业在机制上比其他组织形式有更强的激励动力,所以能充分调动创新、创业者的积极性;内企业能突破企业现有框框的束缚,往往能成为企业新的增长点。在创新管理上,企业对内企业可以更多地授权,在对权利、责任界定后,创新活动完全交由内企业管理。内企业创新方式在管理上有一定的难度。企业管理,包括技术创新管理是在战略指导下有步骤地进行的,而内企业是随机出现的,难以规划和计划,它可能对现有创新管理带来冲击。创新管理的任务是既要保持企业战略的稳定性,又要审时度势,灵活地调整部署,为技术创新创造合适的组织环境。

3. 设立专门性组织

在现有组织内从事创新活动因可以利用现成组织,从而组织成本低,但往往受现有组织不适于创新的约束;成立新组织有利于创新,但因要建立新组织从而成本较高。这二者是创新组织的两种极端情况。介于二者之间的,还有一种常用的组织形式——创新小组。创新小组在现有的组织框架内运作,即不改变组织结构,在这一点上,具有现有组织内从事创新活动的优点;创新小组又是以创新为职能的,因而又具有便于从事创新活动的灵活性。创新小组在运作上是矩阵型组织模式,如图11-3所示。

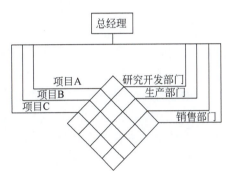

图 11-3　创新小组的组织联系

在这一组织模式中,创新小组按创新项目组建,如按图11-3中项目A,B,C组成A,B,C三个小组。创新小组采取"一条龙"式的工作方式,参与创新的全过程,负责创新项目的实施,协调创新过程中各项活动。创新小组与企业常设的研发、生产、销售等部门有很好的横向联系。

这种模式的优点是:创新小组人员来自企业各部门,可包括研究、设计、工艺、生产、营销各方面人员,知识和经验广,有利于与各部门沟通;小组参与创新全过程,有利于创新过程的整合;创新小组与职能部门之间有畅通的沟通渠道,便于信息交流,有利于合作和协调。其缺点是:创新小组以任务定位,因任务(项目)而组建,随任务结束而解散,不便于经验积累;小组人员不固定,组建和管理难度较大。因此,采取这种模式要求企业组织有较大的弹性和灵活性;企业最高管理层要对创新小组给予较大的调配资源和协调行动的权力;要采取恰当的小组成员考核、管理方式。

三、技术创新的组织协调

1. 组织协调的必要性

技术创新活动在相当大的程度上带有非程序性,它又是一种综合性很强的活动,非少数人可以完成;而企业组织要求职能稳定、定位准确,这二者之间存在较大的组合难度。在一般情况下,企业组织只能按日常经营活动组建,技术创新也只能在常规组织中进行,因而必须进行组织协调。

企业最典型的是 U 型和 M 型组织,在这两类组织中,技术创新基本上是按专业分工、接力的方式进行,环节之间的衔接就成为管理的难点和弱点,其关键在于协调各专业化组织之间的关系。在独立性创新组织(创新事业部)模式下,尽管组织协调比前两种情况容易,但也存在事业部之间的协调和事业部内部的协调问题。在创新小组模式中,创新小组在相当大程度上起组织者的作用,具体工作仍要靠现有组织去完成,因而也有大量协调工作要做。

2. 组织协调方式

组织协调方式包括职能协调和阶段协调两类。

(1) 职能协调

职能协调主要指企业研发、设计、生产、营销等职能间及职能机构间的协调。

在实践中,矛盾最突出的是在设计与工艺之间、设计部门与生产部门之间产生的。两个部门之间互相抱怨、互相推诿是常见现象。解决的有效办法之一是由两个部门的管理人员、技术人员、工人组成"三结合"的小组,共同参与产品设计和工艺设计,协调两个部门的行动。方法之二是在设计和生产部门之间建立人员轮换制,设计人员和工艺人员定期进行一定的轮换,以增进二者的了解和交流。

设计、生产和销售之间的协调具有更大的跨度。组织协调的方式有:销售部门参与产品市场定位和概念设计;设计和工艺人员参与新产品销售和售后服务工作;由三个部门派人组成一个协调小组,协调创新活动。

(2) 阶段协调

阶段协调是指创新过程各阶段之间的协调。各阶段分工不同,阶段之间的衔接常常成为创新活动的薄弱环节。阶段之间的衔接通常采取"串联"方式,其缺点是:阶段间的结合部衔接不好,创新的周期较长。

阶段协调的方式有阶段交叉和阶段并行等。阶段交叉是一种后阶段提前介入前阶段工作的方式,在前后两个阶段之间形成一个重叠期,从而加强两个阶段的衔接,如图 11-4 所示。

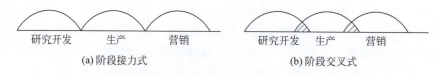

图 11-4 技术创新阶段衔接方式

阶段并行是技术创新的前后两个阶段同时开展工作的方式,"同步工程""并行工程"就是典型的阶段并行方式。阶段并行比阶段交叉在前后阶段的重叠上更进一步,重叠的部分更多。阶段并行可以大大缩短创新周期,也必然要求并行的两个阶段之间加强协调与交流。

阶段交叉和阶段并行比阶段串联接力式都增加了管理难度,其中阶段并行难度更大。这就要求企业建立相应的管理制度,提高基础管理水平,采用先进技术和现代管理方法。

第二节　企业外部组织——技术创新的合作

一、技术创新合作的作用

企业与外部组织，包括大学、研究机构、企业的合作是技术创新中常采用的做法。企业与外部进行技术创新合作，主要出于以下动机。

1. 进入新技术领域

当企业计划进入新技术领域时，若完全靠自己开发技术和市场则要花费很长的时间，有时是很难实现目标的。相反，若能与该技术领域里有优势的机构合作，将大大缩短企业进入该领域的进程。例如，微软公司以开发系统软件见长，为迎接网络时代的挑战，该公司与一些网络技术公司合作，以便进入联机服务领域。又如，首都钢铁公司为了进入电子领域，与 NEC 合资生产集成电路。

拓展阅读

2. 进入新市场

新市场的开发需要巨大的投入，有时还受到有关国家的法律、政策限制，若与有实力的伙伴合作，则可克服阻力，节省开发投资。例如，日本东芝公司曾大量向国际市场倾销 DRAM 芯片，迫使摩托罗拉公司退出 DRAM 动态随机存储器市场，1987 年 5 月，摩托罗拉与东芝达成协议，合资在日本成立了东北半导体公司，使摩托罗拉重返 DRAM 市场，东芝则借助摩托罗拉的微处理技术进入美国控制的市场。

3. 分担创新成本与创新风险

有些技术创新的大项目投资巨大，且带有很大的不确定性，由一个公司实施风险过大，采取合作方式可使各方分担成本和风险。例如，摩托罗拉发起的"铱计划"投资巨大，且风险很大，摩托罗拉联合了包括日本索尼、美国洛克希德、意大利国际国内电话通信公司、中国长城公司等多个国家的公司共同实施。

4. 缩短创新时间

合作各方可发挥各自所长，从而可缩短创新时间。例如，中国石油天然气集团公司的油气重大专项，联合中国石油化工集团、中国海洋石油集团，集聚 170 余家企业、50 余所高校、30 多家科研院所，进行合作创新，取得成功。

5. 实现技术互补和资源共享

技术创新往往包含多项关键技术，有时一个企业难以胜任开发任务，与掌握关键技术的伙伴合作，实现技术互补和资源共享，将有利于创新的成功。前述摩托罗拉与东芝的合作，中石油与中石化、中海油等的合作以及北京大学与潍坊华光等公司的合作，都体现了技术互补的优势。

6. 创立产品标准

新产品的诞生往往伴随着产品标准的激烈竞争，谁能成为行业标准，谁就将在竞争中取得优势。用合作的方式扩大实力，是创设产品的标准的可行方法。例如，日本索尼、松下、JVC 公司在开发家用录像机过程中，索尼率先推出 Betamax 系统，在通产省的支持下,作为标准向行业推荐;JVC 则联合日立、三菱等一批大公司,大力推行 VHS 系统,最后,JVC 取得了竞争的胜利。JVC 的成功除了技术上的某些优势以外(实际上,索尼和 JVC 的技术各有所长),以合作的方式扩大阵地起了十分重要的作用。

二、技术创新合作的类型

1. 供需合作型

(1) 技术供需合作

合作对象为技术供给者和需求者。一般而言,技术供给者为大学、研究院所或国外企业;需求者多是应用该技术的企业。在有些情况下,研究院所为研究课题需要,也从外界引入技术。

(2) 原料、配件和加工的供需合作

创新产品所需的材料、配件,尤其是特殊材料和配件,以及零件加工往往需要外部协作提供,供给者也可以从协作中扩大市场。

(3) 产销合作

生产企业和销售公司合作开拓市场,有利于新产品打开市场。

2. 竞争合作型

竞争合作是指竞争者或潜在竞争者之间的合作。竞争合作一般是在同行间进行的。同行的技术互补性强,技术的相互融合较易实现。竞争者之间的合作可以大大增强合作双方或多方的竞争力,但由于竞争者之间不可避免地存在利益冲突,所以合作往往是为了对付更强的对手。大型创新项目需要大量投入,单个企业往往能力不足,潜在对手之间进行"竞争前"合作,对合作者利大于弊。近年来,这种方式被不少企业采用。例如,为了改善半导体产业,美国组建了"半导体制造技术联合体"(Sematech,Semiconductor Manufacturing Technology Consortium),有 11 个企业加入了该联合体。

三、企业技术创新合作模式

1. 技术转让合作

技术转让合作有研究院所(技术供方)与企业(技术需方)合作、企业(供方)与企业(需方)合作等模式。技术转让不仅是技术供方提供技术资料,而且要就转让技术的消化、人员培训等进行双方合作。在组织上,往往需要就所转让的项目成立专门性的机构,负责协调和实施。

2. 组建技术联合体

技术供方(研究院所、大学、企业)以技术入股,技术需方以场地、设备、资金入股组织联合体,共同开发、生产新产品,这是技术创新合作常见的模式。具体方式有:①全面合作型,即合作双方就创新的全过程进行合作;②产品开发型,即合作双方仅就产品开发进行合作;③人才培训型,即合作双方主要就人才培训进行合作。

3. 联合引进攻关

联合引进攻关有企业间联合方式和引进企业、协作配套企业、同行企业(使用引进技术的同行企业,常是竞争者)、大学和研究院所、政府共同参与的方式。联合引进攻关有利于引进技术的消化和国产化,但由于引进技术的企业出于自身利益考虑而不愿与他人合作,政府出面组织和协调有利于促进合作。

4. 建立联合开发基地

联合开发基地可以建立在大学或研究院所,也可以建在企业。开发基地一般以基础性技术、共性技术开发为对象,其开发任务具有长期性,建立联合开发基地有利于合作方长期合作。

5. 官产学研结合实施创新项目

对于具有重要战略意义的创新项目,往往由于技术难度大、投入大、风险大、外溢性显著而使单个企业无能力或不愿承担,需要由政府出面、出资,联合企业、大学、研究机构共同开发。

第三节 技术创新中的组织变革

一、技术变革与组织响应

1. 革命性技术变革

技术是企业环境中的重要影响因素,技术变化会促进企业组织变革。特别是革命性技术变革要求身处其中的企业进行组织变革,即发生组织响应。

革命性技术变革指的是技术上的重大变化,对应的英文名词有 revolutionary technology change、radical technology change、disruptive technology 和 breakthrough technology。革命性技术变革的核心特征是技术变化带来革命性的影响,至少出现以下三种情况之一。

- 技术性能或者技术特点的重大变化:多数革命性技术变革都会带来技术性能或者技术特点的重大变化,例如蒸汽动力轮船相对于风力帆船、涡轮喷气技术相对于活塞式发动机技术、计算机排版系统相对于传统的铅与火、晶体管相对于真空管。
- 极可能引起市场领导地位的更迭:革命性技术的出现为新进入者和弱者带来机会,有可能使已有的市场领导者丧失领导地位,例如,绝大多数真空管的领导企业不再出现在晶体管的领导者之列。
- 业务模式的彻底变化或主导业务的更迭:革命性技术变革常常要求业务模式发生彻底变化,或者使业内企业主导业务出现更迭。例如,小型台式复印机相对于大型复印机,施乐公司依靠大型复印机和良好的售后维护服务队伍建立起业内的领导地位,而佳能推出的小型台式复印机维修使用便利,让售后维护服务队伍不再重要,推出了新的复印机业务模式,成功建立起在复印机行业的领导地位;印刷文件的电子化使印刷厂的投资、印刷、成品交付、生产规模等方面发生变化,业务模式出现很大的变化。

2. 面对革命性技术变革组织响应的基本过程

面对革命性技术变革,企业的响应会经历起步、发展和结局三个基本阶段,包括酝酿、试验、冲突、转型还是继续四个步骤(如图11-5所示)。

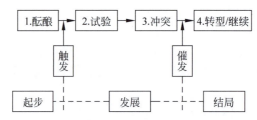

图11-5　面对革命性技术变革组织响应的基本过程

(1) 酝酿

响应技术变革的酝酿阶段,企业主要是感知和确认革命性技术变革的发生。对于企业来说,这个阶段的最大挑战是难以意识到技术变革的革命性影响,困难之处在于:

- 技术变革的最早感知者往往不是战略决策者。在一线工作的技术人员接近实际,可能观察到技术的变化,预感到其革命性影响,但是他们在组织内部难以取得战略决策者的信任,其判断难以影响到战略决策。
- 从众多的技术变革中识别出极少数的革命性技术变革有困难。技术变革是经常发生的,并且多个技术变革会同时存在,如果对技术变革的革命性影响太敏感,可能会频繁宣告革命性技术变革;但多次错误判断会让其他人对发出预言的观察者失去信任,当真正的革命性技术变革来到时,也不再警惕。

(2) 试验

企业决策层隐约感知到可能发生革命性技术变革之后,就会由一些偶然事件触发,在组织内部展开试验,在该技术变革领域进行投入和探索。这些偶然事件可能是来自用户需求,也可能来自某次行业内部的技术交流,或者战略决策人员与一线人员的偶然交流。试验过程中会碰到以下两方面的挑战:

- 新技术开发难以得到持续关注和热情支持。对新技术的投入者和实施者之间可能会陷入"先有重视"和"先有业绩"之间的争执,投入者急于看到业绩,实施者要求得到重视,加大投入力度,这种互不匹配的相互期待可能让双方陷入分歧;另外,在一个已有主营业务非常明确的公司,初期占比小的新业务往往难以获得战略地位,不能受到重视,新业务的领导者难以在内部得到认可。例如,在英特尔公司,年销售额1亿美元的新业务跟庞大的CPU业务的销售额相比,一点都不显眼,而一个外部创业公司如果做到1亿美元的话,就是很突出的成就。
- 已有技术和业务继续占据主流地位,得到高管层的重视。公司现有高管人员可能大部分是随着现有主流业务的成长而成长起来的,对这些业务有深厚感情,觉得历史美好、现在不错、也有未来,而且老路很平坦,这会让公司继续重视已有业务,观望等待时机,对新业务的重视不足。

(3) 冲突

随着公司内部对革命性技术变革的试验性投入增加,新业务逐步展开,新业务和公

司原主导业务之间的矛盾就会逐步加大,演化成冲突。冲突主要源自新业务支持者的抱负和原主导业务支持者的自卫:

- 新业务支持者积极进取,希望大展宏图。新业务支持者对革命性技术变革赋予很大的希望,认为公司的未来主要依靠新业务,因此会积极主张公司全面响应革命性技术变革。这种主张的合理性来自两个方面:一是确认新业务作为未来主导业务的战略地位会给新业务的参与者带来一个明确的信号,让他们看到该业务将来在公司的前景,可以用发展前景来稳定新业务核心骨干人员;二是公司全面业务转型战略能提高新业务运作效率。在这场冲突中,如果新业务支持者的抱负能在公司内部得到支持,他们就可能在快速发展的新业务中成长为公司的中坚力量;如果新业务的战略地位没有得到确认,新业务的核心人员就会失望,导致他们离开公司另谋高就。
- 原主导业务支持者努力保护其战略地位,排斥革命性技术。原主导业务的支持者一方面对新业务持怀疑态度,另一方面对原主导业务有感情,难以舍弃。这样,原主导业务不可能自动退出历史舞台,即便在新业务的业绩已经非常明显,原主导业务已经不再是公司利润的主要来源时,都会有这种困境。例如,20世纪80年代英特尔公司的主营业务从动态随机存储器(DRAM)向微处理器(CPU)转变时,在DRAM业务在规模和盈利水平上都已经不如CPU、而占用公司资源却大于CPU时,公司在相当长的时间里仍然坚持DRAM业务的主导地位,向CPU业务转型非常困难。

(4) 转型还是继续

随着新业务和原主导业务之间的冲突升级,新业务支持者和原主导业务支持者的矛盾也会逐步升级和公开化,来自市场、外部技术进展和内部新旧业务发展对比等方面的催发事件会使冲突产生结果,响应变革的结局可能是以下三者之一。

- 结局之一:主动转型。经过痛苦的冲突,公司战略决策者主动认可新业务的战略地位,推动全公司向新业务的主动转型,原有业务的资源整合进入新业务或者整体剥离,新业务的支持者成为公司的中流砥柱。英特尔公司的高管层就是这样做的,他们想了一个问题:"如果让新的高管团队来做决策,他们会怎么做?肯定会转向CPU。"于是,他们这么做了,停止了DRAM业务,公司成为专业的CPU设计和制造商。
- 结局之二:被动转型。当公司内部冲突和外部环境变化导致公司业绩下降时,会受到来自股东的压力,此时公司高管层,尤其是董事长或CEO有可能被撤换,新任董事长或CEO一般会支持新业务,积极主动推进公司向新业务的战略转型。例如,20世纪90年代,美国唐纳利(R. R. Donnelley)在响应印刷电子化的技术变革时,传统大规模低成本的印刷业务和灵活高效的电子印刷业务发生冲突,公司业绩下降促使董事会撤换高管层,让公司被动转型,从传统印刷公司转型为内容存储和传递方案提供商,依托电子印刷系统,同时也利用传统印刷大规模低成本的优势,针对客户需求提供多种解决方案。
- 结局之三:公司继续强化原有主导业务。经过试验和冲突,高管层最终对新业务持怀疑态度,不认同其技术变革的革命性影响,视其为一般的技术变革。当革命性技术变革完成时,这种策略就会使公司丧失在行业内的主导地位,被那些拥抱革命性技术变革的公司取代。

二、组织变革中的外部一致与内部一致

无论是公司对革命性技术变革的响应,还是对渐进技术变革的响应,组织变革过程的实质是实现外部一致、内部一致以及二者的连接(如图 11-6 所示)。

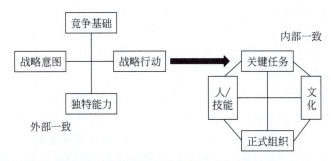

图 11-6　组织变革中的外部一致与内部一致

1. 外部一致

在动态性很强的产业,公司组织变革要实现与外部环境变化的一致性。有四种动态力量决定了公司与外部环境的一致性(如图 11-6 所示),对这四种力量的分析有助于高管层判断外部一致性问题。

第一种力量是竞争基础(产业中竞争优势的基础),由迈克尔·波特指出的决定产业吸引力的因素确定:顾客和供应商的讨价还价力量、已有竞争者之间竞争的性质、新进入者和替代品的威胁。第二种力量是公司独特能力,是可能使公司形成竞争优势和生存的能力。第三种力量是公司的战略意图,体现在公司的战略表述中,能反映高管层对公司当前成功基础和熟悉环境中预期变化的信念。第四种力量是战略行动,是公司实际上必须做的。[①]

在公司的常规发展阶段,这四种力量是协调的:公司独特能力与产业竞争基础一致,战略意图与经理人员的战略行动一致。但是,当产业环境发生变化,尤其是革命性技术变革导致技术和(或)商业模式发生重大变化时,已有的外部一致性被打破,公司需要建立新的外部一致。在重新建立外部一致的过程中,要关注竞争基础与独特能力的偏离、战略意图与战略行动之间的偏离。

(1) 关注竞争基础与独特能力的偏离

破坏外部一致性的第一个来源是不断变化的产业竞争基础与公司独特能力之间的偏离,后者变得对竞争优势越来越不重要。例如,英特尔的 DRAM 业务在 20 世纪 70 年代末,日本新进入者运用他们的大规模精密制造技能,在新一代 DRAM 出现初期就

---

① Robert A. Burgelman and Andrew S. Grove, Strategic Dissonance[J]. California Management Review, 1996, 38(2): 8-28.

获得高成品率,从而超出在制造技能方面弱得多的英特尔。高成品率对单位成本影响巨大,而且,随着 DRAM 成为大路货,这成为关键优势。

公司常常会遇到成功带来的惰性,公司员工充分认识到竞争初期带来成功的那些独特能力,而且继续依赖这些独特能力,即使竞争形势已经发生变化也是如此。而且,公司在组织形式的发展方面,会形成这样一种方式:代表这些能力的员工对战略决策过程影响最大。因此,竞争基础的变化常常遇到在位企业的惯性反应。

在英特尔的 DRAM 比日本公司落后之后,英特尔试图依靠公司强大的工艺技术技能开发出更先进的产品。工艺技术是给英特尔带来初始竞争优势的技术能力,工艺技术专家继续在英特尔 16K(千位)、64K、256K 和 1M(兆位)的产品代开发中占据主导地位,但这不是英特尔擅长的。产业竞争基础发生的变化,使英特尔在复杂半导体产品设计的独特能力与之不再一致,此时只有两种选择才能使公司继续发展:一是发展与日本公司一样的制造能力;二是放弃 DRAM 业务,转向与自己独特能力相一致的新兴的微处理器业务。英特尔公司选择了后者,成功实现了朝向外部一致性的转型。

(2) 关注战略意图与战略行动之间的偏离

破坏外部一致性的第二个来源,来自战略意图与战略行动之间的偏离。这种偏离的驱动因素之一是公司战略的惯性。公司战略反映高管层对公司成功基础的看法,高管层通常是沿着等级秩序一步一步晋升上来的,深受使公司成功的那些观点的影响。例如,IBM 在采用 RISC 微处理器构架(20 世纪 70 年代中期发明)方面行动缓慢,至少在部分原因上可归于高管层把 IBM 看作全球领先的"大型主机"公司。与此类似,微软过去的战略在网络操作系统方面相对较弱,部分原因是整个 20 世纪 80 年代公司把自己看成"台式机操作系统"公司。与这些惯性自我意识交织在一起的,是部分高管层人员对使公司取得成功的那些业务的感情。一位中层经理这样说英特尔从 DRAM 业务退出:"就像福特退出小轿车。"

推动这种偏离的一个因素是中层经理采取的独立战略行动。例如,在 20 世纪 70 年代末到 80 年代初这一时期,英特尔实施制造资源计划的中层经理把稀缺的制造能力分配给新发展起来的、毛利率更高的 EPROM 和微处理器业务,从而逐渐削弱 DRAM 作为英特尔核心业务的地位。

(3) 战略认知的重要作用

打破与重建外部一致的过程需要"战略认知"——在新管理行动出现之后、模糊的环境反馈出现之前,高管层要能够做到:

- 意识到公司官方战略与经理人员采取的行动之间分歧越来越大;
- 努力辨识新浮现的战略图景,认识新的竞争基础和独特能力,形成新战略意图。

高管层要推断产业内各种力量新的平衡格局如何,新的制胜战略将是什么。高管层要运用外部不一致产生的信息,它必须是一幅以公司独特能力——已有能力或公司正在形成的新能力为基础的现实图景。例如,当英特尔最终退出 DRAM 业务时,已经非常清楚,公司必须重塑微处理器形象,而不是存储器公司。度过战略转型时期要求重新确立或再发现公司的实际身份。

2. 内部一致[①]

内部一致是要实现企业的人力资源、正式组织安排和文化对关键任务的促进。

(1) 关键任务

关键任务是与企业战略、目标、愿景相一致的、必须完成的任务。企业的组织结构、制度、奖励、人力资源或文化是否适当,只能根据这些因素对关键任务的促进或阻碍来进行评价。

由于不同任务在不确定性上的差别,与它们联系在一起的组织结构、能力、文化与领导方式也存在差别。对于战略性的关键任务来说,要区别不确定性完全不同的任务,以不同方式进行编组和管理。

关键任务由企业内部多个部门联合完成,对作业流程进行适当安排才能提高整体效率,实现协同作用。管理者不仅要注意到组织内部横向与纵向的作业流程,而且要对企业与供应商、销售商、联盟合作方等超组织的流程加以重视。

关键任务以及与之相匹配的作业流程是由战略决定的,要随战略的调整而调整。

(2) 人力资源

管理者要确保人力资源同关键任务的一致性,需要对人力资源的能力、动机、人员结构和民族文化差异4个方面进行把握。

对于人力资源能力的掌握,不仅要包括管理者的直接下属,而且要包括自己、上级和平级同事的情况;要了解每个角色完成工作任务的优势和劣势,了解管理团队的包容能力和人际关系能力。

除了能力之外,管理者还要了解个人动力的差别,以便他们能够设计出与个人需要和关键任务相一致的奖励制度。

管理者也要注意团队的人员结构,要知道团队已经在一起工作了多久、团队成员的年龄和背景是否有重要差别。管理年轻、异质团队所面临的挑战不同于管理年长、同质团队所面临的挑战。年轻、异质团队可能更有能力应付复杂性和不确定性,而年长、同质团队可能更有能力在一种稳定、确定的条件下工作。此外,人员结构差异越大,团体冲突的潜在性越大。

对于全球化的公司来说,还要注意处理不同地域和民族文化背景的人员之间的差异。管理者不仅需要能敏锐地认识到在对来自不同国家的人实施管理时的差别,而且需要能敏锐地认识到在对其管理队伍的多样化所带来的后果进行管理时的不同。当然,人力资源策略对员工的特征和能力的影响要比国籍对他们的影响大得多。虽然民族文化有很重要的差别,但是培训、教育、社交活动、奖励、晋升等制度可以降低这种差别。

(3) 正式组织

正式的组织安排包括管理者用于指挥、控制、激励个人与群体来执行单位关键任务的固定结构、角色安排、规程、评价和制度等。这些安排对一个企业的行为有很大的影

[①] 主要内容摘自 Michael L Tushman, Charles A. O'Reilly Ⅲ. Winning through Innovation: A Practical Guide to Leading Organizational Change and Renewal[M]. Boston, Mass.: Harvard Business School Press, 1997.

响,一般情况下,最高管理者对组织安排拥有最大限度的控制。然而中层管理人员也能控制某些正式的安排,如提拔、工作设计、次级单位的组织设计等,能够调整培训和奖励制度以使其最大限度地适应下属的需要。对于正式组织设计,需要考虑:战略性分组,联结机制,正式的奖励、评价制度和控制机制,晋升和提拔制度。

战略性分组指的是业务单位的正式构建,分组需要考虑的维度有职能、市场、地域、产品等,可以根据其中一个维度分组,也可以根据这些维度的组合分组。战略性分组决策是在战略、目标和前景确立之后管理者所作的最主要的选择。理想的组织结构是不存在的,每一种战略性分组选择都有其缺点和优点。在几种可行的选择中作出抉择,是由单位本身的战略和前景等内部原因所决定的,而不是外部强加的。因此,分组选择要与公司战略一致,要有助于实现这一战略所要求的关键任务,要随着战略的转变而进行变革。在管理者作出的所有关于正式组织的决策中,战略性分组选择是最重要的。它不仅影响其他正式的组织安排,而且影响到单位的人力资源和文化。虽然战略性分组选择至关重要,然而它经常是一种被忽视的决策,甚至是一种被人们以满不在乎的态度作出的决策。

联结机制是将企业的各个部分结合在一起,并将它与供应商、顾客、合作伙伴联结在一起的正式组织安排。正式的联结机制包括日程表、委员会、特别任务攻关小组、品牌经理或项目经理以及联络人员等。联结机制的选择由单位内部和外部的流程决定。如果关键任务和作业流程的相互依赖性比较复杂,联结机制也会相应复杂。管理者对其单位与其他单位之间的战略性联结机制的选择,还应该与超单位的作业流程相一致。对每一种与其他部门之间的复杂的、交互依存关系,都必须以复杂的正式联结机制进行管理。

正式的奖励、评价制度和控制机制要与其关键任务相一致。如果各个业务单位的分任务不同,奖励机制也要有所不同。管理者要保证他们正式的奖励和评价制度公正合理。如果人们感觉到奖励未能得到公平的分配(没有参照业绩),则这种奖励不会对优异的业绩提供激励作用。虽然对工作作出评价可能很困难,尤其是对复杂的、相互依存性很强的任务,但是经过精心设计、建立在公平合理基础上的奖励制度能够对组织的有效性产生强大的推动作用,而设计拙劣的奖励制度会成为绩效缺陷的根本原因。

员工都密切关注晋升的阶梯,晋升和提拔制度要反映关键任务的需要。例如,在飞利浦公司,直到 20 世纪 90 年代中期,成功的标志都还是被提拔为地区管理者,于是,公司大量有才能的人成为没有全球视野的区域管理者。然而,随着飞利浦被重组为一个全球化的产品组织,这种晋升制度已不再适应关键任务的要求,必须进行变革。

(4) 文化

文化与非正式组织紧密相关。自然形成的规范和价值观决定了组织作为一个群体控制系统的文化和行为,而非正式组织是对自然形成的结构、奖励以及角色的反映。非正式的互动模式决定了一个企业非正式的结构、权威与信息沟通网络。如果管理者能敏锐地认识到文化的群体控制效果,并能积极塑造非正式的互动模式,文化就有助于创新和变革,否则,文化有可能成为抵制创新和变革的惰性力量。

一个组织或群体的文化由它所具有的规范和价值观所决定。价值观反映了对"什么是真正重要的"这一问题的信念。规范则是在群体中广泛共有的对特定态度和行为的强烈期望,服从这种规范被认为是正确而适当的,而不顺从这种规范则会受到惩罚。规范与价值观是组织文化的基础,它能够促进或妨碍战略的实施。管理者可以通过以下两条途径来认识组织规范:一是观察公司员工如何对待管理者和其他人(尤其是新员工);二是观察公司员工赞同哪些行为与态度,又反对哪些行为与态度。企业要有表达明确的愿景,以主动塑造核心价值观和文化。如果愿景得到管理队伍的明确支持和行动上的效仿,那么塑造规范和核心价值观就会非常容易。若愿景模糊,企业就会有不明确的核心价值观和不一致的规范,会产生混乱、困惑,增加组织的权力冲突。

非正式的信息沟通网络反映在组织内部或外部由谁向谁传递信息。通过非正式的群体交往网络可以观察到组织内部非正式权力的分配。非正式权力与正式权力有很大不同,正式的权力有赖于职务等级以及监督和奖罚的能力,而非正式权力以在群体交往中的位置为基础。根据管理者在信息沟通网络中的位置,可以预测他的领导风格。非正式的权力不可能授予某个人,它是通过培养两种基本的个人能力——工作上的专门技能和人际交往能力而获得或产生的。最有影响力的管理者,是那些既有正式权力又有非正式权力的人。

(5) 评价内部一致性

关键任务、人、正式组织、文化是四个基本要素,它们的相互作用决定了组织的绩效。在图11-6中,由关键任务和正式组织所决定的纵轴,代表正式的控制机制,是组织的硬件。而人和文化相一致的横轴,则代表了群体控制机制,是组织的软件。组织硬件内部的一致、软件内部的一致、硬件和软件之间的一致代表了组织内部的一致性,是组织协调的表现。内部一致性与组织绩效联系在一起,各要素之间缺乏内部一致性,就会导致绩效差距。在组织变革的过程中,组织变革之前原有的内部一致性被打破,需要建立新的内部一致性。

如表11-1所示,可以通过问一些问题来诊断组织要素之间的一致性。诊断最好是系统化的,因为不彻底的诊断或部分的调整,不但不利于问题的解决更可能引发进一步的问题。每一种一致关系都重要,但在调整过程中关键任务—人、关键任务—正式组织、关键任务—文化之间的一致性调整更为重要,需要给予更多的关注。

表11-1 组织基本要素之间的一致性

组 合	问 题
关键任务/正式组织	正式的组织安排是否符合任务的需要? 这些安排能否激发与任务相一致的行为?
关键任务/文化	文化是否有助于任务的实现? 它是否有助于满足任务的需要?
关键任务/人	人们是否拥有符合任务需要的技能和能力? 任务如何来适应个人的需要? 组织安排如何来适应个人需要?
人/正式组织	为实现关键任务,个人是否受到激励? 人们对组织结构是否有明确的概念?

续表

组　　合	问　　题
人/文化	非正式组织如何来适应个人需要？
正式组织/文化	文化中所包含的目标、奖励、结构是否与正式的组织安排所包含的目标、奖励制度、结构相一致？

资料来源：Michael L Tushman,Charles A O'Reilly Ⅲ. Winning through Innovation: A Practical Guide to Leading Organizational Change and Renewal[M]. Boston,Mass. : Harvard Business School Press,1997.

3. 从外部一致到内部一致

在组织变革过程中，变革之后新的外部一致落实在战略行动上，而战略行动决定了组织的关键任务。因此，组织的关键任务要体现和反映战略行动。因此，对组织内部一致性诊断要围绕关键任务进行。认识到关键问题以及它们的根本原因之后，注意力不要集中在寻求简单的"正确"解决方案上，而要集中于建立正确的流程：管理者能通过这种流程确定多个有用的、可行的正确方案。对一个拥有特定条件和绩效差距的特定管理者来说，几乎总会有很多解决方案，而正确方案是那些能够解决内部一致性诊断中发现问题的方案。一般情况下，没有最优的解决方案，迅速获得一个基本正确的解决方案比慢慢找到最理想的解决方案要好得多。

从外部一致到内部一致的过程中，掌握以下几条原则很重要：
- 正确把握战略愿景，如果战略愿景是错误的，一致性诊断和分析将毫无用处；
- 全面诊断很有必要，特别是不要忘记组织的软要素；
- 需要采取的变革形式依赖于所发现的不一致的数量；
- 对任何诊断结果来说，都可能有多个可行的解决方案，不同的管理者可能以不同的方式来选择解决方案，重要的是，任何方案都应能够应付诊断中所确定出的不一致性，能够促进基本要素之间更大的协调；
- 要着眼于从某个特定管理者所处的位置来确认问题并进行根本原因的分析；
- 在采取行动之前首先收集资料；
- 问题的成功解决有赖于管理者做了什么（如他们采取的行动）和他们是如何做的（他们的措施）二者的综合作用。管理者所做的是应当做的事，并会力求完美。知道了应该做什么只是解决了问题的一半，能够使必要的变革得以实施同样也是重要的。好主意如果执行不力，与拙劣的主意得到完美执行同样糟糕。

思 考 题

即测即练

1. 技术创新对组织提出哪些要求？
2. 技术创新有哪些组织模式？
3. 简论在 U 型和 M 型组织内进行技术创新的特点。
4. 结合实例阐述创新事业部、内企业、创新小组的运行方式和特点。

5. 简论技术创新组织协调和阶段协调的必要性和方式。

6. 结合实例说明企业技术创新合作的方式，简论我国企业技术创新合作存在的问题和解决途径。

7. 结合实例说明创新过程中的学习障碍和促进学习的措施。

8. 结合实例说明企业响应革命性技术变革的基本过程。

9. 组织变革中为什么需要外部一致与内部一致，一致性表现在哪些方面？

拓展阅读资料目录

R0-1　中国共产党第二十次全国代表大会报告中关于科技创新的重要论述
R1-1　结构性创新：软件实例
R1-2　ODN 如何实现可视化管理
R2-1　汽车技术变革：智能汽车
R3-1　发挥科技创新的支撑引领作用
R4-1　中国核动力研究设计院的产品技术路线图规划
R4-2　欧洲 GSM——基于技术标准合作的知识产权交叉许可
R4-3　生态化开展标准建设，共建标准新模式
R4-4　让专利供给和市场需求握手
R5-1　宁德时代出海
R5-2　教育机器人
R5-3　炼钢新技术的应用
R5-4　诞生自边缘市场的闪存
R6-1　上海振华的技术创新
R6-2　蔚来的换电
R6-3　统筹打造"前沿-共性-应用"创新链
R7-1　谷歌的"往大处想"
R8-1　长虹的等离子屏项目
R9-1　航空航天技术融合，研制流程敏捷化
R9-2　共享产品数字模型推动系统全数字化研制
R9-3　华为 IPD 的精髓
R10-1　华为技术有限公司技术创新能力
R11-1　预研与型号研制组织融合，实现柔性化组织架构
R11-2　探索建立产学研多元股权、资源共享型创新中心

参 考 文 献

[1] Allen T J. Managing the Flow of Technology: Technology Transfer and the Dissemination of Technological Information within the R&D organization [M]. Cambridge, MA: MIT Press,1977.

[2] Argyris C,Donald A Schhon. Organizational Learning: A Theory of Action Perspective,Reading [M]. Mass. : Addison-Wesley Pub. Co. ,1978.

[3] Bass,F M. A New Product Growth For Model Consumer Durables[J]. Management Science, Vol. 15,No. 5,January,1969.

[4] Burgelman R A,et al. Strategic Management of Technology and Innovation[M]. 2nd ed. Boston: McGraw-Hill,1996.

[5] Burgelman R A,Grove A S. Grove. Strategic Dissonance[J]. California Management Review, Winter 1996,38(2): 8-28.

[6] Burgelman R A. Intraorganizational Ecology of Strategy Making and Organizational Adaptation: Theory and Filed Research[M]. Organization Science,Aug 1991,2(3): 239-262.

[7] Chesbrough H. Open Innovation: The New Imperative for Creating and Profiting from Technology[M]. Harvard Business School Publishing Corporation,2003.

[8] Chesbrough H,Rosenbloom R S. The Role of the Business Model in Capturing Value from Innovation: Evidence from Xerox Corporation's Technology Spin-off companies[J]. Industrial and Corporate Change,2002,11(3): 529-555.

[9] Clark K B,T Fujimoto T. The Power of Product Integrity [J]. Harvard Business Review, November-December 1990.

[10] Clark K B,Wheelwright S C. Creating Project Plans to Focus Product Development[J]. Harvard Business Review,March-April 1992.

[11] Clark K B,Wheelwright S C. Organizing and Leading "Heavyweight" Development Teams. Adapted from Chapter 8 of Revolutionizing Product Development: Quantum Leap in Speed, Efficiency and Quality[M]. New York: Free Press,1992. California Management Review, Spring 1992,34(3): 9-28.

[12] Christensen C M. Exploring the Limits of the Technology S-curve [J]. Production and Operations Management,Fall 1992,1: 4.

[13] Christensen C M,Joseph L Bower. Customer Power,Strategic Investment and the Failure of Leading Firms[J]. Strategic Management Journal,1996,17: 197-218.

[14] Christenson C M, Raynor M E. The Innovator's Solution: Creating and Sustaining Successful Growth [M]. Cambridge: Havard Business School Publishing Corporation,2003.

[15] Cohen M W,Levinthal D A. Absorptive Capacity: A new Perspective on Learning and Innovation[J]. Administrative Science Quarterly,1990,35: 128-152.

[16] Cooper R G,Edgett S J,Kleinschmidt E J. Portfolio Management in New Product Development: Lessons from the Leaders-Part Ⅱ[J]. Research-Technology Management,1997.

[17] Cooper R G,Edgett S J, Kleinschmidt E J. Portfolio Management for New Product Development: Results of an Industry Practices Study[J]. Product Development Institute,2006, Working Paper No. 13.

[18] Cooper R,Kleinschmidt E J. Benchmarking the Firm's Critical Success Factors in New Product Development[J]. Journal of Product Innovation Management,1995,12: 374-391.

[19] Danilovic M, Browning T R. Managing Complex Product Development Projects with Design Structure Matrices and Domain Mapping Matrices[J]. International Journal of Project Management,2007,25: 300-314.

[20] Dosi G. Technological Paradigms and Technological Trajectories[J]. Research Policy,1982,11: 147-162.

[21] Eppinger S D,et al. AModel-Based Method for Organizing Tasks in Product Development[J]. Research in Engineering Design,1994,6(1).

[22] Foster R. Innovation: The Attacker's Advantage[M]. New York: Summit Books,1986.

[23] Funk J L. The Future of the Mobile Phone Internet: An Analysis of Technological Trajectories and Lead Users in the Japanese Market[J]. Technology in Society,2005,27: 69-83.

[24] Henderson R M,Clark K. Architectural Innovation: The Reconfiguration of Existing Product Technologies and the Failure of Established Firms[J]. Administrative Science Quarterly,1990, 35(1): 9-30.

[25] Hobday M. Product complexity, innovation and industrial organization[J]. Research Policy, 1998,26: 689-710.

[26] Iyigun M. Clusters of Invention, Life Cycle of Technologies and Endogenous Growth[J]. Journal of Economic Dynamics & Control,2006,30: 687-719.

[27] Jennings K,Westfall F. Benchmarking for Strategy Action [J]. Journal of Business Strategy,1992.

[28] Kim B. Managing the Transition of Technology Life Cycle[J]. Technovation, 2003, 23: 371-381.

[29] Lane P, Lubatkin M. Relative Absorptive Capacity and Interorganizational Learning[J]. Strategic Management Journal,1998,19: 461-477.

[30] Le Boeuf M. Creative Thinking[M]. London: Piatkus,1990: 10.

[31] Liberatore M J. An Extension of the Analytic Hierarchical Process for Industrial R&D Project Selection and Resource Allocatino[J]. IEEE Transactions on Engineering Management,1987: 12-18.

[32] Linton J D,Walsh S T, Morabito J. Analysis, Ranking and Selection of R&D Projects in a Portfolio[J]. R&D Management,2002,32(2): 139-148.

[33] Lowl P. The Management of Technology: Perception and Opportunities [M]. London: Chapman & Hall,1995.

[34] Malerba F. Sectoral Systems of Innovation: Concepts,Issues and Analyses of six major Sectors in Europe[M]. Cambridge: Cambridge University Press,2004.

[35] Nelson R R, Winter S G. An Evolutionary Theory of Economic Change[M]. Mass. : Belknap Press of Harvard University Press,1982.

[36] Niosi J. Science-based Industries: A New Schumpeterian Taxonomy[J]. Technology in Society, 2000,22: 429-444.

[37] Nonaka I,HirotakaT. TheKnowledge-creating Company [M]. New York, Oxford: Oxford University Press,1995.

[38] Pavitt K. Technology,Management and Systems of Innovation[M]. Edward Elgar,1999.

[39] Porter M E. Competitive Strategy, Techniques for Analyzing Industries and Competitors[M]. Free Press,1980.

[40] Porter M E. The Competitive Advantage of Nations[M]. Free Press,1990.

[41] Roberts E,Fusfeld A. Staffing the Innovative Technology-based Organization[J]. Sloan

Management Review,Spring 1981:19-34.

[42] Rush H,M Hobday,J Bessant, E Arnold. Strategies for Best Practice in Research and Technology Institutes: An Overview of a Benchmarking Exercise[J]. R&D Management,1995,25(1):17-31.

[43] Rycroft R W,D E Kash. The Complexity Challenge: Technological Innovation for the 21st Century[M]. London: Pinter Publishers,1999.

[44] Seider R. Optimizing Project Portfolios[J]. Research Technology Management,2006:43-48.

[45] Smith K. Measuring innovation[M]. Fagerberg,David C Mowery,Richard Nelson. The Oxford handbook of innovation[M]. New York: Oxford University Press,2005:148-177.

[46] Teece D J. Profiting from Technological Innovation: Implications for Integration, Collaboration,Licensing,an Public Policy[J]. Research Policy,1986,15:285-305.

[47] Tidd J,Bessant J,Pavitt K. Managing Innovation: Integrating Technological,Market and Organizational Change[M]. 3rd ed. John Wiley & Sons,2005.

[48] Todorova G,B Durisin. Absorptive Capacity: Valuing A Reconceptualization[J]. Academy of Management Review,2007,32(3):774-786.

[49] Tushman M L,L Rosenkopf. Organizational Determinants of Technological Change[J]. Research in Organizational Behavior,1992,14:311-347.

[50] Tushman M L, O'Reilly Ⅲ C A. Winning through Innovation: A Practical Guide to Leading Organizational Change and Renewal[M]. Boston,Mass.: Harvard Business School Press,1997.

[51] Twiss B. Managing Technological Innovation[M]. Pitman,1985.

[52] Twiss B C. Managing Technological Innovation[M]. 4th ed. Pitman Publishing,1992.

[53] Ulrich D,W Broockbank,A Yeung. Beyond Belief: A Benchmark for Human Resources[J]. Human Resources Management,Fall 1989,28(3):311-335.

[54] Ulrich K T,Eppinger S D. Product Design and Development[M]. Boston: Irwin/McGraw-Hill,2003.

[55] Van de Ven A H,et al. The Innovation Journey[M]. New York: Oxford University Press,1999.

[56] Von Hippel E. The Sources of Innovation[M]. Oxford University Press,1988.

[57] Wakin E. Component Detailing,Presentation at the 31st Annual Creative Problem Solving Institute[M]. Buffalo,NY: June 1985.

[58] Yan H S. Creative Design of Mechanical Device[M]. Springer-Verlag Singapore Pte. Ltd.,1998.

[59] Zahra S A,George G. Absorptive capacity: A Review,Reconceptualization,and Extension[J]. Academy of Management Review,2002,27(2):185-203.

[60] 埃里克·布莱恩约弗森,安德鲁·麦卡菲.第二次机器革命[M].蒋永军,译.北京:中信出版社,2016.

[61] 陈劲,王方瑞.技术创新管理方法[M].北京:清华大学出版社,2006.

[62] 陈劲.永续发展:企业技术创新透析[M].北京:科学出版社,2001.

[63] 范保群,王毅.战略管理新趋势:基于技术创新生态系统的竞争战略[M].商业经济与管理,2006,(3):3-10.

[64] 菲利普·科特勒.营销管理[M].上海:上海人民出版社,1994.

[65] 傅家骥,姜彦福,雷家骕.技术创新——中国企业发展之路[M].北京:企业管理出版社,1992.

[66] 傅家骥,仝允桓,雷家骕,高建.技术创新学[M].北京:清华大学出版社,1998.

[67] 傅家骥,仝允桓.工业技术经济学[M].第3版.北京:清华大学出版社,1996.

[68] 傅家骥等.技术创新论文专辑[M].中外科技政策与管理,1996,1.

[69] 高建.中国企业技术创新分析[M].北京：清华大学出版社,1997.
[70] 胡佐超等.专利基础[M].北京：专利文献出版社,1994.
[71] 黄恒学.市场创新[M].北京：清华大学出版社,1998.
[72] 惠益民.技术预测[M].北京：北京航空学院出版社,1995.
[73] 亨利·切萨布鲁夫.开放式创新[M].金马,译.北京：清华大学出版社,2005.
[74] 杰弗里·摩尔.跨越鸿沟[M].赵娅,译.北京：机械工业出版社,2009.
[75] 金麟洙.从模仿到创新——韩国技术学习的动力[M].刘小梅,刘鸿基,译.北京：新华出版社,1998.
[76] 克莱顿·克里斯坦森.创新者的窘境[M].胡建桥,译.北京：中信出版社,2014.
[77] 李廉水,杨浩余.企业技术创新的理论与方法[M].南京：东南大学出版社,1990.
[78] 刘开勇.高新技术企业并购方略[J].科学决策,2001,1：59-63.
[79] 刘开勇.技术并购研究[D].北京：清华大学博士学位论文,2000.
[80] 柳卸林.技术创新经济学[M].北京：中国经济出版社,1993.
[81] 柳卸林.企业技术创新管理[M].北京：科学技术出版社,1997.
[82] 罗伯特·J T.新产品研发[M].台北：台北胜智文化事业有限公司,1995.
[83] 任君卿,周根然,张明宝.新产品开发[M].北京：科学出版社,2005.
[84] 罗杰斯.创新的扩散[M].唐兴通,郑常青,张延臣,译.第5版.北京：电子工业出版社,2016.
[85] 罗伯特·A.伯格曼.技术与创新的战略管理[M].陈劲,王毅,译.第3版.北京：机械工业出版社,2004.
[86] 恰安,洛格尔.创造突破性产品——从产品策略到项目定案[M].辛向阳,潘龙,译.北京：机械工业出版社,2004.
[87] 鲁克.创造心理学概论[M].哈尔滨：黑龙江人民出版社,1985.
[88] 潘家轺,刘丽文,等.现代生产管理学[M].北京：清华大学出版社,1994.
[89] 齐涤生,万君康,熊兆铭,刘汉鼎.技术经纪与技术经纪人[M].北京：经济管理出版社,1993.
[90] 施培公.后发优势——模仿创新的理论与实证研究[M].北京：清华大学出版社,1999.
[91] 唐纳德·托克斯.基础科学与技术创新：巴斯德象限[M].周春彦,谷春立,译.北京：科学出版社,1999.
[92] 王毅.复杂技术创新研究的回顾与前瞻[J].科学学研究,2007,25(1)：157-164.
[93] 王毅.我国企业复杂技术创新能力研究：基于三维模型的成长路径[J].管理工程学报,2011,25(4)：203-212.
[94] 王毅.数字创新与全球价值链变革[J].清华管理评论,2020,(3)：52-58.
[95] 王毅.中国企业智能制造核心技术能力——未来的持续竞争优势之源[J].清华管理评论,2018,(12)：92-99.
[96] 吴贵生,林敏.广义轨道理论探讨[J].技术经济,2012,31(2)：1-5.
[97] 吴贵生,杨武.技术创新论文编译专辑[J].中外科技政策与管理,1995,(12).
[98] 吴贵生.无形资产评估方法[M].广州：广州出版社,1994.
[99] 吴贵生等.自主创新战略和国际竞争力研究[M].北京：经济科学出版社,2011.
[100] 肖云龙.创造学[M].长沙：湖南大学出版社,2004.
[101] 谢伟.IT业标准竞争的动力学[J].科研管理,2006,27(2)：72-78.
[102] 熊鸿儒,王毅,林敏,吴贵生.技术轨道研究：述评与展望[J].科学学与科学技术管理,2012,33(7)：21-28.
[103] 徐明华,史瑶瑶.技术标准形成的影响因素分析及其对我国ICT产业标准战略的启示[J].科学学与科学技术管理,2007,(9)：5-9.

[104] 徐荣凯,傅家骥.中国轻工业企业技术创新先驱22家[M].北京:清华大学出版社,1995.
[105] 杨静武.企业吸收能力与开放式创新[J].企业管理,2007,(4):98-100.
[106] 朱恒源,王毅.智能革命的技术经济范式主导逻辑[J].经济纵横,2021,(6),66-72.
[107] 朱恒源,杨斌.战略节奏[M].北京:机械工业出版社,2018.
[108] 朱恒源,杨斌,刘星.战略节奏——战略分析的动态新框架[J].技术经济,2018,(3):30-36.

教师服务

感谢您选用清华大学出版社的教材！为了更好地服务教学，我们为授课教师提供本书的教学辅助资源，以及本学科重点教材信息。请您扫码获取。

▶▶ 教辅获取

本书教辅资源，授课教师扫码获取

▶▶ 样书赠送

企业管理类重点教材，教师扫码获取样书

 清华大学出版社

E-mail: tupfuwu@163.com
电话: 010-83470332 / 83470142
地址: 北京市海淀区双清路学研大厦 B 座 509

网址: http://www.tup.com.cn/
传真: 8610-83470107
邮编: 100084